TOP MOVIEs 1980

DER INHALT DIESES BUCHES

Seite 3: **EINLEITUNG**

Seite 4-5: **DIE WICHTIGSTEN EREIGNISSE DES JAHRES 1980**
Über den Tellerrand geschaut: Was passierte sonst noch in der Welt?

Seite 6-9: **DAS COMEDY-DREAM-TEAM DES JAHRES:**
John Belushi und Dan Aykroyd
Blues Brothers machte sie unsterblich

Seite 10-11: **FAKTEN UND ZAHLEN 1980: DEUTSCHLAND**
Die Top 50 des Jahres im Überblick

Seite 12-17: **ARISTOCATS**
Selbst in der Wiederaufführung war der Disney-Film ein Hit

Seite 18-21: **DER SUPERCOP**
Terence Hill als Superheld wider Willen

Seite 22-31: **DAS IMPERIUM SCHLÄGT ZURÜCK**
Das Mittelstück der Original-Trilogie gilt als der beste Film der ganzen Reihe

Seite 32-37: **THEO GEGEN DEN REST DER WELT**
Sein Auftritt in dem kultigen Road Movie brachte Marius Müller-Westernhagen den Durchbruch

Seite 38-43: **DER LETZTE COUNTDOWN**
Kirk Douglas in einem Film-Werbeclip der Navy

Seite 44-49: **MAD MAX**
Mel Gibson in der Rolle, die ihn zum Star machte

Seite 50-53: **BUDDY HAUT DEN LUKAS**
Spencer prügelt sich diesmal mit Außerirdischen

Seite 54-59: **KRAMER GEGEN KRAMER**
Dank einer Galavorstellung von Dustin Hoffman der Abräumer bei den Oscars

Seite 60-63: **DIE BLAUE LAGUNE**
Brooke Shields auf einer einsamen Insel: Kitsch der 80er Jahre

Seite 64-72: **CALIGULA**
Der kontroverseste Film aller Zeiten?

Seite 73: **FILME, DIE ES NICHT IN DIE TOP 10 SCHAFFTEN**

Seite 74-79: **1941 - WO BITTE GEHT´S NACH HOLLYWOOD?**
Spielbergs erster „Flop"

Seite 80-85: **BLUES BROTHERS**
Der Kultfilm schlechthin: Sie waren im Namen des Herrn unterwegs

Seite 86-91: **SHINING**
Stanley Kubrichk und Jack Nicholson in einer Stephen-King-Adaption

Seite 92-97: **DIE UNGLAUBLICHE REISE IN EINEM VERRÜCKTEN FLUGZEUG**
Leslie Nielsen bewies hier erstmals sein Klamauk-Talent

Seite 98-103: **DAS LEBEN DES BRIAN**
Der vielleicht beste, aber sicherlich bekannteste Film der Monty-Python´s-Truppe

Seite 104-111: **STAR TREK - DER FILM**
Die Enterprise-Crew schafft den Sprung vom Bildschirm auf die Leinwand

Seite 112-115: **DAS CHINA-SYNDROM**
Michael Douglas produzierte diesen beunruhigenden Thriller und nahm die Wirklichkeit vorweg

Seite 116-121: **JEDER KOPF HAT SEINEN PREIS**
Eine Legende tritt ab: Steve McQueen in seinem letzten Film

Seite 122-125: **FREITAG, DER 13.**
Hier nahm das Grauen seinen Anfang

Seite 126-131: **CRUISING**
Al Pacino in einem seinerzeit kontrovers aufgenommenen Serienkiller-Film

Seite 132-133: **WAS MACHT EIGENTLICH … HEUTE?**
Wo sind die Stars von einst?

Seite 134-135: **FAKTEN UND ZAHLEN 1980: AMERIKA**
Ein Überblick über die Top 50

Seite 136-143 : **DAS WAREN DIE FILME DES JAHRES 1980**
Alle Starts im alphabetischen Überblick

IMPRESSUM

MPW Filmbibliothek

ISBN: 978-3-942621-09-0

Die Deutsche Bibliothek-CIP Einheitsaufnahme

Texte und Idee:
Tobias Hohmann, Frank Martens, Sascha Weber

Lithografie:
Medien Publikations- und Werbegesellschaft GmbH, Hille

Graphische Gestaltung:
Frank Martens

© 2011 Medien Publikations- und Werbegesellschaft GmbH.

Bildnachweis:
Archiv MPW
Mit Dank an alle, die noch (wenn nötig) etwas dazu beigetragen haben.

© der Abbildungen bei den jeweiligen Rechteinhabern.
Soweit wie möglich wurden alle möglichen Rechteinhaber der einzelnen Bilder über den Abdruck informiert. Sollte wider Erwarten trotzdem jemand vergessen worden sein, bitten wir um sein Verständnis.

TOPMOVIEs '75 bis '85

Die Top-Movies der 70er und 80er Jahre ist als Buchreihe konzipiert, die vorerst den Zeitraum 1975-1985 abdeckt. Jedes Jahr wird in einem Buch abgehandelt. In regelmäßigen Abständen erscheinen zwei Bände zeitgleich: 2012 folgen die Ausgaben 1976/1984, 2013 die Bände 1977/1983 usw. Bei Erfolg wird die Reihe fortgesetzt. Zudem erhalten einige Filmreihen auch noch eine eigene Buchveröffentlichung. Bislang geplant: Der weiße Hai, Mad Max und Zurück in die Zukunft. Auch hier sind bei Erfolg weitere Ausgaben geplant.

DAS
VORWORT

Der Übergang zwischen den 70er und 80er Jahren ist aus filmischer Hinsicht ungemein interessant. Einige Karrieren von wegweisenden Regisseuren und Schauspielern nahmen hier ihren Anfang, andere endeten recht unspektakulär. Es war auch der Zeitraum, in dem die US-Blockkbuster schleichend aber spürbar die Vorherrschaft an den Kinokassen übernahmen - auch in Deutschland.

Um nun rückblickend ein nachvollziehbares Bild dieser Epoche zu zeichnen, versuchte man sich an einem konzeptionellen Spagat: Einerseits waren die Top-Ten-Filme des jeweiligen Jahres Pflicht: Diese wurden grundsätzlich groß vorgestellt. Da jedes Filmjahr jedoch auch abseits der großen Hits heutige Kult- und Geheimtipps hervor brachte, pickte man sich andererseits weitere zehn Highlights so objektiv wie möglich heraus, um einen abwechslungsreichen Blick auf das jeweilige Filmjahr zu werfen. Zusätzlich eingebundene Statistiken über den deutschen und amerikanischen Markt sollen für eine noch bessere Übersicht sorgen. Dabei erwies es sich als durchaus problematisch, dass es bis in die 80er Jahre hinein keine gänzlich verlässlichen Daten über die tatsächlichen Besucherzahlen in Deutschland gibt. Daher beruhen ein Teil dieser Zahlen - und der entsprechenden Einordnung - aus diversen Mittelwerten und/oder Schätzungen. Erschwerend hinzu kommt, dass auch Print-Veröffentlichungen aus dieser Zeit häufig falsche oder unvollständige Daten abdruckten.

Daher erwies sich die Arbeit an der Buchreihe als wesentlich umfangreicher und aufwändiger als gedacht. Das Ergebnis lässt diese Schwierigkeiten jedoch vergessen - hoffentlich auch für den Leser, der Band für Band Zeuge der Veränderung wird, die sich damals vollzog.

Das Jahr 1980 bot einige Überraschungen: So war es schon ungewöhnlich, dass ausgerechnet die Wiederaufführung von ARISTOCATS so viele Besucher in die Kinos lockte. Ebenfalls überraschend, dass der Terence-Hill-Prügelulk DER SUPERCOP mehr Zuschauer in die Lichtspielhäuser lockte, als der immens aufwändige DAS IMPERIUM SCHLÄGT ZURÜCK.

Es war aber auch das Jahr der Kultfilme: BLUES BROTHERS oder THEO GEGEN DEN REST DER WELT verdienen diesen Stempel ebenso, wie der Auftakt von FREITAG, DER 13. – elf weitere Filme des Franchises sollten folgen.

Die Vielfältigkeit des Filmjahres 1980 – und somit auch dieses Buches – wird in Anbetracht der heutigen, eher monotonen Kinolandschaft fraglos viele überraschend und legt Zeugnis darüber ab, dass Filmemacher und Produzenten seinerzeit noch wesentlich mutiger sein durften, als heute, was Filme wie CRUISING oder CALIGULA beweisen.

Viel Spaß bei der Reise ins Jahr 1980!

Die wichtigsten
EREIGNISSE DES JAHRES 1980

1980 war ein sehr schwieriges Jahr. Innen-und Außenpolitisch gab es einige schwierige Situationen zu meistern,die für die Zukunft einschneidende Veränderungen mit sich bringen sollten. Überschattet wurde das Jahr sicherlich durch den Einmarsch der Russen in Afghanistan, der Ende 1979 seinen Anfang nahm und bei dem der afghanische Ministerpräsident Hafizullah Amin ermordet wurde. Die Russen wollten die kommunistisch gesinnte Regierung der Demokratischen Republik Afghanistan unterstützen. Bereits im Februar 1980 waren über

Hafizullah Amin

80.000 russische Soldaten in Afghanistan stationiert. Die Reaktionen auf diesen Einmarsch ließen nicht lange auf sich warten. Wenig überraschend verhängten die USA Sanktionen gegen die Sowjetunion und boykottierten - als die russischen Truppen trotzdem nicht abgezogen wurden - die 22. Olympischen Sommerspiele, die in Moskau ab Juli 1980

Der ehemalige Schauspieler Ronald Reagan wurde 1980 Präsident der Vereinigten Staaten von Amerika.

stattfinden. Über 50 Nationen schloßen sich im Laufe der Monate diesen Boykott an, u.a. auch Deutschland.

Die amerikanische Regierung muste sich jedoch auch mit einer Geiselnahme in Teheran beschäftigen. In der dortigen US-Botschaft, die im Zuge der Islamischen Revolution ab November 1979 besetzt wurde, nahmen Studenten 52 Diplomaten als Geisel. Eine Befeiungsaktion am 24.04.1980 schlug unter dramatischen Umständen fehl - acht Soldaten kamen ums Leben.
Sowohl die Verschärfung im Konflikt mit der Sowjetunion, als auch die Geiselnahme in Teheran spielten sicherlich eine Rolle beim Gewinn der amerikanischen Präsidentschaftswahlen, die Ronald Reagan - der sich schon länger als Hardliner positioniert hatte - am 04.11.980 für sich entscheiden konnte.

Ein Bombenanschlag auf das Oktoberfest Ende September 1980. 13 Menschen kamen ums Leben, trotzdem wurde die „Wiesn" nicht abgebrochen.

Aber auch Deutschland hatte mit großen Schwierigkeiten zu kämpfen. Insbesondere das Bombenattentat auf das Münchner Oktoberfest am 26.09.1980, bei dem 13 Menschen ums Leben kamen, war eine neue Dimension des Grauens. Der CSU-Kanzler- kandidat Franz Josef Strauß nutzte den Anschlag recht plakativ, um seine Chance im verbissen geführten Wahlkampf zu verbessern. Doch umsonst: Er unterlag am 05.10.1980 seinem SPD-Konkurrenten Helmut Schmidt, der so seine zweite Amtszeit als Kanzler beginnt. Die Niederlage von Strauß ebnete jedoch den Weg für die spätere Kandidatur von Helmut Kohl. Quasi als Gegenentwurf zu den etablierten Parteien wird am

Der Journalist Dieter Kronzucker zahlte Lösegeld, da Verbrecher seine Töchter in die Toskana verschleppten. Nach drei Monaten wurden sie frei gelassen.

13.01.1980 die Partei „Die Grünen" gegründet, die in den Folgejahren die politische Bühne maßgeblich verändern sollten.
Mindestens genauso viel Presseecho wie der schmutzige Wahlkampf zwischen Strauß und Schmidt erhielt die Entführung von Susanne und Sabine Kronzucker, Töchter des Journalisten Dieter Kronzucker. Am 25 Juli wurden die damals 15-jährige Susanne und die 13-jährige Sabine Kronzucker, sowie der Kronzucker-Neffe Martin Wächtler, von drei maskierten und bewaffneten Verbrechern, die die Erwachsenen zuvor überwältigt hatten, in der Toskana verschleppt. Im Zuge der Ermittlungen und Verhandlungen schaltete sich sogar der Papst ein. Doch erst nach einer Lösegeld-Zahlung von 4,3 Millionen Mark - die nach Italien geschmuggelt werden musste - wurden die Entführten am 01.10.1980 wieder frei gelassen. Da Lösegeldzahlungen verboten waren, wurde das Ehepaar Kronzucker im Anschluss rechtlich zur Verantwortung gezogen.

Doch es gab auch gute Nachrichten aus oder für Deutschland - und seien es „nur" sportliche Erfolge. So gewann nicht nur der TV Großwallstadt den Handball-Europapokal der Landesmeister - auch Eintracht Frankfurt konnte einen Titelgewinn feiern und wurde in einem rein deutschen Finale gegen Borussia Mönchengladbach UEFA-Cup-Sieger.
Denn größten Erfolg errang aber sicherlich die deutsche Fußball-Nationalmannschaft, die im Finale gegen Belgien 2-1 gewann und in Rom Europameister wurde.
Ebenfalls erfreulich: **DIE BLECHTROMMEL** von Volker Schlöndorff wurde bei der Oscar-Verleihung als bester ausländischer Film ausgezeichnet.

Bon Scott, AC/DC

1980 musste man jedoch auch Abschied von einigen Künstlern nehmen, die die Branche nachhaltig bereichert und verändert hatten. So hinterließ der schottische Sänger Bon Scott, Frontmann der Gruppe AC/DC, eine große Lücke im Musikgeschäft. Scott starb in der Nacht des 19.02.1980 nach einer Zechtour in London. Er erstickte an seinem eigenen Erbrochenen. Am 29.04.1980 starb einer der wichtigsten und einflussreichsten Regisseure (**PSYCHO**, **DIE VÖGEL**) der Filmgeschichte: Alfred Hitchcock. Nach längerer Krankheit starb der geniale Filmemacher in seinem Haus in Los Angeles an Nierenversagen.

Doch neben dem Tode Hitchcocks musste die Filmbranche noch einen weiteren Verlust hinnehmen - verstarb doch am 24.07.1980 der britische Schauspieler Peter Sellers, der insbesondere durch die Inspektor-Clouseau-Filme von Blake Edwards populär wurde. Nachdem er schon seit Jahren unter Herzproblemen litt, starb er an den Folgen eines Herzinfarkts.

Dramatisch und tragisch der Tod eines weiteren Künstlers. John Lennon, Mitbegründer der Beatles, wurde am 08.12.1980 von dem geistig verwirrten Attentäter Mark David Chapman erschossen.

David Chapman erschoss John Lennon.

John Lennon

Das Beste zum Schluss: Es werden 620.657 Kinder in Deutschland geboren

IN CHRONOLOGISCHER REIHENFOLGE

2. Januar:	Das sowjetische Militär startet eine Offensive im Afghanistan-Krieg.
5. Januar:	Die USA verhängen wegen ihres Afghanistan-Einmarschs Sanktionen gegen die Sowjetunion
13. Januar:	Die Grünen werden in Karlsruhe gegründet.
21. Januar:	Die Chinesische Mauer wird unter Denkmalschutz gestellt.
23. Januar:	Die deutsche Schauspielerin Lil Dagover, geboren 1887, verstirbt.
31 Januar:	Die Kultsendung Verstehen sie Spaß? startet in der ARD
6. Februar:	Das Bundesverfassungsgericht urteilt, dass die friedliche Nutzung der Kernenergie mit dem Grundgesetz vereinbar ist.
13. bis 24. Feb.:	Die 13. Olympischen Winterspiele finden in Lake Placid, USA statt.
19. Februar:	Der AC/DC Sänger Bon Scott, geboren 1946, verstirbt.
20. Februar:	Da die Sowjetunion nicht die Streitkräfte aus Afghanistan abzieht, boykottieren die USA unter der Führung von Präsident Carter die Sommerspiele in Moskau
3. März:	Der französische Staatspräsident Valery Giscard d'Estaing erkennt offiziell das Selbstbestimmungsrecht der Palästinenser an.
6. April:	In der Bundesrepublik Deutschland wird wieder die Sommerzeit eingeführt.
7. April:	Nachdem Ajatollah Khomeini eine Freilassung US-amerikanischer Geiseln ablehnt, brechen die USA die diplomatischen Beziehungen zum Iran ab.
14. April:	Der Film DIE BLECHTROMMEL gewinnt als bester ausländischer Film einen Oscar.
22. April:	Die EG-Staaten beschließen Handelssanktionen gegen den Iran, wenn die amerikanischen Geiseln nicht frei gelassen werden.
24. April:	Die Operation Eagle Claw zur Beendigung der Geiselnahme von Teheran scheitert.
29. April:	Der Kultregisseur Alfred Hitchcock, geboren 1899, verstirbt.
30. April:	Beatrix von Oranien-Nassau wird Königin der Niederlande.
30. April:	Eine vom Irak finanzierte Terrorgruppe nimmt in der iranischen Botschaft Geiseln und verlangt die Freilassung von mehreren Inhaftierten, sowie Autonomie für die ölreiche iranische Provinz Chuzestan.
17.-18. Mai:	In Südkorea werden Demonstrationen gegen das neue Regime brutal niedergeschlagen. Mehrere hundert Menschen sterben.
21. Mai:	Eintracht Frankfurt gewinnt den UEFA-Pokal im Finale gegen Borusia Mönchengladbach.
27. Mai:	Bei einer Demonstration gegen eine Universitätsschließung löst die südkoreanische Arme die Proteste gewaltsam auf. Abermals sterben fast 200 Menschen.
31. Mai:	Der FC Bayern München wird Deutscher Meister.
1 Juni:	ARD und ZDF starten gemeinsam den Teletext.
7. Juni:	Der US-Schriftsteller Henry Miller, geboren 1891, verstirbt.
11. bis 22. Juni:	Die sechste Fußball-Europameisterschaft 1980 wird in Italien ausgetragen. Die Mannschaft der Bundesrepublik Deutschland wird Europameister durch ein 2:1 gegen Belgien in Rom.
12 Juni:	Dieter Hildebrand startet die Kabaarettsendung SCHEIBENWISCHER.
30 Juni:	Funkytown" von Lipps Inc erklimmt die Spitze der deutschen Musikcharts und verweilt dort bis zum 1. September. Kein anderer Song konnte sich in diese Jahr so lange auf Platz 1 halten.
18. Juli:	Indien schießt als sechste Nation einen eigenen Satelliten in den Weltraum
21. Juli:	In Moskau werden die 22. Olympischen Sommerspiele eröffnet. 57 Nationen boykottieren diese Spiele, darunter auch Deutschland.
23. Juli:	Israel erklärt Jerusalem zur ewigen Hauptstadt.
24. Juli:	Der Schauspieler Peter Sellers, geboren 1925, verstirbt.
25. Juli:	Susanne und Sabine Kronzucker, Töchter des deutschen Journalisten Dieter Kronzucker, werden gemeinsam mit ihrem Cousin Martin Wächtler entführt. Nach einer Lösegeldzahlung von 4,3 Millionen DM werden sie am 1. Oktober wieder frei gelassen.
2. August:	Durch einen rechtsextremistischen Sprengstoffanschlag kommen auf dem Bahnhof von Bologna 83 Menschen ums Leben.
20. August:	Reinhold Messner bezwingt als erster Bergsteiger den Mount Everest im Alleingang und ohne Sauerstoff-Gerät.
10. September:	Syrien und Libyen geben den Zusammenschluss zu einem einzigen Staat bekannt.
12. September:	Die NATO und die USA unterstützen einen Militärputsch in der Türkei, General Kenan Evren übernimmt das Amt des Präsidenten, die NATO stationiert Eingreiftruppen vor Ort.
22. September:	Beginn des Ersten Golfkrieges zwischen Iran und Irak.
26. September:	Auf dem Münchner Oktoberfest sterben bei einem Bombenanschlag 13 Menschen
5. Oktober:	Helmut Schmidt bleibt Kanzler und setzt sich gegen Franz Josef Strauß durch.
4. November:	Der ehemalige Schauspieler Ronald Reagan gewinnt die US-Präsidentschaftswahlen gegen Jimmy Carter
15-19 Nov.:	Papst Johannes Paul II. besucht erstmals Deutschland. ARD und ZDF berichten über sechs Stunden live.
23. November:	In Süditalien kommen bei einem schweren Erdbeben etwa 3.000 Menschen ums Leben, etwa 250.000 verlieren Haus und Gut
8. Dezember:	John Lennon wird von Mark David Chapman in New York erschossen.

Links: **John Belushis letzte Filmrolle in** DIE VERRÜCKTEN NACHBARN.
Rechts: **Dan Aykroyds und John Belushis erster gemeinsamer Auftritt im Film 1941 –** WO BITTE GEHT'S NACH HOLLYVOOD?.

DAS COMEDY DREAM TEAM 1980

DAN AYKROYD UND JOHN BELSUHI

Die Zusammenarbeit des Duos Dan Aykroyd und John Belushi nahm in der Late-Night Comedy Show *Saturday Night Live (SNL)* ihren Anfang. Ihre Karrieren hatten zwar einen unterschiedlichen Verlauf genommen, doch 1975 sollten sie gemeinsam bei *SNL* vor der Kamera stehen. Die beiden verband allerdings deutlich mehr als reine Kollegialität. Ob nun Motorräder, Mystizismus oder Musik: Aykroyd und Belushi teilten gemeinsame Leidenschaften, die weit über ihre Komiker-Karriere hinausgingen. *SNL* sollte nicht nur das Fundament für ihre Filmkarriere bilden, sondern auch dazu führen, dass sie eine gemeinsame Musikkarriere starteten. Mit ihrer Blues-Band *The Blues Brothers* konnten die beiden Freunde immense Erfolge für sich verbuchen. Mit diversen Alben kletterten sie in den Charts nach oben und tourten gemeinsam durch die USA. Unter der Regie ihres Freundes John Landis drehten sie den Film BLUES BROTHERS, in welchem sie ihre Alter Egos Jake und Elwood Blues spielten und auch an den Kinokassen einen immensen Erfolg für sich verbuchen konnten.

Die gemeinsamen Filme von John Belushi und Dan Aykroyd

1941 – WO BITTE GEHT'S NACH HOLLYWOOD

OT: 1941 • USA (1979) • Regie: Steven Spielberg • Drehbuch: Robert Zemeckis, Bob Gale • Darsteller: Dan Aykroyd, John Belushi, Tim Matheson, Christopher Lee, Ned Beatty

In dem ungewöhnlichen und chaotischen Kriegs-Komödien-Spektakel waren Aykroyd und Belushi erstmals auf der großen Leinwand zu sehen. Sie arbeiteten aber schon zu diesem Zeitpunkt lange zusammen - u.a. in der Saturday-Night-Live-Show- und waren auch schon als die legendären Blues Brothers aufgetreten. Zudem hatte Belushi kurz zuvor durch ICH GLAUB´ MICH TRITT EIN PFERD (ANIMAL HOUSE, 1980), der unter der Regie des späteren Blues-Brothers-Regisseurs John Landis entstand, einen Erfolg verbuchen können.

BLUES BROTHERS

OT: Blues Brothers • USA (1980) • Regie: John Landis • Drehbuch: Dan Aykroyd, John Landis • Darsteller: Dan Aykroyd, John Belushi, James Brown, Ray Charles

Dieser Film machte das Duo weltweit bekannt und beliebt und zählt heute zu den absoluten Kultfilmen der 80er Jahre. 20 Jahre später versuchte sich Aykroyd an der Fortsetzung BLUES BOTHERS 2000, abermals von John Landis inszeniert. Doch das Publikum hatte an einem Sequel ohne John Belushi kein Interesse, so dass der Film an den Kassen gnadenlos unterging.

DIE VERRÜCKTEN NACHBARN

OT: Neighbors • USA (1981) • Regie: John G. Avildsen • Drehbuch: Larry Gelbart • Darsteller: Dan Aykroyd, John Belushi, Kathryn Walker, Cathy Moriarty

Die letzte Zusammenarbeit zwischen Aykroyd und Belushi markiert gleichzeitig auch den letzten Kino-Auftritt von Belushi überhaupt. In der von Rocky-Regisseur John G. Avildsen inszenierten Komödie spielen sie zwei Nachbarn, die unterschiedlicher nicht sein könnten. Die Dreharbeiten wurden für alle Beteiligten zur Qual. Es ging sogar so weit, dass Belushi versuchte, Avildsen abzusägen, um John Landis auf den Regiestuhl zu heben.

John Belushi und Dan Aykroyd in ihren Paraderollen Jake und Elwood Blues.

Wie tief Belushis und Aykroyds Freundschaft ging, zeigte sich sowohl auf professioneller, als auch auf privater Ebene. Sie hatten ihre Zukunft gemeinsam geplant und sich immer gegenseitig finanziell und emotional unterstützt. Ihre gemeinsame Leidenschaft für PS-starke Fahrzeuge ließ sie sogar soweit gehen, sich gegenseitig zu versprechen, eine standesgemäße Beerdigung zu organisieren für den Fall, dass einer bei einem Verkehrsunfall ums Leben käme. Leider verstarb John Belushi tatsächlich viel früher als Aykroyd und den Belushi-Fans recht sein konnte: mit nur 33 Jahren und an einer Überdosis Heroin und Kokain. Viel wichtiger als der Verlust eines charismatischen und talentierten Komikers für die Branche war der Verlust eines Freundes, den Aykroyd nun zu bewältigen hatte. Man beäugte Aykroyd kritisch und stellte sich insgeheim die Frage, ob und wie er diese Situation meistern würde. Die Skepsis, ob er auch ohne seinen Freund und Kollegen seiner Karriere wieder frischen Wind einhauchen könnte, stand im Raum und wurde spätestens mit GHOSTBUSTERS (1984) eindrücklich beantwortet. Man kann nur ahnen, welchen Weg ihre gemeinsame Karriere eingeschlagen hätte, hätte sie dieser Schicksalsschlag nicht getrennt. Mit ihren Auftritten bei *SNL*, drei gemeinsamen Filmen und einer erfolgreichen Musikkarriere haben sie jedoch gezeigt, wie viel Potential in dem Duo steckte und der Kultstatus ihrer Blues Brothers besteht auch heute noch fort.

JOHN BELUSHI

DAN AYKROYD

John Belushis Karriere im Showgeschäft nahm 1971 seinen Lauf, als er, wie Dan Aykroyd ein Jahr später, der Theater-Gruppe *The Second City* in Chicago beitrat. Kurz darauf wurde er für das Theater-Stück *National Lampoon's Lemmings* gecastet, in dem er neben Chevy Chase zu sehen war. Seine Arbeit für die National Lampoon Inc. führte er in der Radio-Sendung *The National Lampoon Radio Hour* weiter aus. Nationale Bekanntheit im großen Stile erhielt er allerdings erst mit seinen Auftritten in *SNL*. Während seiner Arbeit bei *SNL* drehte er seinen ersten Kinofilm ICH GLAUB', MICH TRITT EIN PFERD (ANIMAL HOUSE, 1978). In einigen Biographien zu John Belushi kann man nachlesen, dass er an seinem 30. Geburtstag mit ANIMAL HOUSE die US Kino-Charts und mit seinem Musik-Album *Briefcase Full of Blues* die Album-Charts anführte und zugleich mit *SNL* die höchstdotierte Fernsehsendung im US-TV vorzuweisen hatte.

Nachdem er seine Mitarbeit an SNL 1979 beendete, sollte man nur noch vier Kinofilme und einen TV-Film mit John Belushi zu Gesicht bekommen. Der wichtigste Film seiner Karriere dürfte hierbei BLUES BROTHERS sein, mit dem Jake und Elwood Blues endgültig Kultstatus erreichen sollten. DIE VERRÜCKTEN NACHBARN (NEIGHBORS, 1981) sollte der letzte Filme sein, in dem John Belushi zu sehen war.

Es war weithin bekannt, dass John Belushi unterschiedlichste Drogen konsumierte, durch die er auch immer wieder Probleme mit Freunden und Kollegen hatte. Am 05. März 1982 fand man ihn mit gerade einmal 33 Jahren tot in seiner Wohnung in Hollywood auf, wo er an einer Überdosis gestorben war. Doch noch über seinen Tod hinaus sollte John Belushi Einfluss auf das Business nehmen. So entwickelte Dan Aykroyd in einigen seiner Drehbücher Rollen, die auf John Belushi basierten und von den *SNL*-Kollegen Chevy Chase und Bill Murray gespielt werden sollten. Dr. Peter Venkman in GHOSTBUSTERS und Emmett Fitz-Hume in SPIONE WIE WIR waren beides Figuren, die Dan Aykroyd mit John Belushi im Sinn entwarf. Die Verfilmung von John Belushis Leben WIRED (1989) mit Michael Chiklis als John

Belushi wurde erfolgreich von Belushis Freunden und Verwandten boykottiert und floppte an den Kinokassen. 2004 sollten die Bemühungen seines jüngeren Bruders James Belushi Früchte tragen, als John Belushi 22 Jahre nach seinem Tod mit einem Stern auf dem Hollywood Walk of Fame geehrt wurde. Trotz seiner überaus kurzen Karriere und seinem plötzlichen Dahinscheiden hat John Belushi einen festen Platz in Hollywood eingenommen und insbesondere mit seiner Figur des Jake Blues einen Ruf erlangt, der für die Ewigkeit gedacht ist.

Der kanadische Schauspieler und Sänger Daniel Edward „Dan" Aykroyd rutschte erst über diverse Umwege in das Leben eines Schauspielers hinein. In einer katholischen Familie aufgewachsen, befand sich Dan Aykroyd auf dem besten Wege, ein Priester zu werden. Als er jedoch eines Tages ein Schwein als Papst verkleidete und zur Schule brachte, wurde er prompt von der High School verwiesen. Sein Weg führte ihn an die Carleton Universität in Ottawa, wo er Politikwissenschaften und Kriminalpsychologie studierte und bereits während des Studiums als Comedian in diversen Nachtclubs arbeitete. Er entwickelte seine eigenen Sketche und frönte auch seiner zweiten Leidenschaft: dem Musizieren.

1972 schloss sich Aykroyd *The Second City* in Toronto an, einer Improvisations-Truppe, die ihren Ursprung in Chicago hat, jedoch auch in anderen Städten Nordamerikas, u.a. Toronto und Los Angeles, vertreten war. Sein Weggang von *Second City* 1974 bedeutete einen großen

Schritt in Richtung Show-Business, denn Lorne Michael holte ihn nach New York zur Late-Night Comedy Show *Saturday Night Live*, wo er von 1975 bis 1979 ein fester Bestandteil der Show war. Als jüngstes Mitglied war er nicht nur für seine Darstellung von Berühmtheiten wie Jimmy Carter oder Richard Nixon bekannt, sondern sammelte auch als Autor für Sketche Erfahrung. Für sein Mitwirken in *SNL* erhielt er 1977 gar einen Emmy Award und konnte später noch weitere Nominierungen für sich verbuchen. Seine Auftritte bei *SNL* bescherten ihm auch seine ersten Filmrollen.

Doch erst mit dem Weggang von *SNL* sollte seine Filmkarriere richtig Fahrt aufnehmen. 1979 spielte er mit seinem Freund und Kollegen John Belushi in Steven Spielbergs 1941 WO BITTE GEHT'S NACH HOLLYWOOD (1941). Nachdem Belushi und Aykroyd mit ihrer gemeinsamen Blues-Band *The Blues Brothers* auch noch in der Musikbranche erfolgreich Fuß fassten, dauerte es nicht lange bis sie in BLUES BROTHERS (THE BLUES BROTHERS, 1980) zu sehen waren. Ein drittes und letztes Mal standen sie in der Komödie DIE VERRÜCKTEN NACHBARN (NEIGHBORS, 1981) vor der Kamera.

Nachdem er seinen ersten holprigen Versuch ein Drehbuch zu schreiben mit BLUES BROTHERS erfolgreich absolviert hatte, nahm auch dieser Aspekt seiner Karriere weiter Form an. So steuerte der begeisterte Ufologe das Drehbuch zu GHOSTBUSTERS (1985) bei und übernahm gleichzeitig eine der Hauptrollen im Film. Für das Sequel, welches vier Jahre später erschien, steuerte er das Drehbuch ebenso bei wie für etliche andere Komödien, die folgen sollten und seinen Status als Comedian weiter festigten. Hatte er in DIE GLÜCKSRITTER (TRADING PLACES, 1983) mit Eddie Murphy gespielt, war er in der Agenten-Komödie SPIONE WIE WIR (SPIES LIKE US, 1985) mit Chevy Chase vor der Kamera zu sehen und in der Polizei-Komödie SCHLAPPE BULLEN BEISSEN NICHT (DRAGNET, 1987) war Tom Hanks sein Film-Partner.

Neben seinen Rollen in Comedy-Filmen sollte allerdings nicht vergessen werden, dass er auch in ernsten Rollen einige Erfolge zu verbuchen hatte. In MISS DAISY UND IHR CHAUFFEUR (DRIVING MISS DAISY, 1989) überzeugte er die Kritiker und erhielt prompt eine Oscar-Nominierung als „Bester Nebendarsteller". Doch auch seine Rollen in den Jugend-Romanzen MY GIRL (1991) und MY GIRL 2 (1994) sowie in SNEAKERS – DIE LAUTLOSEN (SNEAKERS, 1992) und in Michael Bays Action-Film PEARL HARBOR (2001) sind erwähnenswert. Neben seinen Erfolgen musste er jedoch auch den ein oder anderen Flop hinnehmen. Sein Versuch, die Eierköpfe aus

John Belushi in ICH GLAUB' MICH TRITT EIN PFERD. Die abgedrehte Komödie ist in Deutschland eher unbekannt, genießt in den USA jedoch Kultstatus und machte John Belushi zum Filmstar.

einem *SNL*-Sketch in dem Film DIE CONEHEADS (CONEHEADS, 1993) auf der Leinwand zu etablieren, scheiterte ebenso wie BLUES BROTHERS 2000 (1998), die Fortsetzung seines Kulthits.

Ende der 90er wurden Dan Aykroyds Auftritte in Filmen ein wenig rarer, dafür hatte er wieder vermehrt Auftritte im TV. Als Ansager war er in *PSI Factor – Es geschieht jeden Tag* (1996-2000) zu sehen und ein Kritikerliebling

war seine Serie *Ein Pastor startet durch* (*Soul Man*, 1997-1998), die jedoch auf Grund schlechter Einschaltquoten nach zwei Staffeln abgesetzt wurde.

Seinen größten Impact hatte Aykroyd mit seinen GHOSTBUSTERS-Filmen und den diversen Cartoon-Spin-Offs, die im TV ausgestrahlt wurden. So ist es nicht weiter verwunderlich, dass immer wieder von einem dritten GHOSTBUSTERS-Teil die Rede ist, welcher aber bisher noch nicht erschienen oder auch nur in Produktion gegangen wäre. Mit fast 60 Jahren kann Dan Aykroyd auf eine beachtliche Filmographie zurückblicken und auch seine Erfolge als Drehbuchautor sind beachtlich. Seine wichtigsten Werke sind auch heute noch unterhaltsam und haben nichts von ihrem Charme und Humor eingebüßt.

Auch die Kultfigur Udo Lindenberg schaffte es mit seinem Film PANISCHE ZEITEN nicht, die Krise des deutschen Films zu beenden. Der durchwachsene Streifen schaffte es nur auf Platz 46.
Der französische Superstar Jean-Paul Belmondo schaffte es mit DER PUPPENSPIELER (unten) immerhin auf Platz 30, hatte aber auch schon erfolgreichere Zeiten erlebt.

Das Filmjahr 1980 war fest in amerikanischer Hand. Big-Budget-Produktionen wie DAS IMPERIUM SCHLÄGT ZURÜCK oder 1941 – WO BITTE GEHT`S NACH HOLLYWOOD? prägten die vorderen Plätze der Kinocharts. Allenfalls die italienischen Publikumslieblinge Bud Spencer (BUDDY HAUT DEN LUKAS, PLATTFUSS AM NIL) und Terence Hill (DER SUPERCOP) konnten sich gegen die US-Dominanz erfolgreich behaupten und waren gleich mehrfach in den Top 20 vertreten. Auch die damals große Konkurrenz aus Frankreich schaffte es zumindest mit den neuesten Streifen von Louis de Funés (LOUIS, DER GEIZKRAGEN) und Jean-Paul Belmondo (DER PUPPENSPIELER) in die Top 50.

Der deutsche Film hingegen lag am Boden. Es wurde kaum noch für das Kino produziert, das TV hatte den Leinwänden den Rang abgelaufen. Die deutsche Kinoindustrie sei nicht Konkurrenzfähig, so die einhellige Meinung. Da überrascht es nicht, dass es gerade einmal drei deutsche Produktionen in die Top 50 schafften: THEO GEGEN DEN REST DER WELT, FABIAN und PANISCHE ZEITEN. Auf die Besucherzahlen bezogen machten ein-

heimische Filme noch nicht einmal 7% aller Kartenverkäufe aus. Zum Vergleich: Noch 1970, nur zehn Jahre zuvor, lag dieser Prozentsatz bei annähernd 70%. Allerdings löste THEO GEGEN DEN REST DER WELT scheinbar ein wenig diese Vorurteile gegen den einheimischen Film, fanden doch in den kommenden Jahren wieder verstärkt einheimische Produktionen den Weg in die Lichtspielhäuser, so dass der Prozentsatz in den 80er Jahren nie unter die 13% Marke rutschte.

Überraschend jedoch der große Erfolg der Wiederaufführung des Walt-Disney-Film ARISTOCATS. Doch Disney-Produktionen laufen andererseits traditionell in Deutschland hervorragend. So ist DAS DSCHUNGELBUCH mit knapp 27 Millionen Zuschauern nach wie vor der erfolgreichste Film, der jemals in Deutschland gezeigt wurde. Ein weiterer Beweis für die deutsche Vorliebe von Disney-Streifen ist die Wiederaufführung von 101 DALMATINER, die es immerhin auf Platz 20 schaffte.

Louis de Funés landete mit LOUIS, DER GEIZKRAGEN immerhin auf Platz 35. Für den erfolgsverwöhnten Franzosen jedoch eher ein durchwachsenes Ergebnis.

Platz 18

Platz 22

Platz 45

Platz 50

DIE TOP 50 IN DEUTSCHLAND

Platz	Filmtitel	Originaltitel	Starttermin	Besucher
1	ARISTOCATS (WA)	Aristocats	28.11.1980	4.440.000
2	DER SUPERCOP	Poliziotto superpiù	19.09.1980	3.870.000
3	DAS IMPERIUM SCHLÄGT ZURÜCK	The Empire strikes back	12.12.1980	3.860.000
4	THEO GEGEN DEN REST DER WELT		26.09.1980	3.450.000
5	DER LETZTE COUNTDOWN	The Final Countdown	31.10.1980	3.400.000
6	MAD MAX	Mad Max	29.02.1980	3.240.000
7	BUDDY HAUT DEN LUKAS	Chissà perché... capitano tutte a me	12.12.1980	3.060.000
8	KRAMER GEGEN KRAMER	Kramer vs. Kramer	29.02.1980	2.910.000
9	DIE BLAUE LAGUNE	The Blue Lagoon	19.12.1980	2.660.000
10	CALIGULA	Caligula	25.04.1980	2.650.000
11	1941 – WO BITTE GEHT´S NACH HOLLYWOOD?	1941	28.03.1980	2.620.000
12	DAS SCHWARZE LOCH	The Black Hole	19.09.1980	2.130.000
13	BLUES BROTHERS	Blues Brothers	17.10.1980	2.100.000
14	SHINING	Shining	17.10.1980	2.020.000
15	DIE UNGLAUBLICHE REISE IN EINEM VERRÜCKTEN FLUGZEUG	Airplane!	21.11.1980	1.960.000
16	PLATTFUSS AM NIL	Piedone d'Egitto	20.06.1980	1.950.000
17	KLEINE BIESTER	Little Darlings	15.08.1980	1.730.000
18	ALLES IN HANDARBEIT	Hardly Working	08.02.1980	1.650.000
19	DIE AUSSTEIGERIN	La dérobade	05.09.1980	1.480.000
20	101 DALMATINER (WA)	One Hundred and One Dalmatians	29.02.1980	1.470.000
21	DAS LEBEN DES BRIAN	Life of Brian	15.08.1980	1.320.000
22	DIE SEEWÖLFE KOMMEN	The Sea Wolves	22.08.1980	1.300.000
23	NOCH EIN KÄFIG VOLLER NARREN	La cage aux folles II	19.12.1980	1.290.000
24	METEOR	Meteor	22.02.1980	1.250.000
25	KENTUCKY FRIED MOVIE	Kentucky Fried Movie	16.05.1980	1.190.000
26	STAR TREK – DER FILM	Star Trek – The Motion Picture	28.03.1980	1.150.000
27	DAS CHINA-SYNDROM	The China Syndrome	22.02.1980	1.100.000
28	WATERSHIP DOWN – UNTEN AM FLUSS	Watership Down	14.11.1980	1.090.000
29	VERDAMMT NOCH MAL … WO BLEIBT DENN DA DIE ZÄRTLICHKEIT?	Et la tendresse?... Bordel	29.02.1980	1.080.000
30	DER PUPPENSPIELER	Le guignolo	25.07.1980	1.070.000
31	XANADU	Xanadu	10.10.1980	1.000.000
32	THE FOG – NEBEL DES GRAUENS	The Fog	29.08.1980	988.000
33	EIN MANN FÜR GEWISSE STUNDEN	American Gigolo	25.04.1980	907.000
34	THE MUPPET MOVIE	The Muppet Movie	13.06.1980	898.000
35	LOUIS, DER GEIZKRAGEN	L'avare	28.03.1980	888.000
36	JEDER KOPF HAT SEINEN PREIS	The Hunter	19.12.1980	852.000
37	DSCHUNGELOLYMPIADE	Animalympics	15.05.1980	740.000
38	DER TAG, AN DEM DIE WELT UNTERGING	When Time Ran Out...	12.09.1980	715.000
39	FREITAG, DER 13.	Friday the 13th	24.10.1980	620.000
40	AMITYVILLE HORROR	The Amityville Horror	18.01.1980	615.000
41	FABIAN		25.04.1980	610.000
42	CRUSING	Cruising	29.08.1980	585.000
43	DIE NACKTE BOMBE	The Nude Bomb	08.08.1980	509.000
44	DREIST UND GOTTESFÜRCHTIG	In God We Tru$t	05.12.1980	502.000
45	THE BIG RED ONE	The Big Red One	25.07.1980	501.000
46	PANISCHE ZEITEN		17.04.1980	500.000
47	BABYSPECK UND FLEISCHKLÖSSCHEN	Meatballs	15.02.1980	499.000
48	KLEINE FLUCHTEN	Les petites fugues	15.02.1980	497.000
49	DAS GRAUEN AUS DER TIEFE	Humanoids from the Deep	04.07.1980	495.000
50	ZOMBIES UNTER KANNIBALEN	Zombi Holocaust	18.04.1980	490.000

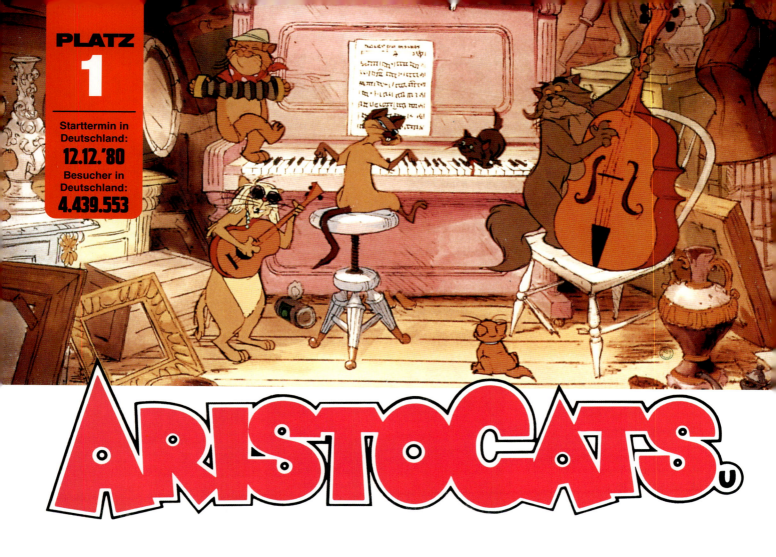

PLATZ
1

Starttermin in
Deutschland:
12.12.'80
Besucher in
Deutschland:
4.439.553

ARISTOCATS

„Manchmal komme ich mir vor wie eine kleine Biene. Ich gehe von einer Abteilung des Studios zur anderen und sammle Blütenstaub und stimuliere gewissermaßen jedermann."

(Walt Disney) [1]

INHALT:
Paris 1910: Die wohlhabende Madame Adelaide Bonfamille lebt mit ihrer geliebten Katze Duchesse und deren drei Kindern Toulouse, Berlioz und Marie. Als sie sich dafür entscheidet, ihre Katzen als Erben einzusetzen und ihren Butler Edgar erst nach deren Tod zu beerben, bekommt Edgar dies zufälligerweise mit. Das riesige Erbe vor Augen setzt er alles daran, die Katzen loszuwerden.

Diese Selbsteinschätzung seiner Tätigkeit bei der Produktion eines Films mag zwar ein wenig blumig und romantisiert klingen, trifft den Nagel jedoch auf den Kopf. Walt Disney war zwar weder selbst für die Animationen verantwortlich noch entwarf er die Figuren oder schrieb die komplette Story, doch wie wichtig er für die Filme war, wie viel Einfluss und Gewicht seine Position und sein Mitwirken hatten, erkennt man erst, wenn man den ersten Film betrachtet, der ohne Walts Talent und Enthusiasmus auskommen musste. **ARISTOCATS (THE ARISTOCATS, 1970)** ist zweifellos ein Disney-Klassiker, wird aber nie denselben Kultstatus inne haben wie andere Filme aus den Disney Studios. Dabei schwingt immer eine melancholische Note mit, wenn man über den Film spricht, schließlich ist es der letzte Film, den er aber nicht mehr mitproduzieren sollte, da er am 15. Dezember 1966 nach einer Operation an Lungenkrebs verstarb. Somit ist **ARISTOCATS** nicht nur der erste Film, der nach seinem Tod erschien, sondern auch der erste Film, der ohne Walt Disneys starke Hand auskommen musste.

Bevor man jedoch einordnet, wie groß oder eher wie klein Walt Disneys Mitwirken an **ARISTOCATS** war, muss man zunächst die Entstehungsgeschichte des Films kennen. Diese begann im Dezember 1961 in London, wo sich Harry Tytle, ein enger und geschätzter Freund Walt Disneys, befand. Tytle, der seit 1936 für die Disney Studios arbeitete, hatte mittlerweile die Position eines Produzenten für Live-Action-Filme inne. Walt Disney schlug Tytle vor, mit Regisseur Tom McGowan Kontakt aufzunehmen, um ein paar Tiergeschichten für die Disney Studios zu entwickeln. McGowan hatte in London bereits ein paar Tierfilme für die Disney Studios gedreht und fand auch prompt eine Geschichte, die passend erschien. Sie handelte von einer Katzenmutter und ihren Kätzchen. Da die Story jedoch in New York City spielte und 101 DALMATINER (ONE HUNDRED AND ONE DALMATIANS, 1961) recht stark von London als Setting profitiert hatte, schlug Tytle vor, stattdessen Paris als Handlungsort zu wählen.

Gemeinsam arbeiteten McGowan und Tytle eine grobe Storyline in der Annahme aus,

[1]: National Geographic

dass es ein zweiteiliger Live-Action-Film würde. Im ersten Entwurf ging es um zwei Bedienstete, die ein großes Erbe antreten könnten, wenn die Katzen aus dem Weg geschafft würden. Die Idee, die Katzen sprechen zu lassen - man bedenke, es sollte ein Realfilm werden - gefiel Walt Disney, mit der Einschränkung, dies nicht in Gegenwart der Menschen geschehen zu lassen. Um die Geschichte weiter auszufeilen, engagierte McGowan den Drehbuchautor Tom Rowe, um Walt Disney die überarbeitete Fassung zu präsentieren. Disney gefiel die Geschichte, so dass man die Rechte erwarb, sowie McGowan als Regisseur und Tytle als Produzenten einplante.

Da Disney noch ein paar Empfehlungen und Änderungswünsche für die Handlung hatte, wurde das Drehbuch ein weiteres Mal überarbeitet. Diese Änderungen brachten Tytle auf die Idee, **ARISTOCATS** besser als Zeichentrickfilm umzusetzen. Disney und Wolfgang Reitherman (der spätere Regisseur) stimmten ihm zu. Es herrschte der allgemeine Konsens, dass es immer schwieriger wurde, passende Handlungen für einen Zeichentrickfilm zu finden, in **ARISTOCATS** nun jedoch eine Story hatte, die sich perfekt für einen Trickfilm eignete. Disney verkündete im August 1963, dass **ARISTOCATS** der nächste abendfüllende Animationsfilm werden sollte. Doch bis auf ein paar zusätzliche Änderungen am Drehbuch, welche Disney und Tytle gemeinsam vornahmen, sollte das Projekt bis nach Disneys Tod nicht mehr angepackt werden.

Der Tod Walt Disneys wurde weltweit mit schweren Herzen vernommen und wirkte sich selbstverständlich auch auf die Disney Studios aus, die der Künstler und Geschäftsmann stets mit seinem Geist beflügelt und zu Höchstleistungen angetrieben hatte. Die Idee hinter **ARISTOCATS** mag zwar seinen Segen bekommen haben, aber die Änderungen, die er eigenhändig vorgenommen hatte, wurden zu großen Teilen aus dem Film geworfen. So findet sich in **ARISTOCATS** nun keine Elsa wieder, die als zweite Übeltäterin neben Edgar vorgesehen war. Dafür hatte es in Disneys Fassung keinen Roquefort oder zwei britische Gänse oder gar deren betrunkenen Onkel gegeben. Vieles wurde gestrichen, ersetzt oder neu besetzt, so dass von Disneys Idee am Ende nicht mehr viel übrig blieb.

Führt man sich diese Entstehungsgeschichte vor Augen, kann man erahnen, was aus **ARISTOCATS** geworden wäre, hätte Disney

Butler Edgar, ein denkbar blasser Bösewicht, der es nicht mit den Finsterlingen der anderen Disyne-Erfolge aufnehmen konnte.

Rechts: **Duchess, O'Malley und die drei Kätzchen.**

die gesamte Produktion begleitet. So bleibt ein Film dessen Handlung nicht sonderlich originell ist und sich als eine Mischung aus SUSI UND STROLCH (LADY AND THE TRAMP, 1955) und 101 DALMATINER präsentiert. Zwar zeichnet sich **ARISTOCATS** durch eine extreme Unbeschwertheit aus, die aber auch stärker als die vorherigen Animationsfilme auf ein junges Publikum ausgerichtet ist und am Ende wenig Nährwert bietet. Auch der slapstickartige Humor sowie der wenig boshafte Edgar als Bösewicht des Films wollen nicht so recht in das Portfolio der Disney Studio aus dieser Zeit passen.

Immerhin waren nicht weniger als sechs von „Walt's Nine Old Men" an der Produktion von **ARISTOCATS** beteiligt. Diese Legenden hatten Ende der 20er, Anfang der 30er Jahre ihre Arbeit als Trickfilmzeichner in den Disney Studios begonnen. Sie stellten nicht nur die engsten Mitarbeiter Walt Disneys dar - weshalb er sie irgendwann scherzhaft als „Walt's Nine Old Men" bezeichnete - sondern waren auch häufig für die Animationen der wichtigsten Figuren zuständig. Mittlerweile sind alle „Nine Old Men" leider verstorben, an **ARISTOCATS** war jedoch ein Großteil aktiv beteiligt. Vier von ihnen übernahmen die Animationsfilme für die wichtigsten Figuren, während Frank Thomas den Posten des Animation Director übernahm und Wolfang Reitherman die Regie übertragen wurde. Eine Beteiligung, die den Film aufwertet und insbesondere die Animationen der Katzen wirklich sehenswert macht.

Bei DORNRÖSCHEN (SLEEPING BEAUTY, 1959) hatte man bereits mit dem Xerographie-Verfahren experimentiert, welches eine kostengünstigere und schnellere Produktion ermöglichte, es aber auch notwendig machte, den Zeichenstil anzupassen. 101 DALMATINER sollte der erste Film sein, bei dem man dieses Verfahren für den gesamten Film

verwendete. Auch bei **ARISTOCATS** griff man auf die Xerographie zurück, was sich sichtbar in einem etwas derberen Stil widerspiegelt, der jedoch auch einen Teil des Charmes ausmacht, den der Film ausstrahlt. Das Xerographie-Verfahren sollte in den Jahren danach jedoch weiter verbessert werden, so dass deutlich mehr Möglichkeiten zur Verfügung standen.

„Walt Disney glaubte fest daran, dass Lieder die beste Art seien, um eine Geschichte zu erzählen. (…) Er liebte es, etwas über Charaktere und ihre Motivationen über Musik und Gesang zu erfahren"
(Richard Sherman) [2]

Disneys Faible für Musikstücke, um Informationen zu transportieren, spiegelt sich in all seinen abendfüllenden Animationsfilmen wider, findet seinen Höhepunkt jedoch in FANTASIA (1940), wo man fast auf jegliche Dialoge verzichtet und die Bilder extrem eng mit der Musik verzahnte. Auch nach Disneys Tod sollte dieser Stil beibehalten werden.

ARISTOCATS

Die Hunde Lafayette und Napoleon sorgen für viel Slapstick-Humor. Generell war ARISTOCATS jedoch eher auf ein jüngeres Publikum ausgerichtet und unterschied sich damit auffallend von den bisherigen Disney-Produktionen.

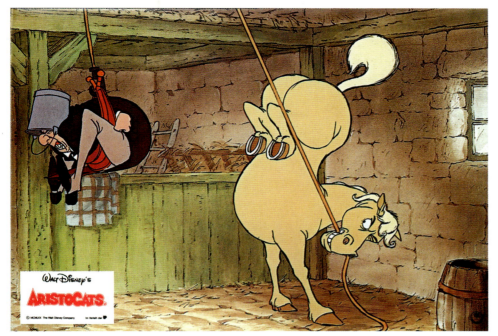

Selbstverständlich finden sich auch in **ARISTOCATS**, dem 20. abendfüllenden Animationsfilm der Disney Studios, einige Musikstücke. Für einige der Lieder holte man sich erneut Robert und Richard Sherman an Bord, die Anfang der 60er Jahre regelmäßig Musikstücke für Disney-Filme beisteuerten. Lieder wie „Superkalifragilistischexpiallegetisch" aus MARY POPPINS (1964) oder „Ich wäre gern wie Du" aus DAS DSCHUNGELBUCH (THE JUNGLE BOOK, 1967) wurden beispielsweise von den Sherman Brothers geschrieben und komponiert. Da die Musikstücke recht eng mit der Handlung verwoben wurden, mussten die Komponisten früh in die Produktion einsteigen, liefen so aber Gefahr, dass nicht alle Lieder im fertigen Film vorkommen würden. Der Ideenfluss während der Produktion, der Stimmungswechsel bei Szenen oder Charakteren konnte dazu führen, dass man Lieder, egal wie gut sie waren, einfach komplett verwarf. Bei den **ARISTOCATS** verhielt es sich nicht anders, so dass die Sherman Brothers diverse Lieder komponierten, einige jedoch nicht für den fertigen Film verwendet wurden. Das wichtigste Lied, welches es in den Film schaffen sollte, dürfte dabei der Titelsong „The Aristocats" sein. Für diesen konnte man den französischen Schauspieler und Chansonsänger Maurice Chevalier überreden, aus seinem Ruhestand zurückzukehren, um die englische und die französische Version des Liedes aufzunehmen. Dieser Titelsong bringt auf Anhieb die richtige Stimmung in den Film und spiegelt mit seinem französischen Stil, sowie der Stimme Chevaliers, das Setting und die vornehmen Aristocats perfekt wider.

Auffällig ist, wie stark man den Charakter der Figuren an den Synchronsprechern orientierte, statt umgekehrt. So ist Duchess, synchronisiert von Eva Gabor, eine überaus elegante Katzendame, die in jeder Situation ihre Fasson wahrt. Auf der anderen Seite findet man Thomas O'Malley, die Straßenkatze, welche im Original von Phil Harris gesprochen wird. Der überaus locker aufgelegte O'Malley hat immer einen kessen Spruch auf den Lippen und erinnert dabei ein wenig an Balu den Bären, den Phil Harris ebenfalls synchronisiert hatte. In Anbetracht der Story sind selbstverständlich weder Eva Gabor noch die Duchess oder Phil Harris und dessen Alter Ego O'Malley unpassend besetzt, sondern schmiegen sich sauber an die Handlung an. Doch manchen Kritikern missfiel die mangelnde Individualität der Comicfiguren, spiegelten sie doch eher das Profil ihrer Stimmgeber wider. Ein Kritikpunkt, der gewiss bei Scat Cat noch viel stärker aufgefallen wäre, wäre der Wunschkandidat für die Figur nicht in allerletzter Sekunde abgesprungen. Für Scat Cat hatte man Louis Armstrong ausgewählt, weshalb die Katze Armstrong nicht nur ähnlich sieht, sondern auch Trompete spielt und ein paar bekannte Bewegungen des berühmten Jazztrompeters kopiert. Als Armstrong jedoch plötzlich aus dem Projekt ausstieg, lieh stattdessen Scatman Crothers der Katze seine Stimme. Vermutlich ein Grund, weshalb der Charakter nun Scat Cat heißt.

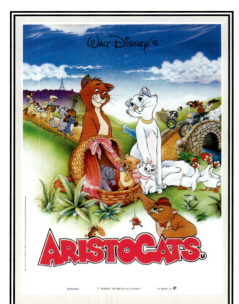

Deutsches Kinoplakat (WA) von 1980
Verleih: 20th Century Fox

Stabangaben: USA 1970	78 Minuten

REGIE: Wolfgang Reitherman • DREHBUCH:
Tom McGowan, Tom Rowe • SCHNITT: Tom
Acosta • MUSIK: George Bruns • PRODUZENT:
Winston Hibler, Wolfgang Reitherman • PRO-
DUKTIONSFIRMEN: Walt Disney Studios • ORI-
GINALTITEL: The Aristocats • STARTTERMIN
USA: 19.12.1980 (Uraufführung: 11.12.1970 •
EINSPIELERGEBNIS USA: 18.000.000 $
DEUTSCHE SYNCRONSTIMME:

Edgar Ott	Thomas O'Malley
Brigitte Grothum	Duchess
Harry Wüsstenhagen	Roquefort
Klaus Havenstein	Scat Cat
Steffen Müller	Berlioz
Ralf Richardt	Toulouse
Angelika Pawlowski	Marie
Inge Landgut	Frou-Frou
Herbert Weissbach	Napoleon
Walter Gross	Lafayette

Lafayette und Napoleon gehen mal wieder ihrer Lieblingsbeschäftigung nach und machen Butler Edgar das Leben schwer. Erwähnenswert: Napoleon war die Inspiration für Timon aus DER KÖNIG DER LÖWEN.

Die **ARISTOCATS** liefen das erste Mal 1970/1971 in den Kinos und entpuppten sich als Erfolg, auch wenn sich die Kritiker nicht gerade überschlugen. Die Disney Studios hatten zwar solide, aber keine überragende Arbeit abgeliefert. Dem Film fehlte das gewisse Etwas, der letzte Pepp. Nichtsdestotrotz erhielten die **ARISTOCATS** 1980 eine Wiederaufführung und bewiesen erneut ihre Zugkraft. In Deutschland katapultierten sich die Katzen prompt auf den ersten Platz und konnten mit fast 4,5 Millionen Besuchern über eine halbe Million Zuschauer mehr als der Zweitplatzierte DER SUPER-COP für sich verbuchen. Im Dezember 2005 ging sogar ein Sequel in Produktion, für das man einen DVD-Release in 2007 vorgesehen hatte. Mit der Marktentwicklung und der entsprechenden Fokussierung auf computeranimierte Filme, die in der Produktion kostspieliger waren, stellte man die Arbeiten an der Fortsetzung jedoch Anfang 2006 ein. So bleibt ein Disney-Film, der zwangsläufig die Ära nach Disney einläutete, ohne richtige Akzente zu setzen, aber durchaus unterhaltsam geriet und sein junges Zielpublikum routiniert bedient.

Walt Disney

Kurzbiographie

Neben seinen immensen Erfolgen mit seinen bezaubernden Animationsfilmen, plante er auch die Eröffnung eines Freizeitparks.

Walter Elias Disney, besser unter dem Namen Walt Disney bekannt, erblickte am 5. Dezember 1901 in Chicago das Licht der Welt. Seine Kindheit verbrachte er auf einer Farm, auf die seine Eltern zogen, als er noch ein Baby war. Bereits in jungen Jahren zeigte sich hier sein Faible für das Zeichnen. Um sein Taschengeld ein wenig aufzustocken malte er Bilder, die er an seine Nachbarn verkaufte.

1917 zogen die Disneys zurück nach Chicago, wo Walt die McKinley High School besuchte. Erneut zeigte sich seine künstlerische Ader. Er schoss Fotos, fertigte Zeichnungen für die Schulzeitung an und nahm Unterricht im Cartoon-Zeichnen, in der Hoffnung, irgendwann als Zeichner für eine Zeitung arbeiten zu können.

In Kansas fand er 1919 eine Anstellung in einem Werbestudio, wo er auch Ubbe „Ub" Iwerk kennenlernen sollte. Gemeinsam gründeten sie 1922 ein kleines Studio, in dem sie mit einer Second-Hand-Kamera kurze animierte Werbeclips für die lokalen Kinos erstellten. Leider mussten sie das Studio ein Jahr später wegen Insolvenz schließen, da ein New Yorker Filmverleiher die jungen Produzenten betrog.

Mit wenig mehr als seinem Koffer zog Disney nach Kalifornien, um eine Karriere als Kameramann anzustreben. Schnell überredete Disney seinen Freund Iwerk ebenfalls nach Kalifornien zu ziehen, um ihm beim Zeichnen der Cartoons zu helfen, die er mit Hilfe seines Bruders Roy als Manager erfolgreich verkaufen sollte. 1927, kurz bevor der Tonfilm langsam Einzug in die Kinos erhielt, arbeiteten Disney und Iwerk an ihrer neuesten Figur: Mickey Mouse. Es sollte noch ein weiteres Jahr dauern, bis Mickey Mouse im Kurzfilm STEAMBOAT WILLIE seinen ersten Auftritt feierte und eine kleine Sensation darstellte. Nach diesem Erfolg wartete Disney immer wieder mit neuen Ideen auf und brachte weitere Kurzfilme auf den Markt, mit denen er die Leute zum Lachen brachte und faszinierte.

Den nächsten großen Schritt machte er jedoch mit dem abendfüllenden Zeichentrickfilm SCHNEEWITTCHEN UND DIE SIEBEN ZWERGE (SNOW WHITE AND THE SEVEN DWARFS, 1937). Der Film sollte sowohl bei Kritikern, als auch beim Publikum mit heller Begeisterung aufgenommen werden und hat auch heute nichts von seiner Klasse verloren. Für diesen Film erhielt Walt Disney gar einen Ehren-Oscar (einen großen und sieben kleine, um genau zu sein), der erste von insgesamt 26 Oscars, die Disney Zeit seines Lebens und posthum erhalten sollte.

Nun veröffentlichte Disney in regelmäßigen Abständen abendfüllende Zeichentrickfilme, die zu den absoluten Klassikern der Filmgeschichte gehören. Ob nun DUMBO (1941), CINDERELLA (1950) oder DAS DSCHUNGELBUCH (THE JUNGLE BOOK, 1967), Disney produzierte Filme, die Publikumsmagneten waren und immer wieder mit neuen, frischen Ideen und der aktuellsten Technik aufwarten konnten.

Neben seinen Animationsfilmen war er aber auch für Dokumentationen und Realfilme verantwortlich, die nicht weniger erwähnenswert sind. So kann sich DIE WÜSTE LEBT (THE LIVING DESERT, 1953) als Vorläufer der Tierfilme bezeichnen, während MARY POPPINS (1964) auf 13 Oscar-Nominierungen zurückblicken kann, von denen ihm immerhin 5 Goldjungs verliehen wurden.

„An alle, die zu diesem glücklichen Ort kommen: Herzlich willkommen. Disneyland ist euer Land."

(Walt Disney) [3]

Selbstverständlich darf man Walt Disneys Vergnügungspark Disneyland nicht unerwähnt lassen, den er am 18. Juli 1955 wenige Kilometer südlich von Los Angeles eröffnen sollte. 1964 erfolgte der Kauf für einen zweiten Park in Orlando, Florida, der unter dem Namen Walt Disney World Resort erst nach Disneys Tod seine Pforten öffnen sollte. Disney verstarb am 15. Dezember 1966, kurz nach einer Operation, in der man ihm einen kompletten Lungenfügel auf Grund eines bösartigen Tumors entnommen hatte. Auch wenn Disney vor fast 45 Jahren verstorben ist, lebt sein Erbe heute noch weiter und unterhält Jung und Alt immer wieder mit neuen amüsanten, ergreifenden und wunderschönen Geschichten.

(SW)

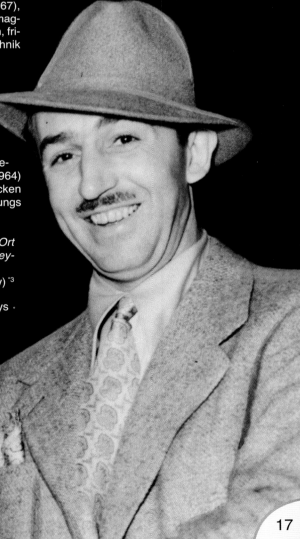

DER SUPERCOP

Ä hnlich wie sein beleibter Dauer-Kumpan Bud Spencer orientierte sich auch Terence Hill an Trends, die mittlerweile aus den Staaten kamen und das europäische Kino maßgeblich beeinflussten. Während sich Spencer für DER GROSSE MIT SEINEM AUSSERIRDISCHEN KLEINEN am Sci-Fi-Boom bediente, hing sich Hill mit **DER SUPERCOP** schamlos und offensichtlich an den Erfolg der Comicadaption SUPERMAN (1979), die alleine in Deutschland mehr als vier Millionen Zuschauer in die Kinos lockte. Zudem bot dieser humoristische Nachklapp auch die Option, endlich in den Staaten Fuß zu fassen. Ein Hoffnung, die sich bis heute jedoch nicht erfüllen sollte.

Hill brauchte damals dringend einen Soloerfolg, da seine letzten Auftritte ohne Spencer enttäuschend an den Kassen abgeschnitten hatten. So reagierte das deutsche Publikum eher irritiert, als sich der ewige Sunnyboy mit Filmen wie MR. BILLION (1977) oder MARSCHIER ODER STIRB (MARCH OR DIE, 1977) ein wenig von seiner Klischee-Rolle lösen wollte und bescherte dem erfolgsverwöhnten Halbitaliener zwei herbe Flops. Der

sensible Hill ging anschließend auf Nummer sicher und drehte fortan nur noch Produktionen an der Seite von Spencer, also Filme ohne Risiko.

DER SUPERCOP musste also ein Erfolg werden, gerade und besonders auch deswegen, weil Hill bereits zu diesem Zeitpunkt große Pläne hegte und eine neue Interpretation der Don-Camillo-Filme angehen wollte, die bereits damals zu den populärsten Stoffen des italienischen Kinos zählten. Ein weiterer Misserfolg als Solo-Schauspieler hätte diese ehrgeizigen Pläne durchaus stören können. Immerhin dauerte es auch so noch Jahre bevor Hill sein Wunschprojekt unter dem Titel KEINER HAUT WIE DON CAMILLO (DON CAMILLO, 1983) in die Kinos bringen konnte und damit auch sein Regiedebüt feierte.

Daher überließ man bei dem kleinen Solo-Comeback des populären Schauspielers nichts dem Zufall: Als Regisseur wurde Sergio Corbucci verpflichtet, der mit Hill bereits bei ZWEI SIND NICHT ZU BREMSEN (PARI E DISPRI, 1978) - der in Deutschland über fünf Millionen Besucher fand - zusammengearbeitet hatte. Bekannt wurde Corbucci jedoch

INHALT:
Durch einen Zufall gerät der Streifenpolizist Dave Speed auf ein Testgelände der Nasa. Speed überlebt wie durch ein Wunder die extreme Strahlenbelastung einer Atombombenexplosion und hat fortan übermenschliche Fähigkeiten, die er schnell schätzen lernt. So wird er natürlich zur größten Gefahr der Unterwelt, wollen ihn doch Gangster schnell aus dem Weg räumen. Und wie jeder Superheld hat auch Speed einen Schwachpunkt: Sobald er die Farbe rot sieht, versagen seine Kräfte.

durch seinen Italowestern-Meilenstein DJANGO (1966), dem weitere, hochklassige Genrebeiträge folgten. In den 70er und 80er Jahren mutierte der verdiente Filmemacher jedoch zum reinen Auftragsregisseur, der in allen Genres arbeitete, verlor dabei jedoch seinen eigenen Stil und vermutlich auch seinen eigenen Anspruch. Doch selbst für Corbucci, in dessen Filmographie sich einige Fehltritte wiederfinden, dürfte **DER SUPERCOP** aus qualitativer Sicht ein Karrieretiefpunkt darstellen.

Der maßlos überzogene, lärmende Klamauk walzt jegliche Ansätze einer parodistischen Herangehensweise in Grund und Boden. Das Humorlevel bewegt sich nahezu kontinuierlich im unteren Bereich, die Handlung ist langweilig und die Effekte unterirdisch schlecht. Dazu wollen die grotesk überspitzten Superhelden-Szenen nicht wirklich mit dem typischen Hau-Drauf-Humor a´la Hill harmonieren, so dass hier im Grunde zwei Welten aufeinander prallen.
Dass der Film dann trotzdem „funktioniert" und leidlich unterhält, ist eigentlich ein Ding der Unmöglichkeit – doch diese Superhelden-Klamotte bekommt diesen Spagat hin.

Der damalige Topstar Terence Hill benötigte dringend einen Hit als Soloschauspieler. Daher vermischte man die typischen Zutaten eines Hill-Streifens mit den Motiven der damals beliebten Superheldenmotive a´la Superman. Das Ergebnis ist genauso chaotisch wie es klingt, fand bei den deutschen Zuschauern jedoch regen Anklang.

19

Deutsches Kinoplakat (EA) von 1980
Verleih: Warner-Columbia Filmverleih

Stabangaben: Italien 1980 | 101 Minuten

REGIE: Sergio Corbucci • DREHBUCH: Sergio Corbucci, Sabatino Ciuffini • KAMERA: Silvano Ippoliti • SCHNITT: Eugenio Alabiso • MUSIK: Carmelo und Michelangelo La Bionda • PRODUZENT: Vittorio Galiano, Josi W. Konski • PRODUKTIONSFIRMEN: El Pico S.A., TVI, Transcinema • ORIGINALTITEL: Poliziotto superpiù
DARSTELLER:

Terence Hill	Dave Speed
Ernest Borgnine	Willy Dunlop
Joanne Dru	Rosy Labouche
Marc Lawrence	Torpedo
Julie Gordon	Evelyn
Lee Sandman	Chief McEnroy
Sal Borgese	Paradise
Woody Woodbury	Major
Herb Goldstein	Silvius
Sergio Smacchi	Slot

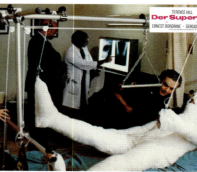

TERENCE HILL
Der Supercop
mit · Regie
ERNEST BORGNINE · SERGIO CORBUCCI
Im Verleih der Warner-Columbia Film

Das lag einerseits an Corbucci, der sehr genau wusste, welchen Käse er da zusammen mit Sabatino Ciuffini aufs Papier gebracht hatte und nun dem Affen Zucker gab - frei nach dem Motto: Wenn schon, dann richtig. Ihm gelang damit ein munterer Euro-Trash-Streifen par excellence, der sich für nichts zu schade war und sein Pensum mit großem Tempo abspulte. Zudem hatte Hill sichtbar Spaß an dem überdrehten Nonsens und harmonierte auch prächtig mit dem Knittergesicht Ernest Borgnine, der in der deutschen Fassung von Martin Hirthe synchronisiert wurde, der auch öfter Bud Spencer seine Stimme lieh. Das Endergebnis ist ein im Grunde peinliches Low-Budget-Superhelden-Trash-Spektakel, für das man ein ganz eigenes, sehr einfältiges Humorverständnis mitbringen muss – hat man jedoch ein Faible für Hill oder den ganz speziellen Charme dieser naiven Klamotte, wird man kurzweilig unterhalten.

Scheinbar lagen die Macher anno 1980 richtig und präsentierten den richtigen Film zur richtigen Zeit. Schlug sich Hill doch als Superheld wider Willen mehr als nur beachtlich, konnte fast vier Millionen Zuschauer in die deutschen Lichtspielhäuser locken und schwang sich somit auf Platz zwei der erfolgreichsten Filme des Jahres 1980. Somit entwickelte sich **DER SUPERCOP** nach MEIN NAME IST NOBODY (IL MIO NOME E` NESSUNO, 1973), der Jahre zuvor sogar mehr als sechs Millionen Karten absetzte, gar zum zweit erfolgreichsten Hill-Solofilm überhaupt. Erstaunlich, aber vermutlich dem Zeitgeist geschuldet. Doch schon 1981 deutete sich an, dass die Zeit für die amüsanten Hau-Drauf-Klamotten typischer Prägung abgelaufen war. (TH)

PLATZ 3

Starttermin in
Deutschland:
11.12.'80
Besucher in
Deutschland:
3.866.000

KRIEG DER STERNE — DAS IMPERIUM SCHLÄGT ZURÜCK

INHALT:
Nach der Zerstörung des Todessterns sind die Rebellen auf den Eisplaneten Hoth geflohen und haben sich dort einen neuen Stützpunkt eingerichtet. Doch das Imperium ruht nicht und durchsucht alle Winkel der Galaxis, bis es das neue Versteck entdeckt. Das Imperium startet einen Großangriff und den Rebellen bleibt nichts anderes übrig, als die Flucht zu ergreifen. Während Han Solo und Prinzessin Leia sich in die Wolkenstadt Bespin retten, sucht Luke Skywalker den Rat Yodas auf Dagobah. Er hofft, in die Geheimnisse der Macht eingeweiht zu werden, um das Imperium endlich besiegen zu können. Doch Darth Vader hat andere Pläne mit ihm und setzt alles daran, ihn auf die dunkle Seite der Macht zu ziehen, während das Imperium weiterhin die Rebellen bekämpft.

Als sich George Lucas 1973 mit seinem Exposé zu KRIEG DER STERNE (STAR WARS, 1977) auf die Suche nach einem Studio machte, war er zunächst erfolglos. Den Studios war sein 14-seitiges Treatment zu abstrakt und die ganze Idee ließ hohe Produktionskosten erahnen. Es stellte ein Risikoprojekt dar, das niemandem richtig geheuer war. In 20th Century Fox fand Lucas dann schließlich ein Studio, welches bereit war den Film zu produzieren und sich darüber hinaus

nicht einmal die Sequels vertraglich sicherte (was ihm später natürlich zu Gute kommen sollte). Man kann nur vermuten, wie frustriert die Verantwortlichen bei United Artists und den Universal Studios gewesen sein mussten, als sie die Erkenntnis traf, welche Goldgrube man sich hier hatte entgehen lassen. KRIEG DER STERNE war nicht nur der erfolgreichste Film des Jahres 1977 - und sollte dies bis 1982 bleiben - sondern bildete das Fundament für ein Franchise, das auch nach mehr als 30 Jahren nichts von seiner Zugkraft eingebüßt hat. Zwar sind es in erster Linie die Merchandise-Produkte, welche die Star-Wars-Saga zum erfolgreichsten Filmprojekt aller Zeiten machen, aber selbstverständlich waren auch die 5 Sequels und Prequels extrem erfolgreich. In erster Instanz sollte der Box-Office-Erfolg von KRIEG DER STERNE Lucas' Weg in die Studio-Unabhängigkeit ebnen.

Lucas tendierte bei der Produktion von STAR WARS dazu, überall die Finger im Spiel zu haben. Statt zu delegieren und Verantwortung zu übertragen, lagen alle wichtigen Entscheidungen bei ihm. Lucas' Mitwirken war in fast allen Bereichen unabdingbar, um die Produktion voranzutreiben. Diese aufopferungsvolle Einstellung bei einem Projekt dieser Größe war jedoch nicht nur beeindruckend, sondern auch naiv. Ständige Dispute mit Mitarbeitern und Kollegen sowie der Kampf um das Budget mit dem Studio machten die Arbeit nicht unbedingt leichter. So war es im Grunde ge-

Luke Skywalker (Mark Hamill) sucht auf Dagobah nach dem Jedi-Meister Yoda, der ihn zum Jedi ausbilden soll. Diese ungemein beliebte Figur wurde von Frank Oz kreiert, der auch die eigenwillige Grammatik des kauzigen Yoda entwickelte. Oz führte später auch bei Filmen wie DER KLEINE HORRORLADEN (1986) Regie.

nommen nur eine Frage der Zeit, bis Lucas schließlich ausgelaugt war und in einem Zustand völliger Erschöpfung in ein Krankenhaus eingeliefert wurde. Dieser Zwischenfall führte ihn zu der Entscheidung, nie wieder Regie zu führen. Immerhin hatten sich die Qualen gelohnt, denn STAR WARS war ein weltweiter Erfolg und Lucas' Wunsch nach einer Trilogie nahm festere Formen an. Statt den erwirtschafteten Gewinn für sich auszugeben, legte er ihn an, um das Sequel selber produzieren zu können. Zunächst fehlte ihm jedoch noch ein Drehbuch.

Zwar hatte Alan Dean Foster in Zusammenarbeit mit George Lucas bereits eine Fortsetzung geschrieben, diese stellte jedoch wenig mehr als eine Notlösung für den Fall dar, dass STAR WARS nicht erfolgreich sein würde. Die Handlung des Romans war so aufgebaut, dass man möglichst viele Sets und Requisiten für ein Low-Budget-Sequel hätte wiederverwenden können. Da KRIEG DER STERNE sich als wahrer Goldesel entpuppte, wollte man die Fortsetzung deutlich größer und opulenter ausfallen lassen. So verwarf man die Geschichte von „Die neuen Abenteuer des Luke Skywalker" (Splinter of the Mind's Eye) und brachte den Roman 1978 stattdessen in

den Buchhandel. Immerhin sollte Alan Dean Fosters Geschichte die erste von etlichen Büchern sein, die fortan im Star-Wars-Universum spielten. Im Herbst 1977 wendete sich Lucas an Leigh Brackett, die mit ihren Drehbüchern zu EL DORADO (1966) und RIO LOBO (1970) genau die Art von hartgesottenen Dialogen ablieferte, die er sich für seine Fortsetzung wünschte. Lucas erklärte ihr lang und breit die Story und Brackett verfasste die erste Version des Drehbuchs unter dem Namen „Star Wars Sequel, from the Adventures of

Luke Skywalker". Lucas war mit dem Skript jedoch nicht zufrieden, Brackett hielt sich zwar sehr eng an seine Vorgaben, traf in den Dialogen aber nicht den richtigen Ton. Lucas wusste nicht, dass Brackett an Krebs erkrankt war, vermutlich der Grund, weshalb sie nicht sonderlich konzentriert an die Sache heranging. Nur zwei Wochen nach Abgabe verstarb sie. So verhasst Lucas das Schreiben auch war, es blieb ihm nicht viel übrig als selbst eine zweite Fassung zu formulieren.

„Möchtest du das Drehbuch zu JÄGER DES VERLORENEN SCHATZES nicht erst lesen?"
„Wenn es mir heute Abend nicht gefallen sollte, rufe ich dich an und ziehe das Angebot zurück. Aber ich täusche mich selten bei Leuten."
(Lawrence Kasdan und George Lucas)[1]

Die (verzweifelte) Suche nach einem Autor ging weiter, als ihm schließlich Lawrence Kasdan einfiel, den Steven Spielberg bereits für

*1: George Lucas - The Creative Impulse, Charles Champlin ISBN 0810935805

Für die Bühnenbildner war Dagobah eine ganz besondere Herausforderung: Damit die Figur Yoda zum Leben erweckt werden konnte, mussten sich Frank Oz und seine Kollegen unterhalb der Bühne aufhalten. Dementsprechend musste das Set erhöht aufgebaut werden, damit die Puppenspieler unterhalb der Bauten Platz fanden.

das Drehbuch von JÄGER DES VERLORENEN SCHATZES (RAIDERS OF THE LOST ARK, 1981) angeheuert hatte. Das obige Zitat zeigt bereits, welches Vertrauen er in seine Menschenkenntnis und in Kasdan hatte und er sollte nicht enttäuscht werden. Kasdan arbeitete mit der zweiten Version, die Lucas selber geschrieben hatte und legte den Fokus auf die Dialoge. Lucas war überaus zufrieden mit dessen Arbeit und konnte sich fortan auf die finanziellen Aspekte der Produktion konzentrieren und verkündete kurz nachdem Kasdan die Arbeit am Skript beendet hatte, dass er den Film selber finanzieren und Fox lediglich den Verleih übernehmen würde (seinerzeit ein absolutes Novum).

„Ich hasse es, Regie zu führen."
(George Lucas) [2]

Ein Problem, die Suche nach einem Drehbuchautor, hatte man zwar schon aus dem Weg geräumt, aber es fehlte noch ein Regisseur. Schließlich wollte Lucas nur als Produzent tätig sein und sich um die Special Effects kümmern. Seine Wahl fiel auf Irvin Keshner,

den er bereits aus der Universität kannte. Viel wichtiger jedoch als die persönliche Komponente war die Tatsache, dass Kershner bei DER MANN, DEN SIE PFERD NANNTEN - 2. TEIL (THE RETURN OF A MAN CALLED HORSE, 1976) Regie geführt hatte. Ein Sequel, welches nach George Lucas' Meinung dem Original weit überlegen war. Ohne viel Federlesen bot er Kershner den Regieposten für **DAS IMPERIUM SCHLÄGT ZURÜCK (THE EMPIRE STRIKES BACK)** an und erhielt eine Absage. Zwar hatte Kershner bereits ein Sequel gedreht, war der Idee einer Fortsetzung jedoch grundsätzlich eher abgeneigt und befürchtete, dass die Zuschauer überhaupt kein Interesse an einem zweiten Teil hätten. Kershners Agent musste einiges an Überzeugungsarbeit an den Tag legen, bis dieser nach einem Monat das Angebot schließlich doch noch annahm. George Lucas hatte nur eine Anforderung an das Sequel: **IMPERIUM** musste STAR WARS übertreffen. Ein sportlicher Anspruch, der in Kershners Augen nur möglich war, indem man den Charakteren mehr Profil und Tiefe verpasste. So wurde das Drehbuch erneut überarbeitet, dieses Mal von Lucas, Kasdan und Kershner zusammen - für geschlagene drei Monate. Dabei profitierte man von der Tatsache, dass die Handlung des Films recht schlicht und einfach nachzuvollziehen war. Statt sich damit herumschlagen zu müssen mittels der Dialoge die Hintergründe der Geschichte zu beleuchten, konnte man sich darauf konzentrieren, die Figuren zu formen, zu verfeinern. Im direkten Vergleich zu STAR WARS sind die Figuren auch wirklich deutlich ausgereifter, glaubwürdiger und wirken in ihrem Versagen menschlicher und greifbarer. Eine weitere Bereicherung ist Lando Calrissian (Billy Dee Williams) der sich vom simplen Gut/Böse-Schema abhebt, das im ersten Film noch so plakativ angewendet wurde.

Diese Weiterentwicklung der Figuren sollte auch Harrison Ford schnell davon überzeugen, beim nächsten Teil der Star Wars Saga

wieder als Han Solo mit dabei zu sein. Ford hatte bei Vertragsabschluss zu KRIEG DER STERNE nicht für die möglichen Fortsetzungen unterschrieben, da er befürchtete, zu stark auf eine Rolle festgelegt zu werden, was seiner Karriere geschadet hätte. Da sich seine Figur, wie gewünscht, weiterentwickelte, zögerte er nicht lange und setzte seine Unterschrift unter den Vertrag.

Nach abgeschlossener Arbeit zog sich Kershner für ein Jahr zurück, um die Storyboards zu entwickeln. Das Notizbuch sollte am Ende stattliche neun Zoll (fast 23cm) dick sein, beinhaltete jede einzelne Szene und berücksichtigte dabei, welcher Bereich für die Effekte vorgesehen war. Kershner wollte damit erreichen, sich während der Dreharbeiten auf die Charaktere konzentrieren zu können und sich nicht von den Effekten leiten oder ablenken zu lassen, die später im Film untergebracht würden. Am Ende sollten im Film mehr als 600 Special Effects verwendet werden, was mehr als doppelt so viele waren wie bei STAR WARS. Ein weiterer Vorteil des Notizbuchs: Da Lucas eine Kopie besaß, konnten sie ohne weiteres telefonisch in Kontakt treten, um einzelne Szenen durchzusprechen und hatten immer dasselbe Bild vor Augen.

„Die Dreharbeiten fingen in einem Schneesturm an, bei -32°C. Es war im März in Norwegen. Ein Windsturm wirbelte den Schnee auf. Es war zu kalt zum schneien."
(Irvin Kershner) [3]

Die Dreharbeiten für KRIEG DER STERNE hatten in Tunesien ihren Anfang genommen. Alle Crew-Mitglieder wussten von brutaler Hitze und einer sengenden Sonne zu berichten, die die Dreharbeiten erschwerten. Insbesondere Anthony Daniels, wurde geradezu geschmort, da er ständig in seinem C3-PO Roboterkostüm durch den Wüstensand stapfen musste. Die einzigen Außendrehs, die man hingegen für **IMPERIUM** eingeplant hatte, fanden in Finse, Norwegen, statt und

*2: George Lucas - Rolling Stones 12. Juni 1980 | *3: Irvin Kershner - http://www.starwars.com/hyperspace/member/insideronline

Zwei der beliebtesten Figuren des Franchises: C-3PO - unter dessen Kostüm Anthony Daniels steckte - und R2-D2 – in dessen Inneren der Schauspieler Kenny Baker steckte.

sollten das absolute Gegenteil der Hitze Tunesiens sein. Am 05. März 1979 fiel die erste Klappe und man befand sich auf einem Gletscher in über 2000 Metern Höhe. Mutter Natur ist immer eine unberechenbare Komponente und während man in Tunesien seinerzeit von einem plötzlichen Regensturm überrascht wurde, war der Winter 78/79 der härteste, den Europa seit Jahren gesehen hatte. Als wenn das nicht schon schlimm genug wäre, wütete auch noch ein Schneesturm in Norwegen und eine Lawine schnitt das Team für einige Tage von der Umwelt hat. Das Equipment war den extremen Witterungsbedingungen nicht gewachsen und konnte immer nur für kurze Zeit verwendet werden. Um das Einfrieren der Kameras bei Temperaturen unter -30°C zu verhindern, verwendete man spezielles Öl. Das Filmmaterial lief Gefahr durch die Kälte spröde zu werden und zu zerbrechen. Und selbstverständlich litten auch Crew und Schauspieler unter dem Wetter. Die Außendrehs waren zwar nach wenigen Tagen bereits abgeschlossen, jedoch hatte man nur 10.000 Meter Film geschossen, statt der geplanten 20.000 Meter.

Der Auftakt in Norwegen war ein denkbar ungünstiger Start für das Projekt und trieb die Kosten selbstverständlich direkt in die Höhe. Doch auch in den Studios in Elstree, England, in denen die restlichen Dreharbeiten stattfinden sollten, kam es zu einem Zwischenfall, der die Kosten negativ beeinflusste. Kurz zuvor hatte es in den Studios einen Brand am Set von SHINING (THE SHINING, 1980) gegeben, wodurch sich Stanley Kubricks Dreharbeiten verzögerten. Durch den Brand verlor man darüber hinaus noch eine Bühne, so dass man statt der acht eingeplanten, nur noch sieben Bühnen zur Verfügung hatte. Die große Zahl an Sets, 64 an der Zahl, stellte eine immense Herausforderung an die Bühnenbildner dar. Nachdem Kershner beispielsweise zwei Tage an einem Set gearbeitet hatte, wurde dieses in der Nacht abgerissen, um Platz für ein neues zu schaffen. Von besonderer Schwierigkeit war dabei Dagobah, der Planet, auf dem Luke Skywalker seinen Mentor Yoda treffen sollte.

„Yoda war am schwierigsten zu schießen. Es war, wie die Zähne gezogen zu bekommen, aber es war auch aufregend!"
(Irvin Kershner) [*4]

Wie Yoda - in der ersten Version hieß er noch Buffy - aussehen sollte, war zunächst noch völlig unklar. Man dachte darüber nach, einen Affen zu nutzen oder ein kleines Kind in eine

Maske zu stecken. Es sollte über ein halbes Jahr dauern, bis man sich am Ende für eine Kombination aus Puppenspiel und Animationstechnik entschied. Den letzten Feinschliff erhielt die Figur durch Frank Oz, der Yoda seine Stimme lieh. Zu Beginn hatte man dabei Jim Henson, den Erfinder der Muppets, für die Produktion eingeplant. Aus terminlichen Gründen musste Henson allerdings absagen und verwies auf seinen engen Mitarbeiter Frank Oz. Kein Verlust, wie man im Nachhinein feststellte, denn Frank Oz machte seine Arbeit dermaßen gut, dass Lucas alles daran setzte ihn für den Oscar als „Bester Nebendarsteller"

nominiert zu sehen. Auf Grund der verwendeten Technik war eine Nominierung allerdings ausgeschlossen. Um Yoda zum Leben zu erwecken, war Oz auf tatkräftige Unterstützung von seinen Kollegen angewiesen. Die Ohren, der Mund, das Blinzeln, die Bewegung der Arme und mehr mussten elektronisch (fern)gesteuert werden, während Oz unter der Bühne hockte und die restlichen Bewegungen durchführte. Damit sich Oz überhaupt erst unterhalb des Sets aufhalten konnte, musste die gesamte Szenerie auf

Die Helden im Cockpit des Millennium Falken (in STAR WARS hieß der corellianische Frachter noch Rasender Falke). Von links nach rechts: **Chewbacca (Peter Mayhew), C-3PO (Anthony Daniels), Prinzessin Leia (Carrie Fisher) und Han Solo (Harrison Ford).**

*4: Irvin Kershner - http://www.starwars.com/hyperspace/member/insideronline/11/indexp2.html?page=1

Die komplexe Sequenz in der die imperialen AT-ATs die Rebellenbasis auf Hoth angreifen, erwies sich für die Tricktechniker als eine ganz besonders große Herausforderung, da verschiedene Techniken zum Einsatz kamen: Stop-Motion, Bluescreen, Motion-Control und Realszenen der Schauspieler. Diese verschiedenen Animationen und Elemente wurden im Schneideraum wie ein Puzzlebild zusammengesetzt. Das Ergebnis kann sich auch heute noch sehen lassen.

R2-D2 und C3-PO sind laut Schöpfer George Lucas die eigentlichen Helden der Saga und sind auch in allen sechs Star-Wars-Filmen dabei.

Stelzen gebaut werden. Eine weitere große Herausforderung an die Bühnenbildner; insbesondere weil Dagobah, der Planet, auf dem Yoda Zuflucht gesucht hatte, eine modrige Landschaft mit Sümpfen, Nebel und knorrigen Bäumen war.

Nicht weniger gefordert waren die Tricktechniker, die alle Hände voll zu tun hatten. Um die von KRIEG DER STERNE gesetzte Messlatte in Sachen Tricktechnik noch zu überbieten, setzte man die neuesten Techniken ein derer man habhaft werden konnte und entwickelte selber Möglichkeiten, um aus **DAS IMPERIUM SCHLÄGT ZURÜCK** ein visuelles Großereignis zu machen. So fand die Go-Motion-Technik erstmalig in diesem Film Verwendung. Ebenso lotete man die Grenzen von etablierten Techniken aus. Stellte die Einbindung von Bluescreen-Aufnahmen vor einem schwarzen Hintergrund schon eine Herausforderung dar, war Hoth mit seinen schneeweißen Landschaften eine ganz eigene Hausnummer. Um die Anfangsschlacht glaubwürdig darzustellen, mussten etliche verschiedene Techniken eine saubere Komposition bilden. Während die imperialen Walker (AT-Ats) mit der Stop-Motion-Technik aufgenommen wurden, mussten die Bewegungen der Snowspeeder mit Motion-Control-Kameras eingefangen werden. Zusätzlich gab es noch Realaufnahmen der Schauspieler und selbstverständlich das Filmmaterial aus Norwegen. Industrial Light and Magic leistete ganze Arbeit und selbst heute bietet **IMPERIUM** noch unglaubliche Schauwerte und herausragende Effekte. Der größte Coup ist jedoch die Tatsache, dass die Special Effects nie reiner Selbstzweck sind, sondern immer durch die Handlung bedingt werden. Eine bemerkenswerte Leistung, wenn man bedenkt dass heutzutage manche Blockbuster reines Schaulaufen und brutale Effektorgien ohne Seele sind.

*„Darth Vader: Obi Wan hat dir nie erzählt, was wirklich mit deinem Vater passiert ist.
Luke Skywalker: Er hat mir genug erzählt. Er hat mir gesagt, dass Sie ihn umgebracht haben.
Darth Vader: Nein, ich BIN dein Vater.“*
(Darth Vader & Luke Skywalker) [5]

Dieser Dialog zwischen Darth Vader und Luke Skywalker am Ende des Films beinhaltet sicherlich einen der berühmtesten Sätze der Filmgeschichte, der auch gerne mal falsch zitiert wird. Diese Offenbarung warf die Kinozuschauer förmlich aus der Bahn. Nicht weniger überrascht war ein Großteil der Leute,

Links: **Carrie Fisher spielt Leia Organa, die einzige weibliche Hauptfigur im Film. Für Fisher bedeutete Star Wars der große Durchbruch. Doch die Schauspielerin wurde von dem Ruhm ihrer Rolle und privaten Problemen überrollt und wurde drogenabhängig. In dem autobiographisch angelegten Roman Grüße aus Hollywood verarbeitete sie diese Krise.**

die am Film mitgearbeitet hatten. Nur einige wenige Leute wussten von diesem Satz, darunter Irvin Kershner, Mark Hamill und selbstverständlich George Lucas. Der Rest hört nur das, was David Prowse, der in der schwarzen Rüstung Lord Vaders steckte, am Set sagte:

„Du kennst die Wahrheit nicht: Obi-Wan brachte deinen Vater um.“ [*6]

Der berühmte Satz wurde hingegen in der Post-Production im Tonstudio aufgenommen, da erneut James Earl Jones Darth Vader seine Stimme lieh. Grundsätzlich war man viel restriktiver in Bezug auf den Informationsfluss als noch bei KRIEG DER STERNE. Dessen Handlung hatte man bereits vor Kinostart im Roman und dem Comic zum Film nachlesen können. Diese Geheimniskrämerei begann schon beim Drehbuch, welches nur die Hauptdarsteller in seiner Gänze zu Gesicht bekamen. David Prowse bekam zu seinem Ärgernis lediglich die Textpassagen ausgehändigt, die er lernen musste. Da ihm hierdurch jeglicher Kontext fehlte, musste Kershner ihn vor jeder Aufnahme kurz einweisen und ihm erklären, was gerade passierte. Nur ausgewählte Informationen drangen an die Öffentlichkeit und über ausgewählte Kanäle. So richtete man beispielsweise eine kostenlose Telefonnummer

Rechts: **Der dunkle Sith-Lord Darth Vader wurde von David Prowse gespielt. Seine Stimme erhielt er jedoch erst im Tonstudio, als er von James Earl Jones synchronisiert wurde.**

ein, unter der die Zuschauer klitzekleine Häppchen von den Darstellern vorgesprochen bekamen, ohne das ernsthaft etwas preisgegeben wurde.

Bis **DAS IMPERIUM SCHLÄGT ZURÜCK** am 21. Mai 1980 in den USA anlief - in Deutschland musste man sich noch bis zum 11. Dezember 1980 gedulden - war George Lucas im Ungewissen, ob er mit seiner Fortsetzung an seinen Erfolg mit KRIEG DER STERNE würde anknüpfen können. Eine nervenaufreibende Situation, schließlich stellte der Film das größte Risiko dar, welches er jemals eingegangen war. Nicht weniger als seine gesamte Existenz stand auf dem Spiel. Im Laufe der Dreharbeiten musste das Budget wegen ungünstiger Konstellationen und Probleme, weiter aufgestockt werden, so dass Lucas ein Darlehen in Höhe von 3 Millionen Dollar benötigte. Dieses erhielt er nur, weil 20th Century Fox die Bürgschaft übernahm. Wäre **IMPERIUM** an den Kinokassen gescheitert, hätte Lucas sowohl sein gesamtes Hab und Gut verspielt, als auch Schulden in Millionenhöhe angehäuft. Seine Befürchtungen sollten sich kurz nach Kinostart in Luft auflösen, denn

Deutsches Kinoplakat (EA) von 1980
Verleih: 20th Century Fox

Stabangaben: USA 1980 | 124 Minuten

REGIE: Irvin Kershner • DREHBUCH: Leigh Brackett, Lawrence Kasdan • KAMERA: Peter Suschitzky • SCHNITT: Paul Hirsch, George Lucas, Marcia Lucas • MUSIK: John Williams • PRODUZENT: George Lucas • PRODUKTIONS-FIRMA: Lucasfilm• ORIGINALTITEL: The Empire Strikes Back • STARTTERMIN USA: 21. Mai 1980 • EINSPIELERGEBNIS USA: 290.475.067 $
DARSTELLER:

Mark Hamill	Luke Skywalker
Harrison Ford	Han Solo
Carrie Fisher	Prinzessin Leia
Billy Dee Williams	Lando Calrissian
Anthony Daniels	C3-PO
David Prowse	Darth Vader
James Earl Jones	Darth Vader (Stimme)
Peter Mayhew	Chewbacca
Kenny Baker	R2-D2
Frank Oz	Yoda (Stimme)
Alec Guinness	Obi Wan Kenobi

innerhalb kürzester Zeit hatten sich Lucas' Investitionen amortisiert und die Kassen klingelten weiter. KRIEG DER STERNE konnte man zwar nicht von seinem Thron stoßen, aber weltweit spülte der Film über 500 Millionen Dollar in die Kassen, was ihn zur kommerziell erfolgreichsten Fortsetzung aller Zeiten machte. In Deutschland konnte der Film knapp 3.860.000 Besucher für sich verbuchen und sicherte sich somit den dritten Platz der erfolgreichsten Filme in 1980. Einen Großteil des Geldes wurde in den Bau der Skywalker Ranch investiert; außerdem teilte George Lucas seinen Gewinn großzügig mit all seinen Mitarbeitern, wodurch manche von ihnen zum Millionär wurden. In dieser Zeit des Erfolgs, musste Lucas noch eine bittere Pille schlucken, die den Spalt zwischen ihm und Hollywood noch deutlich erweitern sollte. Die Gewerkschaft für Regisseure (Directors Guild of America) schickte Lucas und Kershner einen Bußgeldbescheid in Höhe von 250.000 Dollar und dies nur, weil man die Credits aus dramaturgischen Gründen erst am Ende und nicht am Anfang des Films gezeigt hatte. Lucas übernahm die Kosten für beide - man einigte sich am Ende auf jeweils 25.000 Dollar - war aber dermaßen wütend, dass er umgehend aus der Directors Guild, der Writers Guild (Gewerkschaft der Autoren) und der Motion Picture Association (Filmverband) austrat.

IMPERIUM entpuppte sich nicht nur als Publikumsliebling, sondern kam auch bei den Kritikern gut an. Man hatte viele Kritikpunkte des Vorgängers erkannt und erfolgreich ausgemerzt. **IMPERIUM** übertrumpft seinen Vorgänger auf allen Gebieten und wird seit dem Re-Release 1997 vielerorts als der beste Teil der Original-Trilogie bezeichnet. Wobei noch erwähnt sei, dass sich viele Leute über den Re-Release des Films ärgern. Nicht über die digitale Aufbereitung oder die Tatsache, dass man den Film nun erneut oder gar zum ersten Mal im Kino sehen konnte. Vielmehr waren es die zusätzlichen Szenen, die George Lucas mittels digitaler Effekte in den Film einbauen ließ, die vielen Fans nicht gefallen wollten. Dieser Aspekt hat jedoch keinerlei Einfluss auf den allgemeinen Eindruck, den **IMPERIUM** hinterlässt. Kershners Film hat weiterhin viele humorvolle Momente, ist in seiner Gesamtheit aber deutlich düsterer und erwachsener (man denke nur Han Solo in Karbonit oder den Verlust von Luke Skywalkers Hand), während der Abschluss der Reihe wiederum deutlich verspielter wirkt. An sich kann man **DAS IMPERIUM SCHLÄGT ZURÜCK** nur im Gesamtkontext der Trilogie bewerten, was seinerzeit natürlich nicht möglich war. Hierdurch machte sich ein gewisser Unmut bei den Zuschauern breit. Kershners Werk hatte nicht das gleiche hohe Tempo wie der Erstling, die Leichtigkeit war ein wenig verloren gegangen und der Cliffhanger am Ende, war längst nicht für alle ein befriedigender Abschluss. **IMPERIUM** ist ganz offensichtlich ein Mittelstück, welches geradezu nach einer Fortsetzung schreit und außerdem mitten in der Handlung einsetzt. Quereinsteiger dürften hier einige Probleme haben, denn der Film setzt ein gewisses Maß an Wissen über die Handlung und die Figuren voraus. Nichtsdestotrotz bemerkt man eine sichtbare Veränderung der Figuren, die sie deutlich au-

thentischer macht und auch die neu eingeführten Charaktere wie Lando Calrissian und Yoda bereichern Handlung und Universum. Visuell ist der Film natürlich absolut herausragend und auch das Sounddesign (für das man einen Oscar erhielt) ist hervorragend, der fabelhafte Score von John Williams darf selbstverständlich nicht unerwähnt bleiben, der hier und in allen Star-Wars-Filmen das gewisse Etwas verleiht. Sicherlich kann man sich fragen, ob der Film noch besser geworden wäre, hätte man Lawrence Kasdan über die Geschehnisse in RÜCKKEHR DER JEDI RITTER (STAR WARS EPISODE VI: RETURN OF THE JEDI, 1983) aufgeklärt, aber über Dialoge und Handlung kann man sich

Als Darth Vader Luke Skywalker im Film offenbart, dass er sein Vater ist, war dies nicht nur für die Zuschauer eine Überraschung, sondern auch für den Großteil der Filmcrew. Nur einigen wenigen war dieser Plottwist bekannt, David Prowse, der im Anzug des Sith-Lords steckte, gehörte nicht zu dieser erlesenen Truppe und sprach während der Dreharbeiten einen ganz anderen Satz. Erst in der Nachbearbeitung wurde der mittlerweile Satz eingefügt.

grundsätzlich nicht beschweren. So oder so wird **IMPERIUM** seiner Rolle als Fortsetzung mehr als gerecht und gilt auch weiterhin als Vorbild und Maßstab für das Science-Fiction-Genre, auch wenn Lucas immer wieder betont, dass seine Filme keine Science Fiction im eigentlichen Sinne sind.

PLATZ

4

Starttermin in
Deutschland:
25.09.'80

Besucher in
Deutschland:
3.449.842

Theo
gegen den Rest der Welt

INHALT:
Theo hält sich mit kleinen Gaunereien über Wasser. Als er einen neuen Job annimmt, ahnt er nicht, in welche Schwierigkeiten er da hinein geraten ist: Wird ihm doch auf einer Autobahnraststätte sein LKW samt illegaler Ladung gestohlen. Dabei war der nagelneue LKW quasi alles, was Theo besitzt, und der Truck war noch nicht einmal abbezahlt. Zusammen mit seinem italienischen Freund Enno und der attraktiven Medizinstudentin Ines will Theo seinen Besitz wieder zurück holen und verfolgt die Ladung quer durch Europa: Der Beginn einer wahren Odyssee, die Theo biss nach Genua führt.

Der deutsche Film hatte es Mitte bis Ende der 70er Jahre nun wahrlich nicht leicht. Konnte man in den 60er Jahren noch mit den Adaptionen der Karl-May- und Edgar-Wallace-Bücher national große Erfolge feiern, rutschte die deutsche Filmindustrie im Laufe der 70er Jahre mehr und mehr in die Bedeutungslosigkeit ab. Punktete man zu Beginn des Jahrzehnts noch mit Klamaukfilmen und den unvermeidlichen Sexklamotten, fanden nationale Produktionen im Anschluss nur noch selten den Weg in die oberen Besucherregionen. Einzig DIE BLECHTROMMEL (1979) von Volker Schlöndorff oder DIE EHE DER MARIA BRAUN (1979) von Rainer Werner Fassbinder lockten die Besucher in die Kinos. Von diesen Ausnahmen abgesehen konnte man sich nur durch europäische Co-Produktionen, z.B. bei den Bud-Spencer- und Terence-Hill-Filmen gegen die Konkurrenz behaupten. Der deutsche Film gab nichts auf Kommerz, wollte auf intellektueller Ebene überzeugen und fand seinen Platz eher im TV. Eine Rückbesinnung auf reine Unterhaltungsstoffe sollte erst in den 80er Jahren statt finden, nicht zuletzt Dank mutiger Produzenten wie Bernd Eichinger. Doch 1980 war das Bild noch trist: Machten doch einheimische Produktionen noch nicht einmal 7% des Marktes aus.

In der Rückbetrachtung wirkt es fast, als hätte das deutsche Publikum nur auf eine deutsche Komödie, jenseits der Sex- und Pennälerklamotten gewartet. Denn wie sonst ist es erklärbar, dass das Low-Budget-Road-Movie **THEO GEGEN DEN REST DER WELT**, das gerade einmal 1,9 Millionen Mark kostete, so an den Kassen abräumte?

Fraglos wird der Begriff Kult inflationär missbraucht, doch im Falle dieses turbulenten Spaßes trifft diese Einordnung sicherlich zu. Niemand hatte mit diesem Erfolg gerechnet: Zwischenzeitlich sah es sogar danach aus, als ob der Film niemals den Weg in die Kinos finden würde. Alle Verleiher winkten ab, da sie der Meinung waren, dass sich der Streifen nicht im Kino behaupten könnte und besser im TV aufgehoben wäre - so wie der Vorgänger AUFFORDERUNG ZUM TANZ

(1976), der im Februar 1977 in der ARD ausgestrahlt wurde. Regisseur Peter F. Bringmann und Drehbuchautor Matthias Seelig hatten bei dieser Zusammenarbeit eine charmante Ruhrpottkomödie entworfen, deren tatsächlicher Schlüssel zum Erfolg jedoch die Besetzung von Marius Müller-Westernhagen als Theo war. Er gab dem sympathischen Loser eine unverkennbare Note, einen Wiedererkennungswert sondergleichen. Dabei war die Figur im Drehbuch völlig anders angelegt: Groß, muskulös, eher einschüchternd. Doch nach dem Vorschlag von Bringmanns Frau freundete man sich mit der Idee an, die Rolle mit Westernhagen gegen den Strich zu besetzen. Auch Guido Gagliardi, alias Enno, war bei dem TV-Film schon dabei.

Für Marius Müller-Westernhagen bedeutete die Rolle des sympathischen Losers Theo der endgültige Durchbruch. In den Folgejahren benutzte er dieses Image auch für seine Musikkarriere, die er entschieden konsequenter verfolgte als seine Leinwandambitionen.

Da AUFFORDERUNG ZUM TANZ - an dessen Ende sich Enno und Theo endlich ihren eigenen LKW leisten können - sowohl beim Publikum, als auch bei der Kritik gut ankam, und Seelig und Bringmann ihre Figuren mochten, stand schnell eine Fortsetzung im Raum. Doch finanziell war das Drehbuch als TV-Film nicht finanzierbar, daher wich man eher notgedrungen auf eine Kinoverwertung aus.

Inhaltlich schloss man zwar direkt an AUFFORDERUNG ZUM TANZ an, achtete jedoch darauf, dass auch Neueinsteiger keine Probleme hatten, Zugang zu **THEO GEGEN DEN REST DER WELT** zu finden. Da man nur wenig Geld zur Verfügung hatte, jedoch vor Ort in ganz Europa drehte, mussten alle Beteiligten etwas erfinderisch sein und mit Umständen zurecht kommen, die typisch für Low-Budget-Verhältnisse sind. So wurden z.B. die Beleuchter kurzerhand dazu verdonnert, die alten Autos immer wieder irgendwie

Theo
gegen den Rest der Welt
Ein Film von
Peter F. Bringmann
FILMVERLAG
DER AUTOREN

34

zu reparieren, damit weiter gedreht werden konnte.

Doch nicht nur das geringe Budget sorgte für Schwierigkeiten - Hauptproblem war das Wetter. Der Sommer 1979 war völlig verregnet, was zu mehreren Verschiebungen und Planänderungen führte. Diese Probleme führten jedoch auch zu einem völlig anderen Drehplan, so dass das Team z.B. gezwungen war, Hühner - die man für eine Anschlussszene brauchte, die in erster Instanz nicht gedreht werden konnte - die komplette Drehzeit über mitzunehmen, da ihre Szenen nun an das Ende der Dreharbeiten gerutscht waren. Man startete in München und reiste dann nach Bochum und Duisburg, wo auf einem noch nicht frei gegebenen Autobahn-Teilstück z.B. die Anfangssequenz entstand. Anschließend ging es nach Belgien, Frankreich, Schweiz, Mailand, Genua, Rom und Neapel. Regisseur Bringmann und Kameramann Helge Weindler - die mehrmals zusammen arbeiteten - fuhren im Vorfeld die komplette Strecke ab, suchten passende Drehorte und Kulissen. Trotzdem geriet der Dreh zu einem unvorhersehbaren Trip, der immer neue Überraschungen mit sich brachte.

„Es war eine total wahnsinnige Reise, weil wir wirklich alles an Originalschauplätzen gedreht haben, und, weil uns das Wetter und die Drehverhältnisse ständig einen Strich durch die Rechnung gemacht haben. Und das bei dem wahnsinnig geringen Etat, den wir hatten."

(Peter F. Bringmann) [1]

Zwischenzeitlich wurde im Ruhrgebiet sogar während des normalen Betriebs mit Unterstützung der Autobahnpolizei auf einer Autobahnbrücke gedreht, was zu Kilometerlangen Staus führte.

Vielleicht waren es aber auch gerade diese ganzen Schwierigkeiten, die **THEO GEGEN DEN REST DER WELT** zu dem werden ließ, was er doch nun bis heute ist: Eine unverkrampfte, aber ungemein authentische Komödie mit glaubwürdigen Figuren und tollen, „echten" Dialogen die in jeder Szene unverkennbar Lokalkolorit versprühen. Und eben diese Authentizität spiegelt sich auch in den bemerkenswerten Leistungen der Darsteller wieder. Westernhagen liebt die Figur, haucht ihr Leben ein, nimmt sie ernst und lässt den Verlierer Theo nie lächerlich

wirken. Es ist nur ein schmaler Grat, den Westernhagen geht, aber er verliert - auch Dank der lebensechten Dialoge - nie die Kontrolle und sorgt dafür, dass Theo eine Identifikationsfigur bleibt, nicht zur Witzfigur verkommt und wesentlich vielschichtiger angelegt ist, als auf dem ersten Blick ersichtlich.

„Theo ist keine komische Figur, das ist eine tragische Figur. Er ist alles andere als ein Held, aber weil er sich als Held fühlt, ist er als Held zu spielen."

(Marius Müller-Westernhagen) [2]

Heute spielt sicherlich auch der Faktor Nostalgie eine entscheidende Rolle, trotzdem funktioniert der Film immer noch und überzeugt durch das hohe Tempo, die guten Darsteller, die Glaubwürdigkeit der Figuren und durch ein exzellentes Timing.

Marius Müller-Westernhagen wurde das Image des Kumpeltyps und Aufstehmännchens lange nicht los und nutzte dieses Klischee auch für seine Karriere als Musiker. Nicht umsonst produzierte Lothar Meid, der bei **THEO GEGEN DEN REST DER WELT** für den recht minimalistischen Soundtrack zuständig war, zwischen 1978 und 1986 insgesamt sieben Alben des Musikers.

Wie zu Beginn kurz angerissen, nahm kein Verleiher den untypischen Streifen ernst. Erst der Filmverlag der Autoren „erbarmte" sich schließlich, war sich jedoch auch nicht so ganz sicher, wie der Film denn nun ankommen würde. Daher entschloss man sich zu einem kleinen Test und führte den Streifen im Sommer 1980 auf einem Filmfest in Duisburg auf.

Womit niemand gerechnet hatte, war der Umstand, dass sich AUFFORDERUNG ZUM TANZ zu einem kleinen Kulthit gemausert und die Leute Gefallen an Theo und Enno gefunden hatten. Nicht nur, dass sich auf diesem Filmfest lange Schlangen bildeten und nach der ersten Vorstellung gleich noch eine zweite folgte: Der Funke sprang sofort auf das Publikum über, so dass eine positive Mund-zu-Mund-Propaganda schon Monate vor dem Kinostart einiges versprach. Alle waren nun guter Dinge, einen respektablen Erfolg einfahren zu können, doch mit einem Hit dieses Ausmaßes hatte niemand gerechnet. Doch auch die Presse konnte sich mit dem leichten und charmanten Road Movie anfreunden.

AUFFORDERUNG ZUM TANZ

INHALT:

Theo und sein Kumpel Enno wollen in das Speditionsgeschäft einsteigen. Um das Geld für einen eigenen Lastwagen zusammen zu bekommen geht Enno hart arbeiten, während Theo versucht, das Geld durch kleinere Gaunereien, Wetten oder Pokern zu gewinnen. Als Theo sich wieder einmal Geld von Enno leiht und in einer Pokerpartie alles verliert, steht der Plan jedoch auf der Kippe. Zudem sind ihm auch noch Zigeuner auf den Fersen, denen Theo helfen soll, ihre Blutrache in die Tat umsetzen zu können.

AUFFORDERUNG ZUM TANZ ist eine charmante und amüsante Ruhrpottkomödie, die - ebenso wie der spätere Kinonachfolger - insbesondere von ihren Figuren lebt. Im Gegensatz zu **THEO GEGEN DEN REST DER WELT** ist das Tempo jedoch etwas gedrosselter. Zudem lässt man die Charaktere in ihrem Umfeld und „jagt" sie nicht quer durch Europa. So sind sich beide Filme zwar im Kern sehr ähnlich, aber bei genauerer Betrachtung jedoch auch sehr unterschiedlich. Wenn man den Kinofilm als Road Movie einord-

net, dürfte das TV-Original am ehesten noch als augenzwinkernde Milieustudie durchgehen. Das hat Charme und Biss, ist gut besetzt, verliert jedoch neben der Rasanz und der optischen Abwechslung des Sequels etwas an Klasse.
Trotzdem: Auch die erste Zusammenarbeit des Trios Bringmann, Seelig und Westernhagen ist mehr als nur einen Blick wert und bis heute amüsant und unterhaltsam. Der Nostalgiebonus zieht hier vielleicht sogar noch etwas stärker als bei der Fortsetzung. *(TH)*

„Zu seinen Ahnen zählen Chaplin und Keaton (gegen die unser Theo allerdings noch ein Federgewicht ist), aber für die Zukunft der neuen deutschen Filmkomödie ist er ein wichtiger Mann. Auf ihn kann man nicht bauen: Deshalb brauchen wir ihn. Etwas Unvernunft, bitte! Her mit den kleinen Komödien!"

(Die Zeit) [3]

„Es ist immer Anlass zum Jubeln, wenn man eine deutsche Komödie entdeckt, die wirklich komisch ist und diese ist spritzig, schnoddrig, leicht und lustig zugleich. (…) Alles in allem ein gelungener Filmspaß."
(Tip Magazin) [4]

Nach all der Ernsthaftigkeit, die das neue deutsche Kino - angeführt von Fassbinder oder Herzog - mit sich brachte, schien das Publikum nur auf eine lustige und leichte Komödie gewartet zu haben. Vielleicht war es auch der grenzenlose Optimismus, den Theo wie ein Schutzschild vor sich trug - egal, was auch passierte: Theo gab nie auf, und das mochten die Deutschen.

„Das Schönste im Leben ist doch, dass es immer weiter geht."

(Theo Grombach alias Marius Müller-Westernhagen) [5]

THEO GEGEN DEN REST DER WELT leitete jedoch auch so etwas wie ein kommerzielles Comeback des deutschen Films ein, sollten doch insbesondere die 80er Jahre einige Kassenhits aus einheimischer Produktion hervor bringen. Das witzige Road Movie brachte den Unterhaltungsfilm wieder in Gang. Die

Theo
gegen den Rest der Welt
Ein Film von
Peter F. Bringmann
FILMVERLAG DER AUTOREN

---

*3: Die Zeit, 12/80 | *4: TIP 20/80 | *5: Zitat Theo gegen den Rest der Welt

Deutsches Kinoplakat (EA) von 1980
Verleih: Filmverlag der Autoren

Stabangaben: BRD 1979	106 Minuten

REGIE: Peter F. Bringmann • DREHBUCH: Matthias Seelig • KAMERA: Helge Weindler • SCHNITT: Annette Dorn • MUSIK: Lothar Meid • PRODUZENT: Hanns Eckelkamp, Alena Rimbach, Michael Wiedemann, Alexander Wesemann • PRODUKTIONSFIRMEN: Altura Film, Popular Filmproduktion, Trio Film, Westdeutscher Rundfunk (WDR) • DEUTSCHER VERLEIHER: Filmverlag der Autor
DARSTELLER:
Marius Müller-Westernhag.....Theo Gromberg
Guido Gagliardi ....Enno Goldini
Claudia Demarmels ....Ines Roeggeli
Peter Berling ....Doppel-Dieter
Carlheinz Heitmann ....Kredithai
Udo Weinberger......................................Helmut
Axel Schiessler ....Siggi
Horst Bergmann ....Camper-Vater
Ursula Strätz ....Camper-Mutter
Anette Woll ....Camper-Tochter

Folge? 1985 lag der Marktanteil deutscher Produktionen bei sagenhaften 31%, zudem fanden sich nahezu jährlich einheimische Produktionen in den Top Ten wieder. Dieser Aufschwung ist natürlich nicht nur dem Erfolg von Westernhagen und Co. zu verdanken, spielt aber sicherlich eine Rolle. Lässt man die letzten 40 deutschen Film-Jahre Revue passieren, zählt **THEO GEGEN DEN REST DER WELT** fraglos zu den bekanntesten und wichtigsten Produktionen - und das zu Recht.

Mitte der 80er Jahre unternahm das Trio Westernhagen, Bringmann und Seelig einen weiteren Versuch, die Kinolandschaft aufzumischen, allerdings mit eher durchwachsenem Erfolg: So lockte DER SCHNEEMANN (1985) noch nicht einmal 500.000 Zuschauer in die Kinos und konnte auch qualitativ nicht an AUFFORDERUNG ZUM TANZ und **THEO GEGEN DEN REST DER WELT** anknüpfen. Während sich Seelig und Bringmann anschließend auf ihre Arbeiten für das deutsche TV konzentrierten, zog sich Westernhagen nach zwei weiteren Versuchen als Schauspieler 1987 aus dem Filmgeschäft zurück, feierte jedoch als Sänger überragende Erfolge.

PLATZ
5

Starttermin in
Deutschland:
30.10.'80
Besucher in
Deutschland:
3.400.000

DER LETZTE COUNTDOWN

In der Post-Vietnamkrieg-Ära hatte das US-Militär mit einem schweren Imageschaden zu kämpfen, der sich negativ auf die Rekrutierungszahlen aller Teilstreitkräfte auswirkte. Ein Umstand der dem Pentagon schmerzlich bewusst war und gegen den man irgend möglich angehen wollte. Eine Möglichkeit, das Militär im positiven Licht zu zeigen, ohne dabei die Propaganda-Maschinerie anzuwerfen, bot sich durch Kinofilme. Diese „Werbeplattform" hatte das Pentagon schon vor langer Zeit für sich entdeckt und eigens eine entsprechend Abteilung eingerichtet, die sich mit Medien auseinandersetzte. Finden Filme/Skripte, in denen das Militär erwähnt wird oder eine wichtige Rolle spielt, die Zustimmung von ebenjener Abteilung, bekommen die Filmemacher zu extrem günstigen Konditionen echtes Militärmaterial zur Verfügung gestellt. Insbesondere für Studios und Produzenten eine äußerst attraktiver Anreiz, um das Budget nicht explodieren zu lassen. Um dem Pentagon jedoch zu gefallen, muss das Militär möglichst von seiner besten Seite gezeigt werden. Ein allzu kritischer Unterton findet beim Pentagon keinen Anklang.

In der Vietnam-Nachkriegszeit war das Volk jedoch dermaßen negativ auf das Militär eingestellt, dass Drehbücher mit einer positiven Grundhaltung eine seltene Angelegenheit waren, da man sich hiermit keine überragenden Besucherzahlen versprach. Entsprechend konnte das Pentagon zu dieser Zeit nicht sonderlich wählerisch sein, in Hinblick darauf, was man unterstützte oder nicht.

Im Juni 1975 reichten die Autoren Peter Powell und Thomas Hunter ein Drehbuch mit dem Namen „The Last Countdown" ein, welches, nach einigen Überarbeitungen, schließlich unter dem Namen **DER LETZTE COUNTDOWN** (THE FINAL COUNTDOWN) verfilmt werden sollte. Dem Drehbuch, welches die USS Nimitz mit einer Zeitreise verknüpfte, mangelte es zwar an Glaubwürdigkeit, trotzdem fand er erstaunlicherweise den Zuspruch des Sachbearbeiters des Pentagons.

„Indem wir dem Film einen unterhaltsamen Charakter geben, neben der technischen Präzision, erhoffen wir uns, ein möglichst großes amerikanisches Publikum anspre-

INHALT:
6. Dezember 1980: Mit 6.000 Mann Besatzung und bis an die Zähne bewaffnet kreuzt die USS Nimitz, der größte Flugzeugträger der Welt, 200 Meilen westlich von Pearl Harbor. Als plötzlich ein mächtiger Sturm aufzieht und eine seltsame Anomalie vor dem Schiff auftaucht, kann Captain Matthew Yelland nicht mehr ausweichen. Nachdem der Himmel wieder aufklart, scheint sich die Welt verändert zu haben, die Flotille an der Seite des Flugzeugträgers ist vom Radar verschwunden und seltsame Informationen kommen über den Funk. Langsam kristallisiert sich heraus, dass die USS Nimitz in die Vergangenheit geworfen wurde. Es ist der 6. Dezember 1941, nur wenige Stunden, bevor der Angriff der Japaner auf Pearl Harbor startet. Captain Yelland muss sich nun entscheiden, ob er die Feuerkraft der Nimitz nutzt, um die Geschichte zu ändern ...

chen zu können. Dazu gehören eben auch mögliche Freiwillige für die Navy und vor allem Männer, die derzeit beim Militär dienen."

(Donald Baruch) [1]

Donald Baruch, Leiter des Pentagon Motion Picture Bureau, sah trotz des fiktiven Unterbaus die Chance, die Navy in neuem Glanz erstrahlen zu lassen und so die Rekrutierung anzukurbeln. Ein überarbeitetes Drehbuch, welches kleinere Mängel - aus Sicht des Pentagons - ausgebügelt hatte, wurde ausgehändigt und im Juni 1976 sicherte man dem Projekt seine Unterstützung zu. Eine Verfilmung sollte jedoch noch einige Jahre auf sich warten, denn der damalige Rechteinhaber scheiterte daran, den Film auf die Schienen zu bringen.

Als der 22-jährige Peter Douglas, Sohn von Kirk Douglas, auf das Drehbuch stieß, war er von der Idee begeistert, auf einem Flugzeugträger drehen zu können und sicherte sich prompt die Rechte daran. Er holte die Drehbuchautoren David Ambrose und Gerry Davis mit ins Boot holte, um das Skript zu optimieren. In der ersten Version des Skripts wurde die Nimitz ins Jahr 1914 und vor die Küste Serbiens zurückversetzt. Captain Yelland wird vor die Wahl gestellt, die Ermordung des Erzherzogs von Serbien zu verhindern, die als Auslöser für den 1. Weltkrieg gilt. Diese Szenerie war Douglas jedoch zu abstrakt und er befürchtete, dass kaum jemand die Geschichte des 1. Weltkriegs tatsächlich vor Augen hätte. Darum entschied er sich, den Angriff der Japaner auf Pearl Harbor für den Film zu nutzen, einen Tag, den jeder Amerikaner kennt. Eine Verlagerung des Settings in den Pazifik war damit unumgänglich, schlussendlich aber eher unbedeutend. Um die Feinheiten auszuarbeiten und das Leben und die Arbeit an Bord so authentisch wie möglich umsetzen zu können, stellte die Navy Peter und seinem Team einen Berater an die Seite. Die Unterstützung des Pentagons hatte man sich bereits gesichert, fehlte nur noch eine der schwimmenden Festungen als Filmlocation und auch hier spielte die Navy Douglas in die Karten. Als dem ausführenden Offizier der USS Nimitz zu Ohren kam, dass

Die Crew der Nimitz ist in Alarmbereitschaft und bereitet sich auf eine Notlandung vor. Eine der wenigen Szenen, in denen die menschlichen Figuren nicht total in den Hintergrund gedrängt werden. Im Rest des Films dominiert die Präsenz des Flugzeugträgers das Bild und degradiert selbst Kirk Douglas fast schon zu einem Nebendarsteller. Die Faszination, die das Schiff auf den Regisseur ausgeübt hat, ist unübersehbar und führte nicht umsonst dazu, dass manch ein Kritiker den Film als teures Rekrutierungsplakat bezeichnete.

Die militärische Unterstützung für den Film ist omnipräsent. Hier eine startende F-14 Tomcat.

*1: Guts & Glory: The making of the American Military Image in Film, Lawrence H. Suid ISBN 0813190185

denklichen Blickwinkeln gezeigt, präsentiert sein Profil als Scherenschnitt vor einem karmesinroten Sonnenuntergang und pulsiert geradezu vor Leben. Einzelne Personen wirken zwar eher als Staffage, aber die Präzision der gesamten Besatzung wirkt überaus beeindruckend und man versäumt es nicht, alle erdenklichen Situationen an Bord des Flugzeugträgers in den Film zu quetschen. Minutenlang werden startende und landende Flugzeuge gezeigt, selbst eine Notlandung hat ihren Weg in die Handlung gefunden. Natürlich darf auch die Luftbetankung einer F-14 nicht fehlen oder ein Rettungshubschrauber, der Menschen aus dem Wasser fischt. Die gesamte Szenerie ist so präsent und steht so stark im Vordergrund, dass es nicht weiter verwunderlich ist, dass die Navy nach dem Film tatsächlich einen Zuwachs an Rekruten für sich verbuchen konnte. Das Produktionsstudio auf der anderen Seite konnte mit dem Film leider nicht zufrieden sein. In Deutschland belegte der Film auf Grund der großen Namen - Martin Sheen

Die einzige Szene, in denen der japanische Gegner ein Gesicht bekommt, ansonsten bekommt man lediglich das Kamikaze-Geschwader der japanischen Flotte zu Gesicht. Den Schauspieler Soon-Tek Oh kennt man auch als Inspector Hip aus dem James-Bond-Film DER MANN MIT DEM GOLDENEN COLT.

Douglas' Produktionsfirma auf der Suche nach einem passenden Flugzeugträger war, setzte er sich umgehend mit Peter in Verbindung und lud ihn auf die Nimitz ein. Peter Douglas, der einen möglichst authentischen Film produzieren wollte, verbrachte geschlagene 6 Monate an Bord der Nimitz und lernte so das Schiffsleben äußerst genau kennen. Die Dreharbeiten selbst wurden nach 2 Monaten ein wenig früher beendet als beabsichtigt, da die USS Nimitz auf einen Einsatz geschickt wurde, um bei der Auflösung der Geiselnahme von Teheran zu assistieren. Die zusätzlichen Produktionskosten, die durch die Nimitz und die eingesetzten Flugzeuge entstanden, beliefen sich auf $2 Millionen US-Dollar.

„Zahlreiche Kritiker bezeichneten den Film als das teuerste Rekrutierungsplakat aller Zeiten."

(David Denby) *2

In der Regel kann man zwischen einem Publikumserfolg und einem Kritikerliebling unterscheiden, normalerweise dürfte ein Studio Ersteres bevorzugen, bringt doch das Publikum das Geld. Bei **DER LETZTE COUNT-DOWN** kann man den Film jedoch noch aus einer dritten Perspektive betrachten. Ziel der Navy war es, sich in bestem Licht erstrahlen zu lassen und hätte man einen Werbefilmer eingestellt, hätte das Ergebnis nicht besser ausfallen können. Die Faszination, die der riesige Koloss auf den Regisseur Don Taylor ausübte, ist unübersehbar und es besteht kein Zweifel daran, dass die USS Nimitz die Hauptdarstellerin des Films ist. Selbst Kirk Douglas, der für seine Performance einen Saturn Award als „Bester Schauspieler" erhielt, verblasst neben der Präsenz des Schiffs. Von den anderen Darstellern ganz zu schweigen. Das Prachtstück der Navy wird aus allen er-

James Farentino als Richard Tideman. Farentinos wohl bekannteste Filmrolle spielte er in Franco Zeffirellis TV-Film Jesus von Nazareth aus dem Jahr 1977.

*2: New York Magazine, 18. August 1980

DER
LETZTE
COUNTDOWN

DER
LETZTE
COUNTDOWN

KIRK DOUGLAS

Der mittlerweile 94-jährige Kirk Douglas kann auf eine überaus reichhaltige und belebte Vergangenheit zurückblicken und kann wohl ohne weiteres von sich behaupten, eine Ikone Hollywoods darzustellen. Dabei kam er mit 30 Jahren erst relativ spät zum Film. Seinen Durchbruch sollte er jedoch erst 3 Jahre später in ZWISCHEN FRAUEN UND SEILEN (CHAMPION, 1949) haben. In seiner Hauptrolle als Boxer, der vor nichts auf dem Weg nach oben halt machte, erhielt er auch seine erste von drei Oscarnominierungen.

Hiernach war Douglas ein überaus gefragter Mann und arbeitete mit Regisseur-Größen wie Billy Wilder und Vincente Minnelli zusammen. In Minnellis STADT DER ILLUSIONEN (THE BAD AND THE BEAUTIFUL, 1952) spielte er Jonathan Shields, einen Filmproduzenten, der kurz vor dem Bankrott steht und alles daran setzt in Hollywood erfolgreich zu sein. IN VINCENT VAN GOGH - EIN LEBEN IN LEIDENSCHAFT (LUST FOR LIFE, 1956) spielte er den niederländischen Maler. Für beide Leistungen erhielt er eine Oscarnominierung.

Seine möglicherweise bekannteste Rolle spendierte ihm jedoch Stanley Kubrick, mit dem er bereits WEGE ZUM RUHM (PATHS OF GLORY, 1957) drehte. Im Monumentalfilm SPARTACUS (1960) spielt er nicht nur den namensgebenden Helden, sondern war auch als Produzent mit an Bord. Eine Position, die er bereits 3 Jahre vorher bei seiner ersten Zusammenarbeit mit Kubrick inne hatte. SPARTACUS erhielt 6 Oscarnominierungen und konnte 4 der Goldjungs mit nach Hause nehmen, auch wenn keine der Auszeichnungen in Douglas' Händen landete. In den 70er Jahren versuchte sich Douglas als Regisseur, konnte mit seinen Filmen SCALAWAG (1973) und MÄNNER DES GESETZES (POSSE, 1975), in denen er jeweils auch die Hauptrolle inne hatte, die Zuschauer jedoch nicht überzeugen.

Man kann zwar nicht behaupten, dass er in den 80er und 90er Jahren von der Bildfläche verschwand, doch war er längst nicht mehr so präsent wie zuvor. Vermehrt in kleineren Rollen besetzt, konzentrierte er sich aufs Schreiben und veröffentlichte 1988 seine Autobiographie *The Ragman's Son*. Das Buch wurde ein Bestseller und 2007 folgte eine Fortsetzung unter dem Titel *Let's Face It: 90 Years of Living, Loving, and Learning*. 1996 erhielt Kirk Douglas seinen wohlverdienten Ehrenoscar.

„Ich sehe meine vier Söhne. Sie sind stolz auf den alten Mann. Und ich bin auch stolz. Stolz darauf, für 50 Jahre ein Teil Hollywoods gewesen zu sein."

(Kirk Douglas) *4

Kirk Douglas war zweimal verheiratet und hat vier Söhne. Aus seiner ersten Ehe gingen Joel und Michael Douglas hervor, während Peter, Joel und der mittlerweile verstorbene Eric waren in erster Linie als Produzenten aktiv, während Michael in erster Instanz als Schauspieler bekannt ist, jedoch auch als Produzent Erfolge feiern konnte. Was seinem Vater erst 1996 vergönnt war, erhielt Michael bereits 1988: Einen Oscar als „Bester Hauptdarsteller" in WALL STREET (1987).

Im aufwändig produzierten Film DIE WIKINGER (THE VIKINGS, 1958) spielt Kirk Douglas den großen Wikinger-Krieger Einar, der mit seinem Halbbruder Erik um den Thron Northumbrias kämpft. Einar verlor sein Auge nach einem Streit mit Erik, der daraufhin seinen Falken auf Einar schickt und ihm das Auge aushackt.

*4 Kirk Douglas. Oscar-Verleihung 1996

Deutsches Kinoplakat (EA) von 1980
Verleih: Jugendfilm

Stabangaben: USA 1980 | 103 Minuten
REGIE: Don Taylor • DREHBUCH: Thomas Hunter, Peter Powell, David Ambrose, Gerry Davis • KAMERA: Victor J. Kemper • SCHNITT: Robert K. Lampert • MUSIK: Alan Howarth, John Scott • PRODUZENT: Peter Douglas • PRODUKTIONSFIRMEN: The Bryne Company, Polyc International BV • ORIGINALTITEL: The Final Countdown • STARTTERMIN USA: 01.08.1980 • EINSPIELERGEBNIS USA: 16.647.800 $
DARSTELLER:

Kirk Douglas	Matthew Yelland
Martin Sheen	Warren Lasky
Katharine Ross	Laurel Scott
James Farentino	Richard Tideman
Ron O'Neal	Dan Thurman
Charles Durning	Samuel Chapman
Victor Mohica	Black Cloud
James Coleman	Lt. Perry
Soon-Tek	Simura
Joe Lowry	Commander Damon

war erst im Jahr zuvor in APOCALYPSE NOW (1979) zu sehen gewesen und Kirk Douglas war nicht erst seit SPARTACUS (1960) ein Kassenmagnet - zwar den 5. Platz der erfolgreichsten Filme des Jahres, doch in den USA ging der Film sang- und klanglos unter. Selbst 6 Jahre nach Veröffentlichung waren die Auswirkungen des Flops noch zu spüren, als man sich zunächst nicht traute TOP GUN (1986) zu umzusetzen.

„Der letzte Countdown hat das Fass endgültig zum Überlaufen gebracht. Seitdem habe ich mir geschworen, nicht mehr mit großen Filmstudios zusammenzuarbeiten." (Lloyd Kaufman) [3]

Der Gründer der Troma Studios, Lloyd Kaufman, der seinerzeit Peter Douglas' Partner war, lässt auch heute noch kein gutes Haar an dem Film und spricht recht freizügig über seine Erfahrung am Set. Einzig der Tatsache, dass sie - Peter und er - Kirk Douglas davon überzeugen konnten, die Hauptrolle im Film zu übernehmen, kann er etwas Positives abgewinnen. Mit Kirk Douglas ging jedoch auch eine bittere Pille einher. Die Agentur, bei der Kirk unter Vertrag stand - William Morris - wählte auch den Regisseur Don Taylor und die Filmcrew aus, welche sie den Produzenten aufs Auge drückte. Don Taylor und dessen Crew schienen jedoch keinerlei Interesse daran zu haben, einen guten Film abzuliefern, im Gegenteil. Nachdem sie selbst nach einer Woche kein ordentliches Material ablieferten, war Lloyd Kaufman an dem Punkt angelangt, dass er das Team feuern wollte. Am Ende blieb ihm jedoch nichts anderes übrig als in den sauren Apfel zu beißen und die Dreharbeiten bis zum Ende durchzustehen. Das Resultat: Ein Film, der ihn bis heute daran gemahnt, weshalb er die kleineren Produktionen der Troma Studios bevorzugt und das große Hollywood-Kino meidet. Peter Douglas räumte am Ende ebenfalls ein, dass das fer-

tige Werk nicht annähernd die Qualität erreichte, die er sich ausgemalt hatte und schob diesen Umstand teilweise auf seine mangelnde Erfahrung. Kirk Douglas und Martin Sheen hüllen sich hingegen in Schweigen, was den Film anbelangt. Diesen Umstand mag man auslegen, wie man möchte. Fest steht jedoch, dass **DER LETZTE COUNTDOWN** weit hinter seinen Möglichkeiten zurückbleibt. Das Zeitreise-Element wirft das klassische Paradoxon auf und erstickt somit die Spannung zu weiten Teilen bereits im Keim. Die Figuren sind blass und sehen keinen Stich gegen den grauen Koloss, der majestätisch übers Meer schippert. Dies hinderte Peter Douglas jedoch nicht daran, 2010 von einem Remake des Films zu sprechen.

Für seine Rolle als Captain Matthew Yelland in DER LETZTE COUNTDOWN erhielt Kirk Douglas eine Nominierung als „Bester Hauptdarsteller" beim Saturn Award.

*3: Lloyd Kaufman. http://www.lloydkaufman.com/interviews/2006/09/13/questions-for-lloyd-kaufman/

PLATZ 6

Starttermin in
Deutschland:
29.02.'80
Besucher in
Deutschland:
3.240.000

MAD MAX

In seiner Rolle als Max Rockatansky
schaffte Mel Gibson 1979 seinen Durchbruch. Zwei Sequels sollten folgen, die
seinen Kultstatus noch weiter festigten.

INHALT:
Australien in der Zukunft, das Land ist
verwahrlost und verödet. Gesetz und
Ordnung verfallen zusehends und ma-
rodierende Motorradgangs machen
das Leben der Zivilisten, aber auch der
Polizei, schwer. Als der aus dem Gefängnis geflohene Nightrider bei einer
wilden Verfolgungsjagd durch das Land
von Max Rockatansky getötet wird, sin-
nen seine Kameraden unter der Lei-
tung Toecutters auf Rache. Das Leben
von Max, seiner Familie und seinen
Kollegen ist plötzlich in Gefahr.

MAD MAX konnte sich mit 3.240.000
Zuschauern in Deutschland 1980
zwar „nur" auf Platz 6 der erfolgreichsten Filme des Jahres einrei-
hen, hielt dafür aber für fast 20 Jahren einen
anderen Rekord. Mit einem Budget von ge-
schätzten 400.000 australischen Dollar – damals ca. $350.000 US – spülte der Film welt-
weit ca. $100.000.000 US in die Kassen. Dies
bedeutet, dass **MAD MAX** ungefähr das 285-
fache seiner Kosten wieder eingespielt hat.
Mit diesem beachtlichen Wert hat der Film
nicht nur 1980 ganz deutlich die Nase vorn
gehabt, sondern sollte mit diesem Rekord bis
1999 im Guinness Buch der Rekorde verewigt
werden. Erst als 1999 THE BLAIR WITCH
PROJECT mit einem schmalen Budget von
$35.000 US über $240 Millionen US-Dollar
einspielte, wurde George Millers Regiedebüt
vom Sockel gestoßen.

Vielleicht sähe die Gewinn-Ratio weniger beachtlich aus, wäre die Produktion nicht rein
privat finanziert worden. Da „Road Movies"
in Australien seinerzeit staatliche Unterstützung erhielten und in **MAD MAX** sowohl der
Asphalt als auch die Autos eine maßgebliche

Rolle spielen, dachte man sich, dass die
Chancen für einen Zuschuss gar nicht
schlecht stünden und wendete sich an die
AFC (Australian Film Commission). Leider
bekam das post-apokalyptische Szenario lediglich eine Absage, so dass das gesamte
Projekt mit einem überaus geringen Budget
auskommen musste und es die Kreativität,
aber auch die kriminelle Energie aller Beteiligten erforderte. So weiß Jon Downing (Art
Director) davon zu erzählen, sich ohne Erlaubnis des Besitzers ein Schild, einen Stapel
Zeitungen und Milchkästen ausgeliehen zu
haben, um eine Szene drehen zu können.
Produzent Byron Kennedy auf der anderen
Seite klemmte sich bei einfachen Stunts selber hinter das Steuer, bediente die Kameras,
wirkte bei der Produktion des Soundtracks
mit und griff überall dort unter die Arme, wo
er helfen konnte. Diese Budgetprobleme
schleppten sich durch die gesamte Produktion
des Films und wurden mit findigen Lösungen
so gut wie möglich ausgeglichen. Ausgediente
Polizeiwagen wurden aufgepeppt und immer
wieder neu zusammengeflickt, echte Motorradgangs wie die Hell's Angels oder The Vi-
gilantes nahmen am Dreh teil, die Darsteller

trugen fast alle Vinyl-Anzüge, die wie Leder aussahen und lediglich Mel Gibson hatte einen echten, teureren Lederanzug, um nur ein paar Beispiele zu nennen.

Es lässt sich sicherlich darüber streiten, ob man **MAD MAX** als Mel Gibsons ersten Film bezeichnen kann, da er bereits 1977 in SUMMER CITY mitwirkte. Zu diesem Zeitpunkt war er jedoch noch Student und erhielt nur wenige Dollar für seine Rolle. Keiner Diskussion bedarf hingegen die Tatsache, dass ihm mit **MAD MAX** der internationale Durchbruch gelang. Amüsanter Weise hatte Gibson gar nicht vor, für den Film vorzusprechen, sondern begleitete lediglich seinen Freund Steve Bisley (Jim Goose im Film), mit dem er zur Schauspielschule ging und mit dem er bereits in SUMMER CITY gemeinsam vor der Kamera gestanden hatte. Am Vorabend war Gibson mit drei Männern auf einer Party in einen Kampf geraten und hatte ein grün und blau geschlagenes Gesicht davon getragen. Überraschenderweise bat man ihn, in zwei Wochen wiederzukommen, da man für die Bike-Gangs auf der Suche nach durchgeknallten Typen war und sein Zustand perfekt darauf zugeschnitten schien. Bei seiner Rückkehr waren alle Wunden verheilt und Gibson wurde stattdessen für die Rolle des Mad Max gecastet.

„Die Amerikaner befürchteten, die Zuschauer würden das australische Englisch nicht verstehen. Sie dachten, um das Geld für den Film wieder herein zu bekommen, müssten sie ihm eine amerikanische Synchronisation verpassen. Davon [von der Synchronisation] erzählte man uns nichts und (…) wir haben 200 Dollar Entschädigung bekommen. Dass sie so etwas tun würden, war ziemlich schockierend.“
(Tim Burns) [1]

Einer von etlichen Autostunts, durch die sich MAD MAX auszeichnet. 114 Karambolagen haben ihren Weg in den Film gefunden und stellen das große Alleinstellungsmerkmal des ansonsten eher günstig produzierten Films dar.

Max' Frau Jessie (Joanne Samuel) und ihr gemeinsamer Sohn werden Opfer der Motorradgang.

Als der Film in den USA anlief, ahnte die Crew nicht, was American International Pictures mit **MAD MAX** angestellt hatte. Ohne jegliche Rücksprache hatte man den gesamten Film neu synchronisiert, um den australischen Akzent aus dem Film zu verbannen, da man befürchtete, dass das US-Publikum den Film nicht verstehen würde. Es sollte bis zur DVD-Veröffentlichung dauern, bis man in den USA auch die Originalversion zu hören bekam. In Neuseeland war eine Aufführung bis 1983 untersagt und in Deutschland ist der Film bis heute noch indiziert, was ihn jedoch daran hinderte der 6. erfolgreichste Film des Jahres 1980 in Deutschland zu werden.

MAD MAX hat zurecht einen Kult-Status inne – hat der Film doch auch über 30 Jahre nach seiner Veröffentlichung nichts von seiner Intensität eingebüßt. Maßgeblich für den Erfolg dürften die rasante Actionszenen und die großartige Stunt-Arbeit sein. Auch wenn der Film auf Grund des geringen Budgets stets einen trashigen Charme ausstrahlt, ist es doch beachtlich, mit welch mminimalen Mitteln der maximale Effekt erzielt wird. Die Stuntdichte in dem gerade einmal 93-minütigen Film war beispiellos – kann man im Film doch geschlagene 114 Karambolagen zählen. Nicht nur die Crew wurde an ihre Grenzen getrieben, sondern auch die Autos und Motorräder, die eine essentielle Rolle im Film spielen und dies nicht nur für PS-Freunde. Jedoch muss man einräumen, dass der Zahn der Zeit recht ordentlich an **MAD MAX** genagt hat und die wilde Durchmischung der Genres das Endergebnis ein wenig unrund aussehen lässt. George Miller verwendet, mal gut, mal weniger gut, Versatzstücke aus Italo-Western, Rockerfilm und Science Fiction, aber auch Suspense-Elemente. Die Figuren sind schablonenhaft aufgezogen und die Dialoge haben wenig Nährwert. Aber das sind Randnotizen in einem Film, der seine Kraft und Dynamik aus der Action zieht und die Auto-Stunts auf ein neues Level gehoben hat.

Toecutters Motorradgang sorgt überall für Ärger. Bei den Dreharbeiten nahmen echte Motorradgangs wie die Hell's Angels teil, um kleinere Stunts durchzuführen.

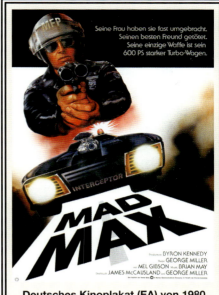

Deutsches Kinoplakat (EA) von 1980 Verleih: Warner-Columbia Filmverleih

Stabangaben: Australien 1979	93 Minuten

REGIE: George Miller • DREHBUCH: James McCausland, George Miller • KAMERA: David Eggby • SCHNITT: Cliff Hayes, Tony Paterson • MUSIK: Brian May • PRODUZENT: Byron Kennedy, Bill Miller • PRODUKTIONSFIRMEN: Kennedy Miller Productions, Crossroads, Mad Max Films
STARTTERMIN AUSTRALIEN: 12.04.1979
EINSPIELERGEBNIS USA: 8.750.000 $
DARSTELLER:

Mel Gibson	Max Rockatansky
Joanne Samuel	Jessie
Hugh Keays-Byrne	Toecutter
Steve Bisley	Jim Goose
Tim Burns	Johnny the Boy
Roger Ward	Fifi
Lisa Aldenhoven	Nurse
David Bracks	Mudguts
Bertrand Cadart	Clunk
David Cameron	Underground Mechanic

MEL GIBSON

D er am 3. Januar 1956 in Peekskill, New York Mel Gibson machte seine erste Erfahrung vor der Kamera bereits als Student, als er in SUMMER CITY (1977) eine Rolle ergatterte. Bereits zwei Jahre später entdeckte er das Mainstream-Kino für sich und spielte Max Rocktansky in **MAD MAX** und einen zurückgebliebenen Mann in TIM. Für Letzteres erhielt er seine erste Auszeichnung als „Bester Schauspieler" vom Australian Film Institute (AFI). Seine nächste Auszeichnung vom AFI erhielt

er für seine Rolle in GALLIPOLLI (1981), für die er wiederum als „Bester Schauspieler" geehrt wurde.

Es folgten weitere kleinere Filme und natürlich die fast schon obligatorischen Sequels MAD MAX 2 – DER VOLLSTRECKER (MAD MAX 2 – ROAD WARRIOR, 1981) und MAD MAX 3 – JENSEITS DER DONNERKUPPEL (MAD MAX BEYOND THE THUNDERDOME, 1985). Noch vor MAD MAX 3 feierte Gibson sein US-Filmdebüt in MENSCHEN AM FLUSS (THE RIVER, 1984).

Nach MAD MAX 3 nahm er sich eine kurze Auszeit vom Filmbusiness, meldete sich aber 1987 mit dem Blockbuster LETHAL WEAPON zurück. Der Film erfreute sich einer dermaßen großen Beliebtheit, dass das Duo Danny Glover und Mel Gibson in drei Sequels das Kult-Paar erneut mimen durfte. Mit flotten Sprüchen, rasanter Action und überzeugenden

emotionalen Szenen sind die vier Filme auch heute noch mit das Beste, was das Buddy-Kino zu bieten hat.

Gibsons Filmauswahl in den frühen 90ern war nicht übermäßig aufsehenerregend. Neben AIR AMERICA (1990) und FOREVER YOUNG (1992) spielte er auch DER MANN OHNE GESICHT (THE MAN WITHOUT A FACE, 1993), hier führte er auch Regie. In der zweiten Hälfte der 90er lag der Fokus seiner Filme im Thriller-Bereich, neben KOPF-

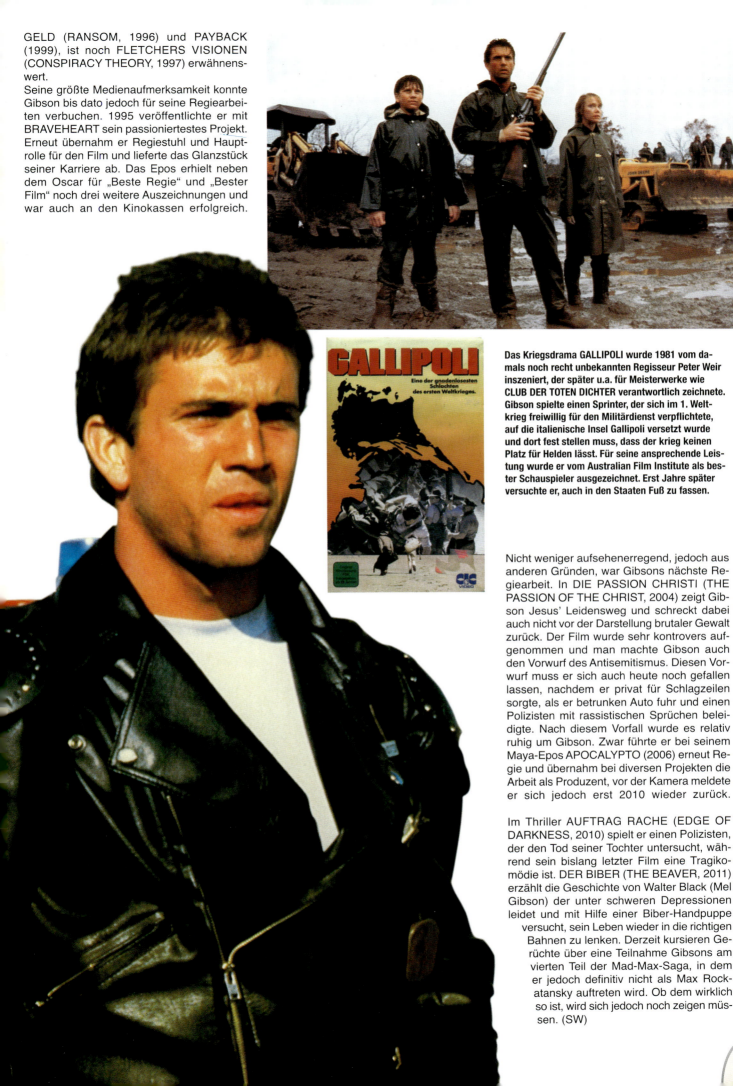

GELD (RANSOM, 1996) und PAYBACK (1999), ist noch FLETCHERS VISIONEN (CONSPIRACY THEORY, 1997) erwähnenswert.

Seine größte Medienaufmerksamkeit konnte Gibson bis dato jedoch für seine Regiearbeiten verbuchen. 1995 veröffentlichte er mit BRAVEHEART sein passioniertestes Projekt. Erneut übernahm er Regiestuhl und Hauptrolle für den Film und lieferte das Glanzstück seiner Karriere ab. Das Epos erhielt neben dem Oscar für „Beste Regie" und „Bester Film" noch drei weitere Auszeichnungen und war auch an den Kinokassen erfolgreich.

Das Kriegsdrama GALLIPOLI wurde 1981 vom damals noch recht unbekannten Regisseur Peter Weir inszeniert, der später u.a. für Meisterwerke wie CLUB DER TOTEN DICHTER verantwortlich zeichnete. Gibson spielte einen Sprinter, der sich im 1. Weltkrieg freiwillig für den Militärdienst verpflichtete, auf die italienische Insel Gallipoli versetzt wurde und dort fest stellen muss, dass der krieg keinen Platz für Helden lässt. Für seine ansprechende Leistung wurde er vom Australian Film Institute als bester Schauspieler ausgezeichnet. Erst Jahre später versuchte er, auch in den Staaten Fuß zu fassen.

Nicht weniger aufsehenerregend, jedoch aus anderen Gründen, war Gibsons nächste Regiearbeit. In DIE PASSION CHRISTI (THE PASSION OF THE CHRIST, 2004) zeigt Gibson Jesus' Leidensweg und schreckt dabei auch nicht vor der Darstellung brutaler Gewalt zurück. Der Film wurde sehr kontrovers aufgenommen und man machte Gibson auch den Vorwurf des Antisemitismus. Diesen Vorwurf muss er sich auch heute noch gefallen lassen, nachdem er privat für Schlagzeilen sorgte, als er betrunken Auto fuhr und einen Polizisten mit rassistischen Sprüchen beleidigte. Nach diesem Vorfall wurde es relativ ruhig um Gibson. Zwar führte er bei seinem Maya-Epos APOCALYPTO (2006) erneut Regie und übernahm bei diversen Projekten die Arbeit als Produzent, vor der Kamera meldete er sich jedoch erst 2010 wieder zurück.

Im Thriller AUFTRAG RACHE (EDGE OF DARKNESS, 2010) spielt er einen Polizisten, der den Tod seiner Tochter untersucht, während sein bislang letzter Film eine Tragikomödie ist. DER BIBER (THE BEAVER, 2011) erzählt die Geschichte von Walter Black (Mel Gibson) der unter schweren Depressionen leidet und mit Hilfe einer Biber-Handpuppe versucht, sein Leben wieder in die richtigen Bahnen zu lenken. Derzeit kursieren Gerüchte über eine Teilnahme Gibsons am vierten Teil der Mad-Max-Saga, in dem er jedoch definitiv nicht als Max Rockatansky auftreten wird. Ob dem wirklich so ist, wird sich jedoch noch zeigen müssen. (SW)

PLATZ
7

Starttermin in
Deutschland:
11.12.'80
Besucher in
Deutschland:
3.061.991

BUDDY HAUT DEN LUKAS

In den 80er Jahren endete die jahrelange Erfolgsserie von Bud Spencer und Terence Hill. Hatte insbesondere Spencer Mitte bis Ende der 70er Jahre einen Kassenhit nach dem anderen landen können, wurde Anfang der 80er Jahre sehr schnell deutlich, dass sich die günstig produzierten Hau-Drauf-Komödien nicht mehr gegen die Big-Budget-Blockbuster aus Hollywood a´la JÄGER DES VERLORENEN SCHATZES (RAIDERS OF THE LOST ARK, 1981) durchsetzen konnten. Der nachlassende Erfolg führte dann Mitte der 80er Jahre zu der folgerichtigen Trennung des Duos Spencer/Hill mit dem schwachen Beitrag DIE MIAMI COPS (I POLIZIOTTI DELL' 8ª STRADA, 1985) und zu einer Verlagerung ihrer Solo-Karrieren Richtung Fernsehen.

1980 konnte davon jedoch noch keine Rede sein. Gemeinsam hatten Spencer und Hill mit ihrem letzten Film DAS KROKODIL UND SEIN NILPFERD (IO STO CON GLI IPPOPOTAMI, 1979) alleine in Deutschland über fünf Millionen Besucher in die Kinos gelockt.

Und auch solo war Spencer zuletzt mit Filmen wie SIE NANNTEN IHN MÜCKE (LO CHIAMAVANO BULLDOOZER, 1978) und DER GROSSE MIT SEINEM AUSSERIRDISCHEN KLEINEN (UNO SCERIFFO EXTRATERRESTRE POCO EXTRA E MOLTO TERRESTRE, 1979) sehr erfolgreich.

Mit seinem bewährten Drehbuchteam Francesco Scardamaglia und Marcello Fondato nahm er gemeinsam mit Regisseur Michele Lupo schnell die Fortsetzung von DER GROSSE MIT SEINEM AUSSERIRDISCHEN KLEINEN in Angriff. In dieser Kombination entstanden ab Ende der 70er Jahre gleich mehrere Produktionen, so auch die beiden Filme rund um den Außerirdischen H7-25.

Das Sequel erhielt in Deutschland den Titel **BUDDY HAUT DEN LUKAS**.

War schon das Original eine Reaktion auf das seinerzeit boomende Science-Fiction-Kino der 70er Jahre, welches mit Produktionen wie KRIEG DER STERNE (STAR WARS, 1977) oder DIE UNHEIMLICHE BEGEGNUNG DER DRITTEN ART (CLOSE ENCOUNTERS OF

INHALT:
Sheriff Craft ist mit dem Außerirdischen H7-25, alias Charly, nie lange an einem Ort, da das Militär die beiden jagt. Diesmal verschlägt es Craft in das kleine Städtchen Munroe, welches von kleinen Ganoven kontrolliert wird – hier hat schon so mancher Gesetzeshüter aufgegeben. Doch der Sheriff bringt den Verbrechern auf seine ganz eigene Art und Weise Manieren bei. Bei einem ersten Rundgang entdecken Craft und Charly ein seltsames Militärcamp. Charly erkennt sofort, dass sich hier andere Außerirdische nieder gelassen haben und von dort aus die Weltherrschaft an sich reißen wollen. Doch dabei haben sie natürlich die Rechnung ohne den Sheriff und seinen kleinen außerirdischen Pflegesohn gemacht.

THE THIRD KIND, 1977) – in dem übrigens auch Cary Guffey mitwirkte, der nun an der Seite der neapolitanischen Urgewalt Spencer zu sehen war – große Erfolge feierte, ging man in der Fortsetzung diesen Weg kontinuierlich weiter. Allerdings musste man verkraften, dass Guffey nur noch eingeschränkt zur Verfügung stand, da er kurz vor den Dreharbeiten eingeschult worden war und seine Eltern keine Fehlzeiten gestatteten. Um den Drehplan nun nicht zu stark auszudehnen, wurde das Konzept ein wenig geändert. Man stellte mehr Spencer in den Vordergrund der Geschichte, ließ ihn weitestgehend alleine agieren und gönnte dem Jungen und seinem Ziehvater nur wenige Szenen. Damit ging jedoch der wichtige Faktor Niedlichkeit überwiegend verloren, konnte doch das Original gerade durch das Zusammenspiel zwischen dem Jungen und dem bärbeißigen Spencer seine Schwächen weitestgehend egalisieren: Das hatte Charme, Seele und Herz.

Davon war beim Sequel nicht mehr viel zu sehen. **BUDDY HAUT DEN LUKAS** war wesentlich düsterer und im Ton auch ernster als der erste Film. In Anbetracht der Tatsache, dass die Fortsetzung preisgünstig produzierter Euro-Trash in Reinkultur war, eine denkbar ungeeignete Mischung und fraglos einer der schwächeren Spencer-Solo-Abenteuer dieser Zeit.

Spencer war zwar präsent wie eh und je und auch die beliebten Prügel-Szenen – die in diesem Fall schon eher einem Cartoon a´la TOM UND JERRY ähnelten – sind mit Hilfe der erwarteten Stuntmen-Gesichter rund um Riccardo Pizzuti oder Giancarlo Bastianoni exzellent und ausgefallen choreographiert worden – doch unter dem Strich war das alles bedeutend zu wenig und hinterlässt auch heute noch den schalen Geschmack einer schnell und hastig hinter her geschobenen Fortsetzung.

Den Spencer-Fans war dies scheinbar egal: Auch diesen eher misslungenen Beitrag honorierten sie mit guten Kartenverkäufen, so dass sich **BUDDY HAUT DEN LUKAS** schließlich mit etwas mehr als drei Millionen verkaufter Karten auf Platz sieben des Jahres 1980 wieder fand.

Im übrigen nicht die einzige Spencer-Produktion dieses Jahres, die sich gut an den Kassen behauptete: Mit PLATTFUSS AM NIL (PIEDONE D'EGITTO, 1979/80) schaffte es der „Dicke" mit immerhin knapp zwei Millionen verkaufter Tickets auf Platz 16

Anfang der 80er Jahre konnte sich der italienische Superstar Bud Spencer sogar einen so schwachen Film wie BUDDY HAUT DEN LUKAS erlauben. Das Sequel zu DER GROSSE MIT SEINEM AUSERIRDISCHEN KLEINEN konnte mit ausgefallen choreographierten Prügelsequenzen und der Präsenz Spencers punkten, erreichte jedoch nie die Wärme und Herzlichkeit des Originals. Fraglos einer der schwächeren Spencer-Solfilme – doch selbst damit erreichte der Neapolitaner einen Platz in den Top 10.

BUD SPENCE[R]
BUDDY
HAUT DEN LUKA[S]
Regie: Michele Lupo   im Verleih der TOBIS

Der Große
mit seinem außerirdischen Kleinen

INHALT:

In einer kleinen Stadt glaubt jeder, ein Ufo gesehen zu haben. Sheriff Craft glaubt nicht an Außerirdische, begegnet dann aber einem Jungen, der behauptet, ein Außerirdischer zu sein. Craft muss schnell einsehen, dass der Junge die Wahrheit sagt und bringt ihn zum Militär, damit man einen Weg findet, wie er wieder nach Hause kann. Als er jedoch begreift, dass das Militär kein Interesse an dem Jungen hat, sondern vielmehr wissen will, wie dessen Photonenstrahler funktioniert, holt er den Jungen zu sich zurück - sehr zum Missfallen des Militärs.

„Ich hab über keinen meiner Filme so sehr lachen müssen, wie über diesen!"
(Bud Spencer) [1]

Nicht nur der Schauspieler, auch Drehbuchautor Francesco Scardamaglia favorisiert den naiven und kunterbunten Spaß DER GROSSE MIT SEINEM AUSSERIRDISCHEN KLEINEN bis heute. Die deutsch-italienische Co-Produktion wurde unmittelbar nach SIE NANNTEN IHN MÜCKE angegangen, so dass es nicht überrascht, dass vor und hinter der Kamera das Team identisch blieb. Thematisch richtete sich

Spencers erster Ausflug ins Übernatürlich natürlich klar an die etwas jüngere Generation, konnte jedoch auch die älteren Fans des schlagkräftigen Mimen durch etwas gefangen nehmen, was man sich mit keinem noch so großen Budget kaufen kann: Herz und Seele.

Da stören dann auch die billigen Spezialeffekte oder die etwas ausufernde Wiederholungen der Prügelszenen nicht mehr weiter. Dank einer stimmigen Inszenierung, gut besetzter Nebenrollen und eines prächtig aufgelegten Hauptdarstellers einer der unterhaltsamsten, wenngleich auch nicht besten Spencer-Solo-Filme. *(TH)*

*1: Bud Spencer und Terence Hill Chronicles

BUD SPENCER

BUDDY HAUT DEN LUKAS

Deutsches Kinoplakat (EA) von 1980
Verleih: Tobis | Grafik von: R. Casaro

Stabangaben: Italien 1980 | 83 Minuten

REGIE: Michele Lupo • DREHBUCH: Francesco Scardamaglia, Marcello Fondato • KAMERA: Franco Di Giacomo • SCHNITT: Eugenio Alabiso • MUSIK: Guido und Maurizio De Angellis • PRODUZENT: Elio Scardamaglia • PRODUKTIONSFIRMEN: Leone Film • ORIGINALTITEL: Chissà perché... capitano tutte a me
STARTTERMIN ITALIEN: 25.09.1980
DARSTELLER:
Bud Spencer ....Sheriff
Cary Guffey ....Charlie alias H 7-25
Ferruccio Amendola ....Howard
Robert Hundar ..Anführer der Außerirdischen
John Bartha ....Chef der Polizeitruppe
Carlo Reali ....Leiter des Militäreinsatzes
Ottaviano Dell'Acqua ....Polizist
Lorenzo Fineschi ....Holzfäller
Amedeo Leurini ....Kneipenbesitzer
Riccardo Pizzuti ....Holzfäller

Kramer gegen Kramer

„Welcher meiner Filme der persönlichste ist? Wahrscheinlich Kramer gegen Kramer. Ich ließ mich damals scheiden. Ich wartete bis ich 31 Jahre alt war, bevor ich heiratete und habe nie daran gedacht, dass das passieren könnte. Es ging auch um unsere Kinder. Ich sagte zu dem Regisseur, dass ich nie irgend etwas gelesen hätte, dass dem nahe kam, was ich emotional durchmachte – und diese Geschichte wollte ich unbedingt erzählen.“

(Dustin Hoffman) [1]

INHALT:
Völlig überraschend wird der beruflich engagierte Werbefachmann Ted Kramer von seiner Frau Joanna verlassen. Sie will ihr eigenes Leben führen und lässt den gemeinsamen Sohn Billy bei ihrem Mann. Dieser muss sich nun neben seinem 14-Stunden-Job auch noch um seinen Sohn kümmern und ist mit der Situation völlig überfordert. Doch nach einiger Zeit nähern sich Vater und Sohn an und bauen eine intensive Beziehung auf. Ted nimmt sogar berufliche Schwierigkeiten in Kauf, um seinen Sohn zu erziehen. Doch dann kehrt plötzlich seine Frau zurück, die nun das alleinige Sorgerecht für Billy einfordert. Es entbrennt ein erbitterter Kampf um das Kind, der schließlich vor Gericht seinen Ausgang finden muss.

V ielleicht war diese emotionale Verbindung zwischen Filmthema und dem Privatleben des Ausnahmeschauspielers mitverantwortlich für seine herausragende Leistung, die völlig zu recht mit einem Oscar für die beste Hauptrolle belohnt wurde. Ironie des Schicksals, dass Hoffman den Part des Ted Kramer ursprünglich gar nicht annehmen wollte, da er die Aufarbeitung seiner Ehe in dieser Form als zu schmerzhaft empfunden hätte und nur Dank der Sturheit von Regisseur und Drehbuchautor Robert Benton, sowie des Produzenten Stanley R. Jaffe, zusagte. Dass man mit **KRAMER GEGEN KRAMER** einen Film abliefern würde, der das Gesellschaftsbild und die Verände-

rungen der ausklingenden 70er Jahre nicht nur porträtierte, sondern maßgeblich beeinflusste, war zu diesem Zeitpunkt allen Beteiligten jedoch nicht bewusst.

Der dem Film zugrunde liegende Roman von Avery Corman erschien bereits 1977 und gefiel Stanley R. Jaffe und Robert Benton sehr. Beide hatten bereits bei dem Spätwestern IN BESTER GESELLSCHAFT (BAD COMPANY, 1972) zusammengearbeitet und suchten nun nach einem geeigneten Thema, um ein neues Projekt gemeinsam angehen zu können. Jaffe hatte mit seiner letzten Produktion - der Walter-Matthau-Komödie DIE BÄREN SIND LOS (THE BAD NEWS BEARS, 1976) - einen gro-

ßen Erfolg gelandet, wollte nun aber einen Stoff umsetzen, der Kommerz und Anspruch vereinte. Er sah großes Potential in dem Corman-Buch und rannte bei Robert Benton offene Türen ein. Beide hatten für die Besetzung der männlichen Hauptrolle nur einen Schauspieler vor Augen: Dustin Hoffman. Nachdem Robert Benton die ursprüngliche Drehbuchfassung fertig gestellt hatte, übergab man das Skript dem Agenten des Schauspielers – der Agent zeigte sich zwar begeistert, eine Rückmeldung erhielten sie jedoch nicht. Daher suchten sie den direkten Kontakt zu Hoffman – doch der wollte sie am liebsten schnell wieder los werden, da er sich aufgrund seiner laufenden Scheidung von Ann Byrne in einem emotional angeschlagenen Zustand befand und auch mit seiner beruflichen Situation unzufrieden war. Er hatte sich zwar durch Klassiker wie DIE UNBESTECHLICHEN (ALL THE PRESIDENT`S MEN, 1976) oder DER MARATHON MANN (MARATHON MAN 1976) an den Gipfel des Hollywood-Olymps gespielt, doch nicht zuletzt aufgrund der schwierigen Umstände bei STUNDE DER BEWÄHRUNG (STRAIGHT TIME, 1978) spielte er mit dem Gedanken, dem Filmbusiness den Rücken zu kehren und wieder ans Theater zurück zu kehren. Hoffman ließ sich jedoch überzeugen, bestand allerdings darauf, dass das Drehbuch komplett überarbei-

COLUMBIA FILM zeigt
DUSTIN HOFFMAN
in
KRAMER GEGEN KRAMER
© 1979 Columbia Pictures Industries, Inc.

Dustin Hoffman erhielt für seine Leistung den Oscar als bester Hauptdarsteller. Insbesondere die Filmszenen mit seinem Filmsohn Justin Henry bilden das Herzstück des Films und wurden teilweise improvisiert. Ironie des Schicksals, dass Hoffman zu Beginn nicht davon überzeugt war, dass der Junge die ideale Wahl war.

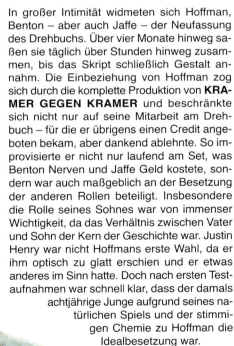

*2: Making of

tet würde, da er sich nicht mit der Figur identifizieren konnte, die Vorlage nicht die emotionale Verwirrung zeigte, in der er sich befand. Dabei ging es ihm jedoch nicht um eine Nacherzählung seiner privaten Situation.

„Ich wollte keine Darstellung meiner Geschichte. Nicht die Fakten, nur das Wahre."
(Dustin Hoffman) *2

In großer Intimität widmeten sich Hoffman, Benton – aber auch Jaffe – der Neufassung des Drehbuchs. Über vier Monate hinweg saßen sie täglich über Stunden hinweg zusammen, bis das Skript schließlich Gestalt annahm. Die Einbeziehung von Hoffman zog sich durch die komplette Produktion von **KRAMER GEGEN KRAMER** und beschränkte sich nicht nur auf seine Mitarbeit am Drehbuch – für die er übrigens einen Credit angeboten bekam, aber dankend ablehnte. So improvisierte er nicht nur laufend am Set, was Benton Nerven und Jaffe Geld kostete, sondern war auch maßgeblich an der Besetzung der anderen Rollen beteiligt. Insbesondere die Rolle seines Sohnes war von immenser Wichtigkeit, da das Verhältnis zwischen Vater und Sohn der Kern der Geschichte war. Justin Henry war nicht Hoffmans erste Wahl, da er ihm optisch zu glatt erschien und er etwas anderes im Sinn hatte. Doch nach ersten Testaufnahmen war schnell klar, dass der damals achtjährige Junge aufgrund seines natürlichen Spiels und der stimmigen Chemie zu Hoffman die Idealbesetzung war.

Das Casting des weiblichen Parts war da schon bedeutend schwerer. Einerseits war die Rolle an sich schwierig und undankbar: Schließlich verließ Joanna Kramer ohne weitere Erklärungen zu Beginn

AUSGEZEICHNET MIT
5 OSCARS

»Bester Film
»Bester Schauspieler
»Bestes Drehbuch
»Beste Regie
»Beste Nebenrolle

DIE OSCAR-VERLEIHUNG '80

Die mittlerweile 52. Oscar-Verleihung fand am 14.04.1980 in Los Angeles statt und wurde zum zweiten Mal vom Entertainer Johnny Carson moderiert. **KRAMER GEGEN KRAMER** war insgesamt zehn Mal nominiert und wurde nach dem erfolgreichen Verlauf der Golden-Globe-Verleihung als großer Favorit gehandelt. Dass man jedoch solch einen Triumphzug feiern und gleich 5 Trophäen mit nach Hause nehmen konnte – darunter in den wirklich bedeutenden Kategorien – hatten sich die Verantwortlichen wohl auch nicht erträumen lassen. Größte Konkurrenz war sicherlich APOCALYPSE NOW, gegen den man sich jedoch souverän durchsetzen konnte.

Rechts eine Übersicht, in welchen Kategorien **KRAMER GEGEN KRAMER** nominiert war. Die jeweiligen Gewinner sind rot markiert. In den Kategorien, in denen **KRAMER GEGEN KRAMER** leer ausging, wurden die Verantwortlichen zudem orange markiert.

COLUMBIA FILM zeigt
DUSTIN HOFFMAN
in
KRAMER GEGEN KRAMER
© 1979 Columbia Pictures Industries, Inc.

DIE OSCARS 1980

BESTER FILM
Kramer gegen Kramer - Stanley R. Jaffe
Hinter dem Rampenlicht - Robert Alan Aurthur
Apocalypse Now - Francis Ford Coppola, Fred Roos, Gray Frederickson, Tom Sternberg
Vier irre Typen - Peter Yates
Norma Rae - Tamara Asseyev, Alexandra Rose

BESTE REGIE
Robert Benton - Kramer gegen Kramer
Bob Fosse - Hinter dem Rampenlicht
Francis Ford Coppola - Apocalypse Now
Peter Yates - Vier irre Typen
Edouard Molinaro - Ein Käfig voller

BESTES ADAPTIERTES DREHBUCH
Kramer gegen Kramer - Robert Benton
Apocalypse Now - John Milius, Francis Ford Coppola
Ein Käfig voller Narren - Francis Veber, Edouard Molinaro, Marcello Danon, Jean Poiret
Ich liebe dich – I Love You – Je T'aime - Allan Burns
Norma Rae - Irving Ravetch, Harriet Frank Jr.

BESTER HAUPTDARSTELLER
Dustin Hoffman - Kramer gegen Kramer
Al Pacino - ... und Gerechtigkeit für alle
Roy Scheider - Hinter dem Rampenlicht
Peter Sellers - Willkommen Mr. Chance
Jack Lemmon - Das China-Syndrom

BESTER NEBENDARSTELLER
Melvyn Douglas - Willkommen Mr. Chance
Robert Duvall - Apocalypse Now
Mickey Rooney - Der schwarze Hengst
Justin Henry - Kramer gegen Kramer
Frederic Forrest - The Rose

BESTE NEBENDARSTELLERIN
Meryl Streep - Kramer gegen Kramer
Barbara Barrie - Vier irre Typen)
Jane Alexander - Kramer gegen Kramer
Mariel Hemingway - Manhattan
Candice Bergen - Auf ein Neues

BESTE KAMERA
Apocalypse Now - Vittorio Storaro
1941 – Wo bitte geht's nach Hollywood - William A. Fraker
Hinter dem Rampenlicht - Giuseppe Rotunno
Das schwarze Loch - Frank V. Phillips
Kramer gegen Kramer - Néstor Almendros

BESTER SCHNITT
Hinter dem Rampenlicht - Alan Heim
Apocalypse Now - Richard Marks, Walter Murch, Gerald B. Greenberg, Lisa Fruchtman
Der schwarze Hengst - Robert Dalva
Kramer gegen Kramer - Gerald B. Greenberg
The Rose - Robert L. Wolfe, Carroll Timothy O'Meara

der Handlung ihr Kind und kehrte erst am Ende zurück, um die vermeintliche Harmonie zu stören. Doch die Stimmung des Films lebte davon, dass der Frauenpart nicht negativ gezeigt wurde, das Publikum trotz der geringen Screentime auch die Mutter verstehen sollte. Eine nicht gerade einfache Aufgabe.

Ursprünglich hatte man Kate Jackson favorisiert – doch diese feierte mit der TV-Serie DREI ENGEL FÜR CHARLIE (CHARLIE`S ANGELS, 1976-1981) große Erfolge und musste die bittere Pille schlucken, dass ihr von Aaron Spelling, dem Produzenten der Serie, untersagt wurde, die Rolle als Joanna Kramer anzunehmen. Aus seiner Sicht verständlich, da er komplette Drehpläne hätte umlegen müssen. Auch Susan Sarandon sprach für die Rolle vor, fiel jedoch trotz ihrer Freundschaft zu Hoffman durch das Raster. Schließlich konnte Meryl Streep alle überzeugen. Allerdings musste man bei den Drehplänen ein wenig Rücksicht auf ihre anderen Engagements nehmen, da sie nahezu parallel auf einem Shakespeare-Festival in *Der Widerspenstigen Zähmung* zu sehen war und in dem Woody-Allen-Film MANHATTAN (1979) mitspielte.

Robert Benton ließ die Schauspieler bei seinem dritten Film als Regisseur an der langen Leine agieren: Improvisation war nicht die Ausnahme, sondern die Regel. Es spricht für den verdienten Drehbuchautor und Regisseur, dass **KRAMER GEGEN KRAMER** trotzdem nie den Rhythmus verliert, zu einer Egoshow der hervorragenden Darsteller mutiert oder aus dem Tritt kommt. Er sah einfach, dass diese Improvisationen den Schauspielern halfen und dem Film am Ende zu Gute kamen, suchten sie doch das Wahre, um bei den Worten von Dustin Hoffman zu bleiben. So überrascht es nicht, dass insbesondere die Momente, die in dieser Form nicht im Drehbuch standen, zu den stärksten des ganzen Streifens zählen. Sei es die Eiscremeszene, die auf realen Erlebnissen Hoffmanns mit seiner Tochter beruhte, eine Szene in der Streep sichtlich erschrickt, weil ihr Partner ohne Absprache ein Glas gegen die Wand wirft oder gleich die komplette Schlussrede von Streep vor Gericht, die sie selbst schreiben durfte: Das wirkt authentisch, ehrlich und glaubwürdig.

Und diese Glaubwürdigkeit zieht sich durch den ganzen Film, sicherlich auch begünstigt daraus, dass Hoffman und Henry auch hinter den Kulissen ein inniges Verhältnis pflegten. Der Zuschauer kann sich aufgrund dieser

KRAMER GEGEN KRAMER geht zu Herzen ohne sentimental oder kitschig zu werden. Dafür sorgt einerseits das differenzierte Drehbuch, andererseits sicherlich auch die hervorragenden Leistungen von Dustin Hoffman, Justin Henry und Meryl Streep.

Glaubwürdigkeit mit den Figuren identifizieren, versteht das Dilemma von Vater, Mutter und Sohn, weil **KRAMER GEGEN KRAMER** eben sehr viel Wert darauf legte, auch und besonders im „Kleinen" zu funktionieren.

Der Filmtitel jedoch könnte zu falschen Rückschlüssen führen, da sich die reine Konfrontation zwischen den Eltern nur in den Minuten vor Gericht abspielt, und selbst da legen es beide Parteien nicht konsequent darauf an, den jeweils anderen zu verletzen. Vielmehr ist es eine klassische Vater-Sohn-Geschichte: So berührend ehrlich gespielt, dass die immer engere Bindung zwischen den beiden wirklich zu Herzen geht, ohne auch nur einmal in übertriebenen Kitsch zu rutschen. Doch der Film ist noch viel mehr und gibt Zeugnis darüber ab, wie sich das Rollenbild von Mann und Frau in den 70er Jahren, nach der sexuellen Revolution der 60er Jahre, veränderte. Die klassische Rollenverteilung war zwar noch üblich, brach aber mehr und mehr auf, was schlussendlich auch dazu führte, dass der Mann sich gesellschaftlich und familiär neu orientieren musste. Diese Entwicklung und Erfahrung macht auch Ted Kramer durch und erkennt am Ende, dass das wertvollste eben nicht seine Karriere, sondern seine Familie ist. Aber auch diese Entwicklung wird ohne den übertriebenen Pathos dargestellt, auf den ein Großteil der heutigen US-Produktionen scheinbar nicht verzichten kann. Hoffman kam während der Dreharbeiten übrigens auf die Idee zu TOOTSIE (1982), der die Grenzen zwischen Mann und Frau ja noch weiter einriss.

Das durchaus überraschende Ende passt sich dem Stil des Streifens nahtlos an. Es rührt zu Tränen, ohne kitschig zu sein oder in Binsenweisheiten zu zerfallen. Erfreulicherweise kein klassisches Happy End, aber auch kein pessimistisches Finale, wie man befürchten durfte, sondern ein hoffnungsvoller und realistischer, jedoch auch nur vorläufiger Schlusspunkt. Zudem schließt sich am Fahrstuhl auch sehr gelungen der Bogen zum Anfang des Streifens, da sowohl Joanna als auch Ted jeweils im Aufzug verschwinden.

KRAMER GEGEN KRAMER ist auch heute noch aktuell wie eh und je, hat nur wenig von seiner Aktualität verloren und berührt nach wie vor. Ein absoluter Klassiker, ein wunderschöner Film und ein glorreiches Beispiel für die gute, alte Zeit des Filmemachens. Auch die internationale Kritik zeigte sich begeistert.

„Die Figuren reden nicht bloß miteinander, sie offenbaren Dinge über sich selbst und können manchmal darin beobachtet werden, wie sie etwas über ihre eigenen Motive lernen. Das ist es, was Kramer gegen Kramer zu einem so berührenden Film macht: Wir kriegen bisweilen das Gefühl, die Figuren veränderten sich und Entscheidungen würden getroffen, sogar während wir sie beobachten."

(Roger Ebert) [3]

Schon im Vorfeld wurde Hoffman als Oscarkandidat Nummer Eins gehandelt, und so kam es ja dann schließlich auch – erhielt er doch eine von insgesamt fünf Trophäen, die **KRAMER GEGEN KRAMER** bei der Oscarverleihung erhielt.

Doch auch an den Kassen entwickelte sich die eigentlich recht kleine, unspektakuläre Produktion zu einem großen Erfolg, konnte alleine in den USA mehr als 100 Millionen Dollar einspielen und war damit der erfolgreichste Film des Jahres. Auch in Deutschland lief der Film sehr erfolgreich und wurde von der Presse ebenfalls in den höchsten Tönen gelobt.

Wer den Film bislang noch nicht gesehen hat, sollte das dringend nachholen, handelt es sich doch um Schauspiel-Kino at it´s best – und das in einer emotional berührenden Geschichte. Von der Sorte gibt es nicht mehr viele.

Deutsches Kinoplakat (EA) von 1979
Verleih: Warner-Columbia Filmverleih

Stabangaben: USA 1979 | 105 Minuten

REGIE: Robert Benton • DREHBUCH: Robert Benton • KAMERA: Néstor Almendros • SCHNITT: Jerry Greenberg • MUSIK: Erma E. Levin • PRODUZENT: Stanley R. Jaffe • PRODUKTIONSFIRMEN: Columbia Pictures (presents) (A Stanley Jaffe Production) • ORIGINALTITEL: Kramer vs. Kramer • STARTTERMIN USA: 19.12.1979 • BESUCHERZAHLEN USA: 42.166.667 / EINGESPIELT: 106.260.000 $ DARSTELLER:

Dustin Hoffman	Ted Kramer
Meryl Streep	Joanna Kramer
Jane Alexander	Margaret Phelps
Justin Henry	Billy Kramer
Howard Duff	John Shaunessy
George Coe	Jim O'Connor
Jobeth Williams	Phyllis Bernard
Bill Moor	Gressen
Howland Chamberlain	Judge Atkins
Jack Ramage	Spencer

*3: rogerebert.suntimes.com

COLUMBIA FILM zeigt
DUSTIN HOFFMAN
in
KRAMER GEGEN KRAMER
© 1979 Columbia Pictures Industries, Inc.

COLUMBIA FILM zeigt
DUSTIN HOFFMAN
in
KRAMER GEGEN KRAMER
© 1979 Columbia Pictures Industries, Inc.

Die Szene, in der Dustin Hoffman mit seinem Filmsohn Justin Henry panisch die Straßen abläuft, musste gleich mehrfach gedreht werden, bis die Aufnahme im Kasten war. Für Hoffmann reinste Schwerstarbeit. Kaum nachdem sich die Tür hinter beiden schloss, setzte er den Jungen ab und sammelte Kraft für den nächsten Take.

PLATZ
9
Starttermin in
Deutschland:
19.12.'80
Besucher in
Deutschland:
2.656.859

Emmeline (Brooke Shields), Richard (Christopher Atkins) und ihr Sohn Paddy (Chad Timmerman) genießen die paradiesische Idylle.
DIE BLAUE LAGUNE zeichnet sich durch exotische Bilder, verhaltene Erotik und eine seichte Story aus.

DIE BLAUE LAGUNE

„Die blaue Lagune ist der dümmste Film des Jahres."
(Roger Ebert) *1

Als der Film 1980 in die Kinos kam, fiel er mit Pauken und Trompeten bei den Kritikern durch. In fast allen Kritiken wurde das Drehbuch müde belächelt, die Dialoge als Nonsens abgestempelt und durch die Bank weg war er verpönt für seine erotischen Phantasien, die an einen Soft-Porno erinnerten, jedoch wenig Mut bewiesen und die nackten Tatsachen fast immer verhüllten. Auch wenn die Darstellung der häufig nackt anzutreffenden Hauptdarsteller eher verhalten ist, wäre **DIE BLAUE LAGUNE,** ähnlich wie CALIGULA (CALIGULA, 1979), in dieser Form in den USA heute nicht mehr denkbar. Das liegt im geringeren Umfang an den recht eigenwilligen Produktionsumständen - abgeschieden auf einer einsamen Insel ohne nennenswerte Infrastruktur, geschweige denn Strom - und viel mehr an der Darstellung der Sexualität einer Minderjährigen. Denn trotz der puritanischen Züge wurden die Hauptdarsteller – der damals 19-

jährige Christopher Atkins und die gerade einmal 14-jährige Brooke Shields — meist recht frivol in Szene gesetzt. Um die Situation noch prekärer zu machen, hat auch eine Liebesszene zwischen den beiden Filmfiguren ihren Weg in die Handlung gefunden. Mittlerweile gibt es von der Gewerkschaft für Schauspieler in den USA streng reglementierte Auflagen und Einschränkungen, wenn es um minderjährige Filmfiguren und/oder Darsteller geht, daher ist eine entsprechende Szene heute schwer vorstellbar. Doch bereits damals führte das zentrale Element des Films, die Entdeckung der eigenen Sexualität und die damit verbundene Nacktheit, bereits in der Prä-Produktions-Phase zu etlichen Schwierigkeiten.

Über die Wahl der Hauptdarstellerin sind etliche Gerüchte im Umlauf, Fakt ist jedoch, dass Regisseur Randal Kleiser von Beginn an Brooke Shields im Sinn hatte. Bereits während der Wrapparty zu seinem Film GREASE

INHALT:
Mitten im Südpazifik fängt das Schiff, auf dem sich die beiden Kinder Emmeline und Richard befinden, Feuer. Die Reise, die ihren Anfang in Boston nahm, findet ein plötzliches Ende. Während die Besatzung in einem Rettungsboot ihr Heil sucht, flüchten Emmeline und Richard mit dem Schiffskoch Paddy in einem anderen Ruderboot. Sie stranden auf einer einsamen Insel und müssen lernen in der Wildnis zu überleben. Als auch Paddy stirbt sind die beiden Jugendlichen ganz auf sich allein gestellt und entdecken in der Südseeidylle langsam ihre eigene Sexualität.

*1: www.rogerebert.suntimes.com

(GREASE, 1978) drückte er Brooke, die als eine seiner Gäste anwesend war, den Roman von Henry De Vere Stacpoole in die Hand, auf dem der Film basiert. Zwar war Brooke Shields von der Geschichte recht angetan, jedoch war sie nicht gewillt, sich für die Nacktszenen zu enthüllen. Ebenso wenig stand diese Möglichkeit für ihre Mutter, damals noch ihre Managerin, zur Debatte. Kleisers Wunschkandidatin war somit für das Projekt verloren. Die Suche nach dem passenden männlichen Kandidaten gestaltete sich ohnehin schon als schwierig und nun musste man sich zusätzlich auf die Suche nach dem weiblichen Konterpart begeben. Während Matt Dillon kurz in die engere Auswahl geriet, jedoch auch Skrupel hatte, nackt zu performen, fand man mit Diane Lane und William Aames ein Filmpaar, welches nicht nur auf der Leinwand funktionierte, sondern auch bereit war, die Rollen zu übernehmen. Kurz vor den Dreharbeiten – tatsächlich nur wenige Tage vor Drehbeginn – sagten jedoch beide Darsteller plötzlich ab und ließen Kleiser in einer überaus verzweifelten Situation zurück. Nicht nur, dass ihm soeben beide Hauptdarsteller abhanden gekommen waren, seine Crew befand sich bereits auf der 5000km von Hollywood entfernten Insel Nanuya Levu und war bereit, mit dem Dreh anzufangen. Kurzerhand flog er nach New York und castete Brooke Shields - mit dem Versprechen, dass sie im Film nicht nackt auftreten müsse. Für die männliche Rolle führte man sich erneut die Videos vom Casting zu Gemüte und entschied sich kurzerhand für Christopher Atkins. Der einstige Segellehrer verfügte zwar über keinerlei Schauspielerfahrung, sollte jedoch für **DIE BLAUE LAGUNE** eine Golden-Globe-Nominierung erhalten.

Die Dreharbeiten fanden auf der Insel Nanuya Levu, weit vom amerikanischen Festland entfernt statt. Die gesamte Crew lebte in simplen Hütten, manch ein Glücklicher schlief auf dem Segelboot, wo immerhin fließendes Wasser zur Verfügung stand. Die Crew arbeitete somit völlig abgeschottet und unter recht schwierigen Bedingungen.

Nach diesem nervenaufreibenden Auftakt, liefen die Dreharbeiten selbst eher ereignislos ab, wenn man einmal die einzigartige Situation, unter der der Film entstand, außen vor lässt. Weit abgelegen vom Festland hatte die Privatinsel Nanuya Levu bereits für eine britische Verfilmung als Location gedient, die 1949 unter dem Titel DIE BLAUE LAGUNE (THE BLUE LAGOON, 1949) erschienen war, jedoch nur lose auf Stacpooles Roman basierte. Strom, fließend Wasser oder gar Straßen befanden sich keine auf der Insel, so dass man kurzerhand ein kleines Dorf errichtete, in dem ein Großteil der Crew über die Dauer von 4 Monaten lebte. Wie zugesagt, musste Brooke Shields niemals nackt auftreten, fleischfarbenes Tape und auf die Haut aufgeklebte Haare verhüllten stets ihre Brüste und ihre Mutter sowie eine Sozialarbeiterin stellten sicher, dass sich alles in züchtigen Bahnen bewegte. Während Christopher Atkins weder moralische noch gesetzliche Auflagen hatte und somit seinen Körper offen zur Schau stellte, kam in den wenigen Szenen, in denen Emmeline nackt zu sehen ist, ein Body-Double zum Einsatz.

In Anbetracht dessen, dass sowohl die Filmfigur als auch Brooke Shields minderjährig waren, kann man sich glücklich schätzen, dass man für den Film keine moralischen Grenzen überschritten hat. Auch wenn Brooke am Ende vor einem Gremium bezeugen musste, dass die skandalösen Nacktszenen von einem Body-Double gespielt wurden, dreht sich der Film im Kern natürlich um die Entdeckung der eigenen Sexualität. Die Unbefangenheit, mit der Emmeline und Richard ihrem Verlangen nachgehen, gepaart mit der Unerfahrenheit der beiden, fand gerade beim weiblichen Publikum Anklang. Die unschuldige, fast schon naive Liebesgeschichte zwischen den beiden attraktiven Figuren trieb die Leute in die Kinos – allein in Deutschland mehr als zweieinhalb Millionen Zuschauer – während die Kritiker kein gutes Haar am Film ließen. Letztendlich zeichnet sich **DIE BLAUE LAGUNE** auch durch eine gewisse Belanglosigkeit aus, die abseits des freizügigen Umgangs wenig zu bieten hat. Inhaltlich machen die platten Dialoge sicherlich Sinn, denn die Gestrandeten haben keinerlei Schulausbildung genossen und erfreuen sich entsprechend einer gewissen Naivität, jedoch ändert das leider nichts daran, dass man sich hier auf sehr flachem Fahrwasser bewegt. Einzig der Soundtrack aus der Feder Basil Poledouris und die Kameraarbeit Néstor Almendros' heben den künstlerischen Anspruch des Films. Almendros, der für seine Arbeit sogar mit einer Oscar-Nominierung belohnt wurde, arbeitet exzellent mit dem natürlichen Licht und bringt eine Ästhetik in den Film, die weder vom Drehbuch, noch von der Regie gestützt wird.

»Grease«-Regisseur Randal Kleiser bringt einen wahrhaft sinnesfrohen Film über die natürliche Liebe.

Zwei Kinder auf einer tropischen Insel in der Südsee. Nach einem Schiffbruch hierher verschlagen, leben sie inmitten einer unberührten Natur von dem, was ihnen die Lagune im Überfluß bietet.

Die Jahre vergehen. Aus den Kindern werden schlanke, schöne junge Menschen. Der Junge wird zum kraftvollen Mann – das Mädchen zur blühenden Schönheit.

Sie entdecken die Liebe. Sie ist für sie ebenso natürlich, gewaltig und klar wie das Meer.

DIE BLAUE LAGUNE

Deutsches Kinoplakat (EA) von 1980
Verleih: Warner Columbia Filmverleih

Stabangaben: USA 1980 | 104 Minuten

REGIE: Randal Kleiser • DREHBUCH: Henry De Vere Stacpoole (Roman), Douglas Day Stewart (Drehbuch) • KAMERA: Néstor Almendros • SCHNITT: Robert Gordon • MUSIK: Basil Poledouris • PRODUZENT: Richard Franklin, Randal Kleiser • PRODUKTIONSFIRMEN: Columbia Pictures Corporation • ORIGINALTITEL: The Blue Lagoon • STARTTERMIN USA: 05.07.1980 • EINSPIELERGEBNIS USA: 58.853.106 $

DARSTELLER:

Brooke Shields	Emmeline
Christopher Atkins	Richard
Leo McKern	Paddy Button
William Daniels	Arthur Lestrange
Elva Josephson	Junge Emmeline
Glenn Kohan	Junger Richard
Alan Hopgood	Kapitän
Gus Mercurio	Offizier
Bradley Pryce	Junger Paddy
Chad Timmerman	Baby Paddy

Christopher Atkins war nicht die erste Wahl, aber eine gute Entscheidung. Die Rolle brachte ihm eine Golden Globe Nominierung ein. Er ist bis heute im Filmgeschäft aktiv, konnte jedoch nie wieder an den Erfolg von DIE BLAUE LAGUNE anknüpfen. Der zweifache Familienvater besitzt zudem das Unternehmen Rocky River Outdoor Products.

Rückkehr zur blauen Lagune

ORIGINALTITEL: Return to the Blue Lagoon • USA 1991 • REGIE: William A. Graham
STARTTERMIN DEUTSCHLAND: 15.08.1991 • STARTTERMIN USA: 02.08.1991
BESUCHERZAHLEN DEUTSCHLAND: 376.592 • EINSPIELERGEBNIS USA: $2.807.854

INHALT:

Mrs. Sarah Hargrave, Witwe und Mutter einer Tochter names Lilli, ist als Passagier auf einem Segelschiff im Südpazifik unterwegs, als man auf ein dahin treibendes Ruderboot stößt. An Bord befinden sich drei Menschen. Während das junge Paar nur tot aus dem Ruderboot geborgen werden kann, lebt der kleine Junge noch und Mrs. Hargrave nimmt sich seiner an. Als die Cholera auf dem Schiff ausbricht, soll sich Hargrave mit den beiden Kindern mit einem Ruderboot vor der Krankheit in Sicherheit bringen und strandet prompt auf einer einsamen Insel. Die Kinder werden langsam erwachsen und entdecken ihre Körper und ihre gegenseitige Zuneigung.

Für das Sequel RÜCKKEHR ZUR BLAUEN LAGUNE setzt man bei der Handlung fast genau dort an, wo **DIE BLAUE LAGUNE** aufgehört hat. Man ignoriert jedoch grundsätzlich die letzte Szene des Originals, um eine konstruierte Handlung um Emmelines und Richards Sohn zu spinnen, welcher die Geschehnisse nun überlebt. Randal Kleiser hegte zwar keinen Wunsch, eine Fortsetzung zu drehen, hatte jedoch die Auflage vom Studio bekommen und war deshalb als Produzent mit an Bord. Drehbuchautor Douglas Day Stewart stieg hingegen frühzeitig aus dem Projekt aus, als sich herauskristallisierte, dass er nicht das Drehbuch schreiben konnte, welches er im Sinn hatte. Als Fortsetzung aufgezogen, konzentriert sich RÜCKKEHR ZUR BLAUEN LAGUNE darauf, alle wichtigen Elemente des Originals zu kopieren und verkommt dadurch eher zu einer Neuerzählung. Lediglich der keuschere und weniger freizügige Umgang mit der Nacktheit hebt ihn deutlich von **DIE BLAUE LAGUNE** ab. Auch wenn man durch die subtilere Herangehensweise an die sexuellen Themen und die sittsamere Darstellung eine niedrigere Freigabe erzielen konnte, blieb ein Ansturm auf die Kinos aus und der Film floppte an den Kinokassen. Das Sequel ist wenig mehr als ein seichter Abklatsch des Originals ohne nennenswerten Mehrwert. (SW)

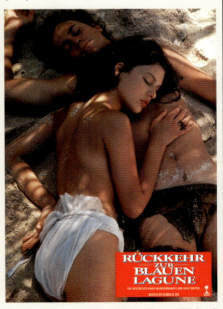

Milla Jovovich (Lilli) und Brian Krause (Richard) in sinniger Umarmung.

PLATZ
10

Starttermin in
Deutschland:
25.04.'80
Besucher in
Deutschland:
~2.700.000

Der kontroverseste Film des 20. Jahrhunderts!

CALIGULA
»AUFSTIEG UND FALL EINES TYRANNEN«

Ein Ruf eilt **CALIGULA** bis heute voraus: *Der kontroverseste Film des 20. Jahrhunders!* - Einerseits durchaus berechtigt, da der Film auch in der gekürzten Fassung bzw. in den gekürzten Fassungen noch mehr als genug Gründe bietet, warum diese Tagline zutrifft, andererseits sicherlich auch aus den abenteuerlichen Ereignissen hinter den Kulissen resultierend, die die Erwartungshaltung seinerzeit ordentlich anheizte und zu wildesten Spekulationen führte, die sich teilweise bis heute halten.
CALIGULA ist ein Film, der heute nicht mehr produziert würde: Radikal, verwirrend, pornographisch, gewalttätig, dabei aber mit beträchtlichem Aufwand umgesetzt und exzel-

lent besetzt. Kein aktueller Star wie damals Malcolm McDowell oder Peter O'Toole würden auch nur einen Gedanken daran verschwenden, in einer Produktion im Stile von **CALIGULA** mitzuwirken, und das hat nur wenig mit den nach den Dreharbeiten eingefügten Szenen zu tun. Damals wie heute bilden sich zwei Lager: Die einen winken angewidert ab und sprechen von einem ekelhaften und pornographischen Machwerk, die anderen von einem Meisterwerk, einem wilden, obszönen Fiebertraum, gebannt auf Zelluloid. Auf welche Seite man sich auch immer stellen mag: **CALIGULA** lässt keinen kalt und ist alleine daher schon eine Sichtung wert - auch heute, mehr als 30 Jahre nach der Premiere.

Die Arbeiten an **CALIGULA** reichen bis in die frühen 70er Jahre zurück. Der italienische Filmemacher Roberto Rossellini, der heute als einer der bedeutendsten Regisseure der Filmgeschichte und Begründer des italienischen Neorealismus gilt, verfasste ein erstes, grobes Treatment im Jahr 1972. Ihn faszinierte die Lebensgeschichte von Gaius Caesar Augustus Germanicus (31.08 12 bis 24.01. 41), der zwischen 37-41 römischer Kaiser war und nach seinem Tod als Caligula bekannt wurde. Seine Herrschaft übte er eher als Monarch aus, antike Schriften porträtieren ihn als gewalttätigen und wahnsinnigen Alleinherrscher. Franco Rossellini, Neffe von Roberto Rossellini und ebenfalls im Filmgeschäft tätig, wurde auf die Idee aufmerksam und trat mit dem Treatment an Gore Vidal heran. Vidal war zwar im Filmbusiness auch kein Unbekannter und hatte u.a. an BEN HUR (1959) mitgearbeitet, schrieb sich jedoch eher durch seine historischen Romane in den Vordergrund. Der Autor hatte durchaus Interesse an dem Thema und arbeitete das grundsätzliche Konzept mit Rossellini etwas weiter aus. Dabei wurde sehr schnell klar, dass sie den Film finanziell alleine nicht stemmen konnten, gleichzeitig aber auch kein Studio bereit wäre, Geld in ihr Projekt zu investieren. Die einzige Lösung war eine Produktion ohne die Teilnahme einer der großen Majors. Doch welches Independentlabel wäre überhaupt in der Lage, ein Projekt dieser Größenordnung zu stemmen?

Da sie keinen Partner fanden, sprachen sie aus der Not heraus schließlich Bob Guccione an, der 1965 das Männermagazin Penthouse gegründet hatte und steinreich war. Vidal arbeitete hin und wieder für Penthouse und kannte daher auch Guccione, wusste von dessen Wunsch, auch im Filmbusiness Fuß zu fassen. Noch bevor **CALIGULA** gedreht wurde, beteiligte sich der Verleger an weiteren Produktionen wie DIE KAMPFMASCHINE (THE LONGEST YARD, 1974) mit Burt Reynolds oder CHINATOWN (1975) mit Jack Nicholson, hatte aber nicht diesen Einfluss wie bei **CALIGULA**, den er schlussendlich alleine finanzierte. Guccione hatte große Visionen und wollte mit einer denkwürdigen Produktion in der Filmbranche Fuß fassen – auf seine Weise, so wie er es auch mit Penthouse im Zeitschriftensegment getan hatte. Er wollte

INHALT:
Rom im Jahre 37 n. Chr.: Der von Syphilis gezeichnete Kaiser Tiberius sucht einen Nachfolger. Seine näheren Verwandten - Enkel Tiberius Gemellus und sein Neffe Claudius – sind wenig geeignet, und so überlegt er Gaius, genannt Caligula, zu seinem Nachfolger zu ernennen. Dieser bringt Tiberius um und reißt somit die Herrschaft an sich. Als Imperator erklärt er seine Schwester Drusilla zu seiner Geliebten und wird im Laufe der Zeit immer abhängiger von ihr.
Das Leben am Hofe wird mehr und mehr durch Dekadenz und Ausschweifungen geprägt, die geltenden Regeln ignoriert. Die Ehefrauen von in Ungnade gefallenen Senatoren zwingt er zur Prostitution, ihre Ehemänner werden verbannt oder ermordet. Doch erst als er sich zum Gott ernennt, regt sich Widerstand gegen den Tyrannen.

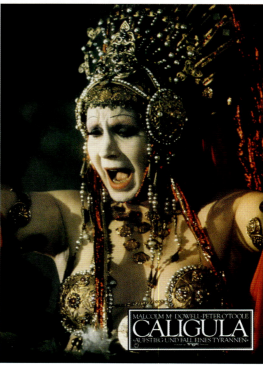

einen schockierenden skandalösen Film produzieren, den die Welt noch nicht gesehen hatte, nicht klein anfangen, sondern direkt in der Blockbuster-Liga mit den entsprechenden Budgets mitspielen – aber nicht nach den Regeln der großen Studios, die Risiken nur ungern eingingen und aus finanziellen Gründen die jüngere Zielgruppe nicht aus den Augen verlieren durften. Selbst nach problematischen Dreharbeiten und den Zensur-Schwierigkeiten in zahlreichen Ländern gab sich Guccione von seinem Werk überzeugt.

„Ich versprach, einen Blockbuster zu produzieren, einen wegweisenden Film. Ich versprach, dass Caligula die Erwartungshaltung des Kinopublikums nachhaltig verändern würde und ich sagte, dass der Film Veränderungen für die ganze Branche mit sich bringen würde. Ich riss meine Klappe wirklich weit auf, aber ich meinte jedes Wort genau so und tue es immer noch."
(Bob Guccione) [1]

Guccione erklärte sich 1974 bereit, das Budget zu stemmen und einigte sich auch sehr schnell mit Gore Vidal. Dieser erhielt 200.000 Dollar zzgl. einer Gewinnbeteiligung von 10%. Franco Rossellini akzeptierte, dass Guccione bestimmte Vorstellungen und Pläne mit **CALIGULA** hatte, war er doch die einzige Option den Film in dieser Größenordnung umzusetzen. Schlussendlich stieg das Budget auf

satte 17,5 Millionen an, laut Aussagen von Guccione betrug es am Ende sogar 22 Millionen Dollar. Nur zum Vergleich: DAS IMPERIUM SCHLÄGT ZURÜCK (THE EMPIRE STRIKRES BACK, 1979) Teil 2 der Star-Wars-Trilogie, kostete 23 Millionen Dollar. Ein Teil dieser enormen Summe ist sicherlich auf die Probleme während und nach der Dreharbeiten zurückzuführen, da diese aus verschiedenen Gründen bedeutend länger andauerten als gedacht, doch der generelle Aufwand ist auch heute noch sichtbar. Insbesondere die Sets und Kostüme verschlangen einen Großteil des Budgets und wurden von Danilo Donati konzipiert, der für ROMEO UND JULIA (ROMEO and JULIET, 1968) bereits einen Oscar gewinnen konnte, nachdem er bei zwei vorherigen Nominierungen leer ausgegangen war. Insgesamt 64 Sets wurden ab 1975 in den Dear Studios in Rom aufgebaut, von den knapp 3600 Kostümen ganz zu schweigen. Alleine 26 Kostüme wurden für den Imperator angefertigt.

Als Regisseur wurde im Frühjahr 1975 überraschend der weitestgehend unbekannte Tinto Brass engagiert, der zu diesem Zeitpunkt am Schnitt seines Films SALON KITTY (1976) saß. Allerdings war er nicht die erste Wahl, da Guccione u.a. auch mit John Huston verhandelte, dem das Projekt aber nicht ganz geheuer war. Der Produzent war sicher, dass der recht extrovertierte Brass keinerlei Pro-

bleme mit den sexuellen und gewalttätigen Passagen des Film haben würde, gleichzeitig jedoch dankbar für die Chance sei, bei einem so gewaltigen Projekt mitwirken zu dürfen. Doch Brass war keineswegs so gefügig wie gedacht, brachte seine Vorstellungen bereits bei den Vorbereitungen sehr deutlich mit ein und veränderte Teile des Drehbuchs, da er der Meinung war, dass einige Passagen von Vidal als Film nicht funktionieren würden. Das war der Startschuss für eine ganze Reihe von Problemen und Rechtsstreitigkeiten, in deren Folge quasi alle Verantwortlichen verwickelt werden sollten. Gore Vidal und Tinto Brass zerstritten sich in Folge dieser Überarbeitungen: Vidal zog sich im Juni 1976 - noch vor den Dreharbeiten – zurück und versuchte seinen Namen von dem Projekt zurück zu ziehen. Er scheiterte mit diesem Vorhaben und verlor auch eine gerichtliche Auseinandersetzung 1977. Quasi parallel zu diesem ersten Zerwürfnis begann im Frühjahr 1976 auch das Casting. Malcolm McDowell galt spätestens seit UHRWERK ORANGE (A CLOCKWERK ORANGE, 1971) von Stanley Kubrick als Idealbesetzung für schwierige Charaktere. Um McDowell scharte man dann mit Peter O´Toole und John Gielgud zwei verdiente Charaktermimen die schon zu diesem Zeitpunkt auf eine beeindruckende Karriere zurückblicken konnten und mehrfach für den Oscar nominiert gewesen waren. Maria Schneider, die kurz zuvor durch den kontro-

*1: Penthouse, 05/1980

versen DER LETZTE TANGO VON PARIS (ULTIMO TANGO A PARIGI, 1972) von Bernardo Bertolucci berühmt geworden war, machte kurz vor den Dreharbeiten, die Anfang August starteten, einen Rückzieher und wurde von Teresa Ann Savoy ersetzt, die auch in SALON KITTY mitspielte, ersetzt. Daneben war auch die mittlerweile sehr populäre Helen Mirren sehr freizügig in **CALIGULA** zu sehen.

Für die Massenszenen wuchs der Cast zwischenzeitlich auf 2000 Leute an, darunter auch 13 Penthouse-Girls, die für die optischen Reize sorgen sollten.

Brass ließ sich von Franco Rossellini und Bob Guccione jedoch nicht so bevormunden wie gedacht, so dass es am Set immer wieder zu Streitigkeiten und Neufassungen des Skripts kam. Es bildete sich eine Front zwischen Regisseur und Produzenten, so dass jeder Drehtag einem Machtkampf gleichkam. Rossellini mischte sich immer stärker in die Dreharbeiten ein, da er den Zeitplan einhalten wollte, damit die Kosten nicht explodierten. Brass wehrte sich auf seine Weise, in dem er die Wünsche von Guccione und Rossellini ignorierte. Wollte der eine, das seine Penthouse-

Girls für die entsprechende Optik sorgten, verlangte der andere, dass die grandiosen Sets von Donati entsprechend in den Mittelpunkt gerückt wurden. Doch der Regisseur ging seinen eigenen Weg und verärgerte damit seine Geldgeber. Dazu kamen dann Extravaganzen von Peter O´Toole, der hin und wieder gar nicht oder nur stark eingeschränkt zur Verfügung stand, während McDowell immer stärkeren Einfluss auf Tinto Brass nahm.

„Ich weiß nicht mehr, wie häufig das Skript umgeschrieben wurde, endlose Male. Ich habe so viel erlebt während dieser Dreharbeiten, dass ich locker eine 90 minütige Bühnen-Comedyshow damit füllen könnte. Einige Erlebnisse waren wirklich unglaublich lustig."
(Malcolm McDowell) [2]

O´Toole machte **CALIGULA** schon vor der Premiere öffentlich schlecht und verweigerte sogar seine Zusammenarbeit im Rahmen der üblichen Ton-Nachbearbeitung. Man reiste dem Mimen über den halben Erdball hinterher, konnte ihn dann schließlich in Kanada „stellen" und zwang ihn förmlich vor Ort, seine vertraglichen Pflichten zu erfüllen.

Da Guccione schon nach den Streitigkeiten zwischen Vidal und Brass klar war, dass der Dreh alles andere als einfach werden würde, sperrte er die Dear Studios kurzerhand hermetisch ab: Keine Journalisten, keine Beo-

*2: www.avclub.com

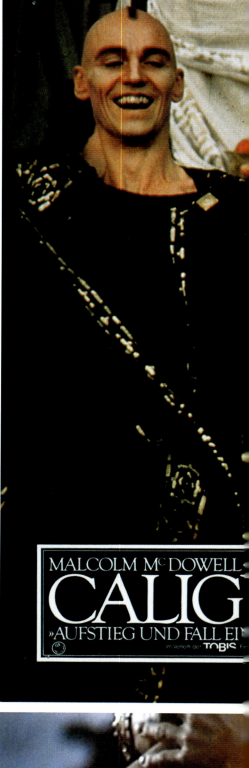

dass einer baldigen Veröffentlichung nichts mehr im Wege stand. Doch die britische Gewerkschaft hatte von dem „skandalösen Machwerk" Wind bekommen und verbot ihren Mitgliedern, an bzw. für die Produktion zu arbeiten. Es ging sogar so weit, dass die Polizei die Negative konfiszieren wollte. Doch da hatte man die Rechnung ohne den findigen Guccione gemacht, der das Material in falschen Behältnissen schließlich nach Frankreich schmuggelte und von dort aus nach New York fliegen ließ. Dort wurden dann endlich die entsprechenden Abzüge gemacht und auch die Rechtsstreitigkeiten weitestgehend beigelegt, wofür der Zeitschriften-Verleger vermutlich abermals tief in die Tasche griff.

So konnte **CALIGULA** schließlich im Mai 1979 auf den Filmfestspielen in Cannes seine Premiere mit einer Laufzeit von 210 Minuten feiern. Der Film schlug wie erwartet hohe Wellen, die jedoch noch höher wogen sollten, als

bach-ter durften auf das Set. Doch diese Maßnahme bewirkte genau das Gegenteil: Bei Tausenden Statisten war der Gedanke naiv, eine komplette Infosperre verhängen zu können, so dass die Gerüchteküche sehr schnell brodelte. So soll es im Film Sexszenen mit Tieren geben, die Dreharbeiten glichen einer Orgie mit Beteiligung von mehreren Hundert Personen – solche und ähnliche Gerüchte machten über Monate hinweg die Runde, von den grundsätzlichen Schwierigkeiten am Set ganz zu schweigen. Natürlich war der überwiegende Teil frei erfunden, doch auch abseits der Querelen vor Ort, waren es bemerkenswerte Szenen, die sich tatsächlich in den Dear Studios abspielten. Denn Brass schreckte weder vor Hardcore-Aufnahmen bei den Orgien-Sequenzen, noch vor einer realen Geburt zurück, so dass die sich überschlagenden Gerüchte zwar maßlos übertrieben waren, jedoch einen gewissen realen Kern enthielten.

Wie auch immer: Ende Dezember 1976 endeten die eigentlichen Dreharbeiten nach einer knapp 18monatigen, turbulenten Produktionsphase. Doch damit nahm das Chaos erst seinen Lauf.
Bereits im Januar 1977 kehrte Guccione mit einem Kameramann, einer kleinen Restcrew und seinen 13 Penthouse-Girls in die Dear Studios zurück. Dort drehte der filmisch völlig unerfahrene Penthouse-Besitzer sehr viel Material nach, auch und besonders Hardcore-Szenen, da die von Brass inszenierten Aufnahmen nicht seiner Vorstellung entsprachen. Nach fünf Tagen glaubte er, genug Material zu haben und beendete die Nachdrehs, von den Brass erst erfuhr, als er und sein kompletter Stab im Februar 1977 gefeuert wurden. Daraufhin setzte sich ein munterer Rechtsstreit in Gang: Brass verklagte Guccione, woraufhin dieser Brass verklagte. Zudem verklagte Brass auch Gore Vidal und dieser verklagte Brass, Rossellini und Guccione. Der Regisseur erwirkte im Juli 1977 sogar das Recht, den Film schneiden zu dürfen. Doch darüber setzte sich Guccione kurzerhand hinweg und schnitt **CALIGULA** schließlich zusammen mit Hugh Russsell Lloyd in den Londoner Twickenham Studios. Doch auch Lloyd fand keine Gnade vor den Augen des Geldgebers und wurde Ende 1977 entlassen. Schlussendlich zogen sich die Schnitt- und Soundarbeiten bis in den Mai 1978 hin, so

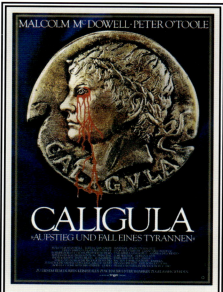

Deutsches Kinoplakat (EA) von 1980
Verleih: Tobis Filmkunst

Stabangaben: Italien 1979 | 157 Minuten

REGIE: Tinto Brass • DREHBUCH: Gore Vidal • KAMERA: Silvano Ippoliti • SCHNITT: Nino Baragli • MUSIK: Bruno Nicolai • PRODUZENT: Bob Guccione, Franco Rossellini • PRODUKTIONSFIRMEN: Penthouse Films International, Felix Cinematografica • DEUTSCHER VERLEIHER: Tobis • STARTTERMIN USA: 01.02.1980 • EINSPIELERGEBNIS USA: 23.000.000 $ • DARSTELLER:

Caligula	Malcolm McDowell
Tiberius	Peter O'Toole
Nerva	John Gielgud
Caesonia	Helen Mirren
Longinus	John Steiner
Drusilla	Teresa Ann Savoy
Ennia	Adriana Asti
Gemellus	Bruno Brive
Livia Mirella	D'Angelo
Claudius	Giancarlo Badessi

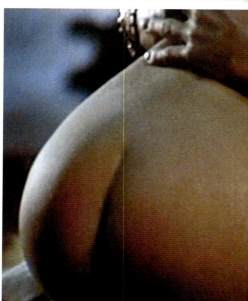

O'TOOLE
LA
RANNEN«

MALCOLM M DOWELL · PETER O'TOOLE
CALIGULA
»AUFSTIEG UND FALL EINES TYRANNEN«

MALCOLM McDOWELL · PETER O'TOOLE
CALIGULA
»AUFSTIEG UND FALL EINES TYRANNEN«
im Verleih der TOBIS Filmkunst

CALIGULA UND SEINE FOLGEN

Bernard DAUMAN et Samuel HADIDA présentent:

CALIGULA
"LA VERITABLE HISTOIRE"

Un film de DAVID HILLS avec David Cain Haughton, Joan McCoy, Laura Gemser
Dick Franks, Fabiola Toledo, Charles Borromel, Patricia Queen
Donatella Damir, Giorgia Williams, Jessica Lopez
Cameraman: Federico Slonisco · Scénario de Richard Franks et Victoria J. Newton · Produit par METAXA C.
Une Sélection METROPOLITAN FILMS EXPORT · PROMOTION-DISTRIBUTION A.M. FILMS PR

Der weltweite Erfolg und das Aufsehen, welches der Tinto-Brass-Film mit sich brachte, rief natürlich sehr schnell Nachahmer und Trittbrettfahrer auf den Plan. Der erste dieser Nachahmer fand ironischerweise noch vor **CALIGULA** den Weg auf die Leinwände und wurde in Italien unter MESSALINA! MESSALINA! bereits im August 1977 veröffentlicht. In Deutschland fand der Streifen als MESSALINA – KAISERIN UND HURE im Oktober 1980 den Weg in die deutschen Lichtspielhäuser. Produziert wurde dieser Film von Franco Rossellini, der ja auch **CALIGULA** auf den Weg brachte. Er kam auf die nahe liegende Idee die teuren Sets von Danilo Donati noch einmal zu benutzen, um die hohen Kosten des Vorgängers im Zaun zu halten. So wurde in aller Eile ein Team zusammen gestellt, um den Caligula-Nachklapp noch rasch in den Dear Studios abdrehen zu können. Alles-Filmer Bruno Corbucci inszenierte nach eigenem Skript - welches er zusammen mit seinem Partner Mario

Amendola verfasste - einen ziemlich zusammenhanglosen Mix aus Klamaukfilm und Sexkomödie, der bis auf das Ambiente nur wenig mit dem Original zu tun hat und in einem fast schon absurd übertriebenen Finale mündete. Mitunter wurde der Film international auch als *Caligula 2: Messalina, Messalina* ausgewertet.

Eher ein Remake denn ein Sequel war dann CALIGULA 2 – THE UNTOLD STORY (CALIGOLA: LA STORIA MAI RACCONTATA, 1982), der mit Erotikstar Laura Gemser unter der Regie des berüchtigten Joe D'Amato entstand. Dieser musste natürlich mit einem bedeutend geringeren Budget – wobei die Sets und Kostüme durchaus höheren Ansprüchen genügen - und ohne nennenswerte Stars arbeiten. Vielleicht mit ein Grund, warum er bedeutend längere Hardcoresequenzen einbaute und auch den Gewaltpegel recht hoch hielt. Scheinbar legte D'Amato großen Wert darauf, seinen Vorgänger in Sachen Skandal noch zu übertrumpfen, wobei er auch deutlich über das Ziel hinaus schoss, als er eine bis heute berüchtigte Szene einbaute, in der eine Frau ein Pferd … erleichtert. Es verwundert nicht, dass CALIGULA 2 weltweit nur zensiert erschien und somit diverse Fassungen des Streifens auf dem Markt landeten.

Im Grunde bietet das inoffizielle Sequel dasselbe wie das berühmte Original, nur mit weder Film im Dezember 1979 mit einer Laufzeit von 156 Minuten in Italien veröffentlicht und somit einer größeren Öffentlichkeit vorgestellt wurde.

Für die Produzenten war jedoch der US-Markt am wichtigsten, daher entschlossen sie sich zu einem gewagten Schritt, als man den Film in erster Instanz nicht der MPAA (Motion Picture Association of America) - das amerikanische Gegenstück zur deutschen FSK (Freiwillige Selbst Kontrolle) - vorlegte. Im Umkehrschluss bedeutete diese Entscheidung, dass kein Kino den Film spielen würde. Guccione umging dieses Problem, indem er ein eigenes Kino in New York kaufte, es renovierte und **CALIGULA** dort ohne offizielles Rating mit einer Laufzeit von wiederum 156 Minuten ab dem 01.02.1980 zeigte, wobei sich diese Fassung trotz der identischen Laufzeit von der italienischen Version unterschied.

„Wir legen den Film nicht der MPAA vor, weil sie nur ein X-Rating (Vergleichbar zur deutschen FSK-18-Freigabe, Anm.d.Verf) geben können, und das wäre dem Film sehr unfair gegenüber. Denn üblicherweise wird dieses Rating für Filme vergeben, die für 100.000 Dollar in einem Hotelzimmer gedreht werden. Im Vergleich zu Caligula wäre das, als wenn ich einen Straßenkampf mit dem zweiten Weltkrieg vergleiche. (…) Man muss 18 Jahre oder älter sein, um den Film zu sehen."

(Bob Guccione) [1]

Doch nicht nur das: Guccione setzte den Karten-Preis von den üblichen 5 Dollar hoch auf

CALIGULA geht bei der Darstellung von Sexualität und Gewalt fraglos an Grenzen, überschritt diese nicht selten sogar. Bis heute „genießt" der Film einen gewissen Skandal-Ruf – teilweise sogar verdient. Was dabei häufig untergeht, sind die anderen Qualitäten der Produktion. Insbesondere die Ausstattung kann bis heute überzeugen und lässt erahnen, wohin ein Großteil des Budgets floss.

Das neueste und gewaltigste Leinwanderlebnis!

niger Aufwand und schlechteren Darstellern – dafür gibt es ein Zuwachs an Gewalt und expliziten Sex. Leider blieb der Surrealismus dabei auf der Strecke. So blieb es bei einem überzogenen Schmuddelfilm, der nie an den kontroversen Vorgänger heran reichte und aufgrund seiner Laufzeit schnell langweilte, bevor die nächste „Perversion" ins Licht gerückt wurde.

Mittlerweile ist eine ungeschnittene DVD mit einer Laufzeit von 125 Minuten erhältlich.

Die nachfolgenden Produktionen wollten oder konnten keine weiteren Grenzen mehr überschreiten und fielen im Vergleich recht harmlos aus. Ein Art Spin-off stellt CALIGULA UND MESSALINA (CALIGULA ET MESSALINE, 1981) da, an dem Bruno Mattei beteiligt war, der ebenso berüchtigt war wie Joe D'Amato. Man orientierte sich zwar an dem vorgegebenen Schema, ging aber bei weitem nicht so explizit zu Werke was Gewalt und Sex angeht. So handelt es sich bei CALIGULA UND MESSALINA eher um ein belangloses Softsexfilmchen in ansprechender Kulisse, welches jedoch schnell langweilt. Zudem griff man sichtbar auf Szenen aus anderen Filmen zurück, da man scheinbar nicht das Geld für Massenszenen hatte.

Eher in Richtung des Originals bewegte sich dann die inoffizielle Fortsetzung CALLIGULA 3 – IMPERATOR DES SCHRECKENS (LE SCHIAVE DI CALIGOLA, 1984). Doch auch in diesem günstig produzierten Nachklapp werden die Grenzen in punkto Gewalt und Sex nicht überschritten. Wäre das sicherlich noch kein Beinbruch, langweilt CALIGULA 3 auch sonst auf ganzer Ebene und wirkt am Ende überflüssig, banal und öde.

Nicht viel besser machte es CALIGULA 4 – DIE HUREN DES CALIGULA (FLAVIA, 1986), der wie schon CALIGULA 3 von Lorenzo Onorati in Szene gesetzt wurde. Dieser hat nun gar nichts mehr mit Caligula zu tun, sondern setzt Caesar in den Mittelpunkt der Geschichte. Ebenso öde und unaufgeregt inszeniert wie Teil 3, genauso billig zusammengeschustert, lediglich der Faktor Sex wurde etwas erhöht, doch das hilft am Ende dann auch nicht mehr. Dutzendware ohne den Aufwand und der dunklen Untertöne des Brass-Originals.

Joe D'Amato drehte in den 80er und 90er Jahren dann noch einige reinrassige Caligula-Hardcorefilme, die jedoch ebenso wenig berücksichtigt werden, wie die zahllosen Nachahmer, die im Zuge des damaligen Erfolgs auf den Markt geworfen wurden, jedoch in Deutschland nicht den „Stempel" Caligula aufgedrückt bekamen. (TH)

*1: Penthouse, 05/1980

7,50 Dollar und gab auch keine Pressevorführungen. Wenn ein Journalist den Film sehen wollte, musste er eben auch die Eintrittskarte lösen. Das überwiegende Presseecho war verheerend. Insbesondere Rex Reed und Roger Ebert waren erschüttert.

„Angeekelt und unsagbar bedrückt verließ ich den Kinosaal bereits nach zwei Stunden, obwohl der Film noch lief. Caligula hat nichts mit Kunst, gutem Kino, noch nicht einmal mit gutem Porno zu tun. Sie haben gehört, dass der Film brutal sei. Aber wer hätte erwarten können wie brutal und mit welcher abscheulichen Absicht er wirklich ist? Es gibt keinen Zweifel, dass es Leute geben wird, die sagen, dass man den Film gesehen haben muss, wenn er so schlecht ist, wie ich sage. Es sind Leute, die nicht glauben können, dass irgendein Film so abscheulich sein kann."

(Roger Ebert) [3]

Im November 1981 wurde eine R-Rated-Fassung mit einer Laufzeit von knapp 100 Minuten in die US-Kinos gebracht. Aufgrund der unterschiedlichen Herangehensweise und Vorschriften wurde **CALIGULA** in verschiedenen Ländern anders gekürzt, daher gibt es auch so viele verschiedene Fassungen des Streifens.

In Deutschland feierte der umstrittene Film im Rahmen der internationalen Filmfestspiele in Berlin, die zwischen dem 18.02. bis zum 29.02.1980 statt fanden, seine Premiere, lief jedoch außerhalb des Wettbewerbs. Es ist davon auszugehen, dass dort die US-Fassung mit der Laufzeit von 156 Minuten gezeigt wurde. Nachdem noch einige finanzielle Ungereimtheiten zwischen Rossellini und dem deutschen Verleiher Tobis, der von Horst Wendlandt geleitet wurde, ausgeräumt wurden, wurde der Film ab dem 25.04.1980 auch in die deutschen Kinos gebracht. Die Kinoverleiher zeigten den Streifen jedoch nur mit dem Zusatz „frei ab 21 Jahren", wohl um von Beginn an, ein Verbot zu vermeiden. Wendlandt war die Sache jedoch scheinbar nicht ganz geheuer – die zu Beginn sehr geringe Kopienzahl lässt die Vermutung realistisch erscheinen, dass er eventuelle Beschlagnahmungen fürchtete und die etwaigen finanziellen Verluste daher im Rahmen halten wollte. Nachdem **CALIGULA** jedoch gut anlief und nichts geschah, wurde die Kopienzahl kontinuierlich erhöht. Schlussendlich konnte der Film dann knapp 2,5 Millionen Besucher in die deutschen Lichtspielhäuser locken. Durchaus denkbar, dass er mit einer größeren Kopienzahl zum Start auch noch mehr Zuschauer hätte generieren können.

Und auch in Amerika lohnte sich das Geschäft: Mit einem Einspiel von etwa 23 Millionen Dollar und Besucherzahlen von fast neun Millionen, schnitt die Independent-Produktion durchaus ansprechend an den Kassen ab. Dazu kamen die weiteren Auslandseinnahmen und die Verwertungsrechte der VHS und späteren DVD-Auswertungen. Bob Guccione erwähnte in einem späteren Interview, dass er mit **CALIGULA** fast 100 Millionen Dollar verdient hätte. Logisch, dass ähnlich gelagerte Filme und inoffizielle Sequels folgten. (Siehe Kasten) In Deutschland erfolgte im Jahr 1998 sogar noch eine Wiederaufführung, allerdings nur in einer gekürzten Fassung.

Doch lohnte sich der ganze Trubel? Ist es wirklich ein Skandalfilm, der Grenzen überschritt und die Sehgewohnheiten revolutionierte? Im Grunde entzieht sich **CALIGULA** einer rationalen Bewertung, da er sich jeglicher filmischer Konvention verweigert. Der Film ist gnadenlos überzogen, sichtbar auf den reinen Effekt, auf den Schock- und Sensationsmoment ausgelegt, als das man ihn als Sittenbild des alten Roms ernst nehmen könnte, von historischen „Ungenauigkeiten" einmal ganz abgesehen. Auf den ersten und zweiten Blick ein Exploitation-Film wie er im Buche steht, der sicherlich aufgrund seiner gewollt provokant angelegten Umsetzung viele abstoßen wird. Löst man sich jedoch von den in dieser Form überzogenen und unnötigen Gewalt- und Sexszenen, muss man Brass und Kameramann Silvano Ippoliti für ihre berauschende Bilderflut Respekt zollen. Das filmische Arrangement ist ebenso dekadent wie die Orgien des alten Roms, stilistisch bisweilen beeindruckend und einfallsreich in Szene gesetzt. Dazu kommt das völlig los gelöste Spiel von Malcolm McDowell und die markante Präsenz von John Gielgud und Peter O'Toole, so dass der Streifen durchaus eine nicht von der Hand zu weisende Klasse besitzt. In den besten Momenten erreicht **CALIGULA** gar eine Bedrohlichkeit und einen Surrealismus, die man in dieser Form nur selten findet. Daher wäre es durchaus unfair, den Film nur auf die Attribute Sex und Gewalt zu reduzieren, auch wenn die Macher ihren eigenen Anspruch durch die leicht zu durchschauende und plakative Fokussierung selbst aufgaben.

CALIGULA ist auch heute noch ein typischer Meinungsspalter, über den man sich am besten selbst eine Meinung bildet – wobei man dafür jedoch besser auf eine ausländische Veröffentlichung zurückgreift, da der Film bis heute nicht ungekürzt in Deutschland veröffentlicht wurde.

Das Filmjahr 1980 wurde durch **CALIGULA** jedoch unzweifelhaft bereichert und zählt nach wie vor zu den größten Skandal-Produktionen der Filmgeschichte. Alleine deshalb lohnt schon ein Blick.

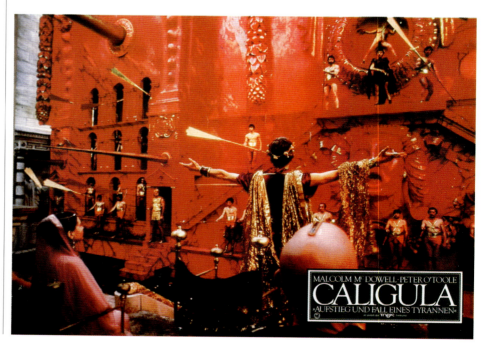

*3: www.rogerebert.suntimes.com

DIE
FILME DIE ES NICHT in den
TOP 10 SCHAFTEN

Das schwarze Loch

1980 war ein sehr abwechslungsreiches Filmjahr. Die Top 10 glichen einem Streifzug durch so ziemlich alle Genres: KRAMER GEGEN KRAMER, DAS IMPERIUM SCHLÄGT ZURÜCK, ARISTO-CATS oder DER SUPERCOP - das deutsche Publikum war scheinbar für alles zu begeistern.

Beschäftigt man sich jedoch auch mit den Titeln abseits der erfolgreichsten Filme, stellt man überrascht fest, dass sich dort zahlreiche Produktionen tummeln, denen heute wesentlich mehr Aufmerksamkeit entgegen gebracht wird, als z.B. einem Top-10-Titel wie DER LETZTE COUNTDOWN.

Es war auch das Jahr, in dem einige Karrieren ihren Anfang nahmen, oder langlebige Filmreihen gestartet wurden. Auch aus diesem Blickwinkel ist es schier unmöglich, diese Filme bei einem Komplett-Rückblick zu ignorieren: Immerhin prägten einige dieser Streifen das Filmgeschäft maßgeblich. Natürlich ist es nun unmöglich, sich mit jeder Produktion abseits der Top 10 zu messen, daher wurde die subjektiv zehn wichtigsten und einflussreichsten Filme „heraus gepickt" und auf den nächsten Seiten ebenfalls einzeln vorgestellt.

Den Anfang macht dabei 1941 - WO BITTE GEHT´S NACH HOLLYWOOD?, der für Steven Spielberg - nach den Erfolgen von DER WEISSE HAI und DIE UNHEIMLICHE BEGEGNUNG DER DRITTEN ART - einen ersten Misserfolg bedeutete und allein schon deswegen berücksichtigt werden muss.
Der Film enttäuschte an den Kassen - landete in Deutschland aber immerhin auf Platz 11 - und wurde von der Kri-

Meteor

tik zerrissen. Für den Meister-Regisseur ein prägendes Erlebnis, weil er nun das Gespür entwickelte, was er dem Publikum zumuten konnte und was nicht.

Ein wahrer 80er-Jahre-Kultfilm landete auf Platz 13: BLUES BROTHERS, der John Belushi und Dan Aykroyd quasi unsterblich machte. Das legendäre Action-Musical ist bis heute unvergessen und erfreut sich aufgrund seiner Einmaligkeit nach wie vor großer Beliebtheit. Ein Jahres-Rückblick ohne BLUES BROTHERS? Undenkbar.

Stanley Kubrick ist sicherlich einer der Regisseure, der mit seinen Filmen und mit seinem ganz speziellen Stil die Filmwelt nachhaltig verändert hat. SHINING, der in Deutschland auf Platz 14 landete, ist vielleicht eines seiner zugänglichsten Streifen, ist und bleibt aber unverkennbar Kubrick: Genial, kontrovers und visuell berauschend. Die Szene, in der Jack Nicholson mit seinem irren Grinsen den Kopf durch die mit einer Axt eingeschlagenen Tür steckt, kennt wohl jeder. Ein Klassiker des psychologischen Horror-Genres, den man einfach nicht übergehen kann.

DIE UNGLAUBLICHE REISE IN EINEM VERRÜCKTEN FLUGZEUG - bei uns auf Platz 15 - war sowohl der Startschuss für die Karriere des Trios (Jerry) Zucker-(Jim) Abrahams-(David) Zucker, kurz ZAZ, wie auch für Leslie Nielsen, der zwar schon länger im Geschäft war, aber erst durch diesen Film seine Comedy-Laufbahn einschlug, die mit der Die-nackte-Kanone-Trilogie gekrönt wurde. Da uns ZAZ, alleine oder eben im Trio, Hits wie DIE NACKTE KANONE, HOT SHOTS oder TOP SECRET bescherten, lohnt ein Blick auf ihren Karrierebeginn allemal.

DAS LEBEN DES BRIAN ist wohl der bekannteste und erfolgreichste Film der Monty-Python-Truppe und konnte sich in Deutschland immerhin auf Platz 21 einreihen. Die respektlose und bissige Komödie sorgte weltweit für Trubel aber auch für nicht enden wollende Lachsalven. Der Ohrwurm „Always Look on the Bright Side of Life" ist bis heute unvergessen - ebenso wie der Film, der fraglos Geschichte geschrieben hat.

Gibt es ein größeres Franchise als Star Trek? 11 Kinofilme, fünf TV-Serien mit weit mehr als 700 Episoden, von Romanen und Games ganz zu schweigen. Wie könnte man das denkwürdige Revival dieses Franchises, das im Grunde erst durch STAR TREK - DER

FILM - der in Deutschland Platz 26 erreichte - richtig in Gang gebracht wurde, übergehen?

So unterschiedliche Filme fanden 1980 ihren Platz: War STAR TREK - DER FILM klassische Science-Fiction, bot DAS CHINA SYNDROM einen bedrückend realistischen Blick auf die Nutzung von Kernenergie und sorgte bei seinem Erscheinen für reichlich Diskussionsstoff. Erst recht, nachdem ein ähnlicher Unfall kurz nach Kinostart für Angst und Schrecken sorgte. Die Michael-Douglas-Produktion kletterte bei uns immerhin bis auf Platz 27, und ist nach den Ereignissen in Fukushima aktueller denn je, was ja nur für die Klasse des Films spricht.

1980 war auch das Jahr, in dem man sich von Legenden wie Alfred Hitchcock aber auch Steve McQueen verabschieden musste. McQueen zählte zu den charismatischsten Schauspielern aller Zeiten und machte seinem Spitznamen Mr Cool auch in seinem letzten, enttäuschenden Auftritt in JEDER KOPF HAT SEINEN PREIS alle Ehren. Sein Absschieds-Streifen schnitt eher schwach ab und schaffte es auch bei uns nur auf Platz 36, doch alleine wegen des Hauptdarstellers lohnt ein Blick zurück.

In nunmehr 12 Filmen - Das Duell gegen Freddy Krueger mitgerechnet - ist FREITAG, DER 13. für die Opfer ein rabenschwarzer Tag. Jason Vorhees, der Killer der Slasher-Reihe, zählt zu den populärsten Figuren der Filmgeschichte und suchte sich seine Opfer mittlerweile sogar schon im Weltraum. Grund genug, einen Blick auf den ersten Films des Franchises, der bei uns auf Platz 39 landete, zu werfen.

Es gab einige Filme, die in den 80er Jahren für Diskussionen sorgten - doch so viel Staub wie der kontrovers aufgenommene CRUISING mit Al Pacino, wirbelten nur die wenigsten Produktionen auf. Die Entstehungsgeschichte des William-Friedkin-Streifens - der in Deutschland Platz 42 belegte - ist auch eine kleine Zeitreise in die Geschichte der Schwulenbewegung Amerikas und daher gleich aus mehreren Gründen lohnend.

Wo, bitte, geht's nach HOLLYWOOD?

„Bei 1941 wusste ich ehrlich nicht,
was ich tat."

(Steven Spielberg) [1]

Steven Spielberg standen nach den Megahits DER WEISSE HAI (JAWS, 1975) und UNHEIMLICHE BEGEGNUNG DER DRITTEN ART (CLOSE ENCOUNTERS OF THE THIRD KIND, 1977) alle Türen offen. Galt er doch als das neue Wunderkind der Glitzermetropole, das alleine mit diesen beiden Filmen weltweit mehr als 770 Millionen Dollar in die Kassen der Studios gespült hatte. Jedes Major-Label war begierig darauf, den neuen Spielberg-Film zu produzieren. Nur so ist es aus heutiger Sicht erklärbar, dass **1941** in dieser Form überhaupt grünes Licht erhielt. Für den Star-Filmemacher geriet sowohl die Produktion, als auch die Häme im Zuge der Veröffentlichung zu einer Lektion, die er bis heute nicht wirklich verdaut hat. Er ist nach wie vor der Meinung, dass er seiner Zeit einfach voraus war, räumt jedoch auch freimütig ein, dass ihm die Zügel während der Dreharbeiten immer mehr entglitten und **1941** auch deswegen so chaotisch geriet. In beiden Fällen dürfte der Regie-Maestro richtig liegen.

Spielberg, der nach eigenem Bekunden nie einen Karriereplan hatte, nutzte sein damaliges Standing, um etwas völlig anderes zu machen, war aber nicht der eigentliche Initiator des ganzen Projekts.
Die Film-Hochschulabsolventen Robert Zemeckis und Bob Gale - die Jahre später gemeinsam mit Spielberg die ungemein erfolgreiche ZURÜCK IN DIE ZUKUNFT (BACK TO THE FUTURE, 1985-1989) Trilogie auf den Weg brachten - wollten unbedingt im

*1: Interview, Making of

INHALT:

Los Angeles, 1941: Als kurz nach dem Angriff auf Pearl Harbor ein japanisches U-Boot vor der Küste auftaucht, befürchten die Anwohner das schlimmste. Zu allem entschlossen, treten einige vermeintliche Patrioten an, ihr Land zu verteidigen - selbst wenn sie dabei die halbe Stadt in Schutt und Asche legen müssen...

Spielberg wollte unbedingt John Belushi verpflichten, der durch die legendäre Saturday-Night-Live-Show populär geworden war. Doch ausgerechnet Belushi sorgte für reichlich Ärger während der Dreharbeiten, da er einerseits grundsätzlich spontan agierte, wegen seines Drogenkonsums jedoch auch zunehmend unberechenbarer wurde.

Filmbusiness Fuß fassen und legten John Milius - der zu diesem Zeitpunkt noch zeitweilig an der Film-Hochschule unterrichtete, aber bereits als Drehbuchautor und Regisseur in Erscheinung getreten war - einige ihrer Entwürfe vor. Milius gefiel der Stil von Gale und Zemeckis, fand jedoch zu den vorliegenden Skripten keinen Zugang und bat sie um ein weiteres Drehbuch. Durch Zufall waren die beiden Autoren auf einen Zeitungsartikel gestoßen, in dem berichtet wurde, dass in der Nacht vom 24. auf den 25.02.1942 angeblich japanische Luftangriffe auf Kalifornien erwartet wurden. Die Zeugenaussagen gehen weit auseinander, Fakt ist jedoch, dass trotz intensiver Abschussbemühungen kein Flugzeug vom Himmel geholt wurde und in Kalifornien Panik ausbrach. Bis heute ist nicht wirklich klar, was damals überhaupt passierte. Diese Grundsituation war der Ausgangspunkt für ihr neues Skript. Zu diesem Zeitpunkt planten Gale und Zemeckis noch eine bitterböse, zynische Satire. Milius, der u.a. auch das Drehbuch zum Schwarzenegger-Hit CONAN, DER BARBAR (CONAN THE BARBARIAN, 1982) schrieb und inszenierte, gefiel das Drehbuch und er nannte es *The Night the Japs attacked*. Man bearbeitete das Drehbuch und legte es schließlich MGM in zwei unterschiedlichen Fassungen vor, doch das Studio lehnte ab.

John Milius und Spielberg waren schon zu diesem Zeitpunkt gute Freunde, so dass auch Spielberg früh von dem Projekt wusste. Zudem kannte er Zemeckis und Gale, da er ihren Kurzfilm A FIELD OF HONOR (1972) mochte. Doch da Milius ja Regie führen wollte, stand nie zur Debatte, dass er selbst mal als Regisseur in Frage kommen könnte. Doch die Monate zogen ins Land

und Milius fand immer noch kein Studio für das Projekt. Als er jedoch die Gelegenheit erhielt, den Surfer-Film TAG DER ENTSCHEIDUNG (BIG WEDNESDAY, 1978) zu inszenieren, war der Regiestuhl frei. Spielberg beschäftigte sich nun intensiver mit dem Drehbuch und war schnell Feuer und Flamme. Er lud die beiden Autoren nach Alabama ein, wo er UNHEIMLICHE BEGEGNUNG DER DRITTEN ART drehte, fortan ebenfalls an dem Skript mitschrieb und seinen Wünschen anpasste. Dabei entfernte sich das Skript mehr und mehr vom Ursprung der schwarzhumorigen Satire und mutierte zu einer wilden Nummernrevue im Stil des alten Hollywood-Kinos. Der Filmemacher war Fan der Comedyshow *Saturday Night Live*, die schon einige Comedy-Stars hervor gebracht hatte. Insbesondere John Belushi hatte es ihm angetan. Er wollte diesen verrückten Stil in den Film übertragen und plante frühzeitig mit Belushi, der zu Beginn jedoch noch den Part des japanischen U-Boot-Kommandanten übernehmen sollte, für die später Toshiro Mifune verpflichtet wurde. Durch die Einbindung von Belushi wurde das Skript abermals auf den Kopf gestellt, da dessen Part eigentlich recht klein war und nun stark ausgebaut wurde.

Nachdem nun klar war, dass Spielberg den Film machen würde, hatte auch MGM wieder Interesse. Doch der Regisseur wollte lieber bei Universal arbeiten - diese hatten jedoch Bedenken wegen des hohen Budgets, welches zu diesem Zeitpunkt noch bei 20 Millionen Dollar lag. Schließlich taten sich Columbia und Universal zusammen, teilten die Verleihrechte und stemmten das Budget gemeinsam. Anschließend wurde der Rest des Casts zusammen gestellt, was aufgrund des klangvollen Namens des Regisseurs und des großen Budgets nicht sonderlich schwierig war. Probleme gab es einzig bei der Beset-

zung von Major Stilwell. Spielberg wünschte sich John Wayne für diesen Part, doch der war nach der Lektüre des Skripts entsetzt, bezeichnete den Film als antiamerikanisch und versuchte dem noch jungen Filmemacher das Projekt auszureden. Auch Charlton Heston hatte kein Interesse an der Rolle, die dann schließlich mit Robert Stack besetzt wurde.

Mindestens ebenso wichtig wie die Schauspieler vor der Kamera, waren die Leute dahinter. Gab es doch jede Menge Special Effects, von aufwändigen Bauten oder Miniatur-Sets ganz abgesehen. Für diese holte man sich Greg Jein an Bord, der wirklich eine phantastische Arbeit ablieferte. Unter anderem baute man auf dem Gelände der Burbank Studios Teile des alten Hollywood Boulevards nach - maßstabsgetreu, versteht sich. Die Dreharbeiten verliefen überwiegend chaotisch, wobei Spielberg daran alles andere als unschuldig war. Zusammen mit Zemeckis, Gale und Milius, der den Film als ausführender Produzent begleitete, benahm er sich wie ein Kind im Spielzeugladen. Fast täglich wurden neue, noch verrücktere Ideen ausgeheckt, die den Zeitplan ruinierten und das Budget in ungeahnte Höhen stiegen ließ. Am Ende kostete **1941** knapp 35 Millionen Dollar.

„Es glich einem Schneeball, der außer Kontrolle geraten war und den Berg hinunter rollte."

(John Milius) [1]

Zudem gab es Probleme mit John Belushi. Nicht nur, dass er eigenmächtig improvisierte - was bei einem Großprojekt wie diesem aufgrund der technischen Einschränkungen extrem viel Zeit kosten konnte - und häufig das Drehteam warten ließ: Seine immer offensichtlichere Drogenabhängigkeit entwickelte sich zudem als besonders hinderlich. Trotz der dadurch entstandenen Reibereien am Set kamen Spielberg und Belushi gut miteinander aus, auch wenn der Regisseur zugibt, dass die Arbeit mit dem Exzentriker alles andere als einfach war.

„Man wusste nie, was er tun würde. Ob er sich ans Drehbuch hält, oder sich den Text selbst ausdenkt. John war unberechenbar."

(Steven Spielberg) [1]

Als die langwierigen und schwierigen Dreharbeiten abgeschlossen waren, zog man sich für den Schnitt zurück. Schon da ahnte Steven Spielberg, dass der Film nicht funktionieren würde.

Der Spielberg-Film wurde mit ungeheurem Aufwand und Liebe zum Detail umgesetzt. Selbst heute noch können die detailreichen Miniaturbauten von Greg Jein überzeugen.

*1: Interview, Making of

1941 — Wo, bitte, geht's nach HOLLYWOOD?

1941 — Wo, bitte, geht's nach HOLLYWOOD?

1941 — Wo, bitte, geht's nach HOLLYWOOD?

Den Part, den der populäre Toshiro Mifune spielte, sollte ursprünglich von John Belushi übernommen werden. Doch man verwarf diese Idee und schrieb dem Comedy-Star eine große Rolle auf den Leib. Auch der ewige Dracula Christopher Lee (mittleres Bild, rechts) konnte für das Projekt gewonnen werden.

„Ich werde wohl den Rest meines Lebens damit verbringen, mich für den Film zu rechtfertigen."

(Steven Spielberg) [2]

Die angesetzte Testvorführung glich einem Debakel. Die Zuschauer lachten nicht, empfanden den Film als chaotisch, laut und wirr. Kurzerhand wurde der Start von November in den Dezember verlegt, um zu retten, was nicht mehr zu retten war - umsonst. Die Premiere wurde vom Filmemacher als demütigend empfunden, obgleich allen schon im Vorfeld klar war, dass die Kritiker den Film nicht mögen würden.

Statt über die Qualität von **1941** zu schreiben, stellte man das exorbitant hohe Budget in den Mittelpunkt, unterstellte Spielberg unterschwellig Größenwahn. Ein Teil der Öffentlichkeit, aber auch der Presse, hatte offensichtlich großen Spaß daran, das „Genie" von einem Sockel zu schubsen, auf den er sich selbst nie gestellt hatte. In Europa kam der Streifen hingegen besser an, was jedoch nicht weiter überrascht. Bis heute gilt der Streifen als finanzieller Flop: Faktisch betrachtet schlicht und ergreifend falsch, spielte er doch alleine in den USA 40 Millionen Dollar ein. Doch im Vergleich zu den Box-Office-Ergebnisse von DER WEISSE HAI und UNHEIMLICHE BEGEGNUNG DER DRITTEN ART war dieses Einspiel natürlich enttäuschend. Für den Regisseur selbst war es eine schmerzhafte Lektion. Er ging nie wieder so planlos und - im negativen Sinne - enthusiastisch in eine Produktion. Vielleicht brauchte er auch diese Erfahrung, um zu diesem wundervollen Geschichtenerzähler zu werden, der er heute ist.

1941 ist ein völlig untypischer Spielberg. Mit fast schon hemmungsloser Freude an der blanken Destruktion jagt der Regisseur seine Stars von einer grotesken Situation in die nächste. Mit ungeheurem Aufwand und grandios choreographiert in Szene gesetzt, jedoch ohne das richtige Timing bei den Gags, die ohnehin im allgemeinen Chaos untergehen. Die Geschichte ist uninteressant und nicht mehr als ein roter Faden, um die Materialschlacht in Gang zu halten. Der Produktion fehlt jegliche Struktur, jede Form von Ordnung, der Zuschauer wird förmlich von den grotesken Einfällen und den Actionsequenzen überrollt. Spielberg und Co. nehmen auf nichts und niemanden Rücksicht, sogar sich selbst gibt der Regisseur der Lächerlichkeit Preis, als er zu Beginn des Films seinen eigenen Hit DER WEISSE HAI auf die Schippe nimmt: Hier wie da stürmt die Darstellerin Susan Backline unter dem pulsierenden Score von John Williams bei Nacht unbekleidet in die Fluten. Doch während sie einst Opfer des

*2: Steven Spielberg von Andrew Yule

Hais wurde, wird sie hier von einem auftauchenden japanischen U-Boot erwischt. Auch auf DUELL (DUEL, 1971), einem TV-Klassiker von Spielberg, bezieht er sich in einer Szene, eine Referenz zu STAR WARS (1977) wird der geneigte Zuschauer ebenfalls erkennen. Doch offensichtlich gingen mit den Beteiligten, allen voran Spielberg selbst, die Gäule durch. Er fand keinen adäquaten Weg, die Freude am organisierten Chaos, die technischen Aspekte, den wahren Wust an Darstellern und den galligen Humor zusammen zu bringen, oder auch nur ansatzweise zu ordnen. **1941** legt ein wahnwitziges Tempo vor - gleicht dabei aber einem führerlosen Panzer, der ziel- und orientierungslos alles platt walzt, was ihm in den Weg kommt. Heute ein kleiner Klassiker für eine gewisse Zielgruppe, damals jedoch nur ein missratener Ausrutscher. Spielberg wusste nun jedoch, was er dem US-Publikum vorsetzen konnte, und was nicht. Seine nächsten Filme waren allesamt Hits: JÄGER DES VERLORENEN SCHATZES (RAIDERS OF THE LOST ARK, 1981) und E.T. (1982) ließen den „Flop" schnell vergessen. Erst Jahre später wandte er sich mit DIE FARBE LILA (THE COLOR PURPLE, 1985) wieder einem für ihn ungewohnten Stoff zu.

1941 erhielt immerhin drei Oscarnominierungen für die „Beste Kameraarbeit", „Beste visuelle Effekte" und den „Bester Ton". Trotzdem zählt der Streifen bis heute zu den weniger bekannten Spielberg-Arbeiten, ist aber alleine schon aufgrund seiner Einmaligkeit auch heute noch einen Blick wert. (TH)

Deutsches Kinoplakat (EA) von 1980
Verleih: Warner-Columbia Filmverleih

Stabangaben: USA 1979 | 111 Minuten

REGIE: Steven Spielberg • DREHBUCH: Robert Zemeckis, Bob Gale • KAMERA: William A. Fraker • SCHNITT: Michael Kahn • MUSIK: John Williams • PRODUZENT: Buzz Feitshansi • PRODUKTIONSFIRMEN: Universal Pictures (presents), Columbia Pictures (presents), A-Team • ORIGINALTITEL: 1941
STARTTERMIN USA: 14.12.1979
EINSPIELERGEBNIS USA: 40.000.000 $
DARSTELLER:

Darsteller	Rolle
Dan Aykroyd	Sgt. Frank Tree
Ned Beatty	Ward Douglas
John Belushi	Capt. Wild Bill Kelso
Lorraine Gary	Joan Douglas
Murray Hamilton	Claude Crumn
Christopher Lee	Capt. W. von Kleinschmidt
Tim Matheson	Capt. Loomis Birkhead
Toshiro Mifune	Cmdr. Akiro Mitamura
Warren Oates	Col. 'Madman' Maddox
Robert Stack	Maj. Gen. Joseph W. Stilwell

Auch Musical-Ansätze fanden ihren Weg in 1941. Bis heute bereut Spielberg, dass er nicht den Mut fand, diese Aspekte stärker zu betonen.

PLATZ
13
Starttermin in
Deutschland:
17.10.'80
Besucher in
Deutschland:
2.100.000

BLUES BROTHERS

Die Geschichte von **BLUES BROTHERS** nimmt in einem Sketch der Sendung *Saturday Night Live* (*SNL*) im Januar 1976 ihren Anfang. Damals traten Dan Aykroyd und John Belushi in Bienenkostümen gekleidet in der „Howard Shore and his All-Bee Band" auf. Auch wenn dies nur einer von vielen Sketchen von *SNL* war, entwickelte dieser nach und nach ein Eigenleben. Belushi, der eigentlich mehr der Rockmusik zugetan war, wurde durch Aykroyd in den Blues eingeführt und war schnell fasziniert von der Musik. Es dauerte nicht lange, bis die beiden gemeinsam mit kleineren Blues-Bands sangen. Am Ende war es Howard Shore der den Vorschlag machte, ihre Band „The Blues Brothers" zu nennen.

Die Band war geboren und sollte Dimensionen annehmen, die sich in dieser Form sicherlich keiner ausgemalt hatte. Im April 1978 hatte man erneut einen Auftritt bei SNL, dieses Mal jedoch als Musikgast. Im September desselben Jahres nahm man ein komplettes Album auf, welches im November unter dem Namen *Briefcase Full of Blues* veröffentlicht werden sollte. Das Album erfreute sich einer dermaßen großen Beliebtheit, dass man sich damit zweimal Platin verdiente. Viel wichtiger für den Film war jedoch die Tatsache, dass Dan Aykroyd und John Belushi ihren beiden Alter Egos Leben einhauchten, indem sie ihnen eine Biographie verpassten, die dem Album beilag. Dieses kleine Booklet, *Blues Brothers Private*, wurde von Judy Jacklin, John Belushis Frau, verfasst und lieferte die Hintergrundgeschichte der beiden Blutsbrüder Jake und Elwood Blues, die in einem Waisenhaus aufwuchsen und vom Hausmeister Curtis den Blues lernten.

Robert K. Weiss, der bereits 1977 KENTUCKY FRIED MOVIE produzierte und mit John Landis zusammenarbeitete, sollte auch bei **BLUES BROTHERS** als Produzent mit an Bord sein. Als bekannt wurde, dass Universal für einen Film der beiden Brüder das Geld zur Verfügung stellen würde, machte sich

INHALT:
Frisch aus dem Gefängnis entlassen, besuchen die beiden Brüder Jake und Elwood Blues das Waisenhaus, in dem sie aufgewachsen sind. Hier erfahren sie, dass das Heim kurz davor steht, geschlossen zu werden. Der einzige Weg dies zu verhindern besteht darin, innerhalb von 11 Tagen die Grundsteuer in Höhe von 5.000 Dollar zu bezahlen. Die Brüder versuchen das Geld aufzutreiben, indem sie ihre alte Band wieder zusammenbringen und ein großes Konzert geben. Auf ihrer göttlichen Mission geraten sie jedoch immer wieder in missliche Lagen und gefährliche Situationen.

Dan Aykroyd an die Arbeit, ein Drehbuch verfassen. Er hatte zwar absolut keine Ahnung, wie man ein Drehbuch schrieb, war aber allgemein ein guter Schreiber, der voller Ideen steckte und diese prompt zu Papier brachte. Die mangelnde Erfahrung merkte man dem fertigen Produkt an, denn ein Drehbuch im eigentlichen Sinne war Aykroyds Entwurf nicht. Das 324 Seiten schwere Werk war prall gefüllt mit Details und Beschreibungen und enthielt die Hintergrundgeschichte jedes einzelnen Band-Mitglieds. In dieser Form war das Werk schlichtweg unverfilmbar. Aykroyd war sich darüber im Klaren, dass sein Drehbuch eher einem dicken Telefonbuch glich, so dass er es in den Umschlag eines lokalen Telefonbuchs binden ließ, bevor er es an Weiss weiterleitete. Dieser wiederum überließ John Landis die Arbeit, die wichtigsten Informationen aus dem Epos herauszudestillieren und in eine neue Form zu pressen, um ein nutzbares Drehbuch mit realistischem Umfang für den Film heraus zu arbeiten.

„Wir sind im Auftrag des Herrn unterwegs."
(Blues Brothers) [1]

Die meisten Ideen des Films, wie das Bluesmobile oder die gesamten Auto-Verfolgungsjagden, stammen aus der Feder Aykroyds, doch der Aufhänger der Geschichte, die Mission Gottes, war John Landis' Idee, der sich damit ein wenig über Dan Aykroyd lustig machte, der so leidenschaftlich an den Film heranging. Das am Ende ca. 120 Seiten lange Skript sollte jedoch noch nicht fertig gestellt sein, als die Dreharbeiten in Chicago ihren Anfang nahmen. Dass man überhaupt in Chicago drehen durfte, hatte man der neuen Bürgermeisterin Jane M. Byrne zu verdanken, die das Edikt von Bürgermeister a.D. Richard J. Daley auflöste, welches Dreharbeiten in Chicago untersagte. Die Hintergrundgeschichte dieses Edikts ist recht lächerlich. In einer Episode der Serie *M Squad* wurde gezeigt, wie ein Polizist der Chicago Police ein Bestechungsgeld annahm, was Daley dazu verleitete, jegliche Dreharbeiten in Chicago von nun an zu untersagen. Byrne zeigte sich hingegen unglaublich kooperativ und Dank ihrer Unterstützung erwies sich Chicago als attraktiver Filmdrehort. Diese herausragende Unterstützung war für **BLUES BROTHERS** auch unabdingbar, denn der Film ist in jeder Hinsicht überdimensional.

„John Landis dreht einen Film, wie General Westmoreland Krieg führte." (David Denby) [2]

John Landis' Arbeit an **BLUES BROTHERS** mit der eines Kriegsherrn zu vergleichen ist gar nicht so weit von der Realität entfernt. Es war eine große Herausforderung, die Planung für hunderte von Komparsen übernehmen, die Versorgung zu garantieren und die groß angelegten Außenaufnahmen im Zentrum Chicagos zu koordinieren. Dies erforderte nicht nur logistische, sondern auch strategische Fertigkeiten. Der eigens für die Planung eingerichtete Raum – liebevoll „War Room" genannt – war mit Karten und Luftaufnahmen Chicagos bestückt, die den notwendigen Überblick über die Stadt boten – und war auch dringend notwendig. Wie ausufernd und überlebensgroß manche Ideen umgesetzt wurden, beweist am deutlichsten die Szene auf dem Daley Plaza zum Ende des Films. Allein diese Aufnahme, die zu diesem Zeitpunkt die größte jemals in Chicago gedrehte Szene war, verschlang geschlagene 3,5 Millionen Dollar. Zum Vergleich: Der gesamte Film hatte ein Budget von 27 Millionen Dollar. Für den Showdown des Films musste man einen Großteil der Innenstadt absperren. Es wurden 60 Illinois State Polizeiautos, 42 Chicago City Polizeiautos, 17 Krankenwagen, 150 Mann aus der Nationalgarde, 60 Chicagoer Polizisten, 350 Gewehre, 4 Panzer und 3 Hubschrauber akquiriert. Ganz zu schweigen von 700 Pfund Prime Ribs, die man für das Catering erwarb.

Nicht weniger eindrucksvoll und zugleich übertrieben sind die diversen Verfolgungsjagden, die man im Film zu Gesicht bekommt. Für diesen Zweck hatte man 60 ausgediente Polizeiwagen für jeweils 400 Dollar pro Stück gekauft, von denen am Ende des Drehs die meisten Schrott sein sollten. **BLUES BROTHERS** sollte lange Zeit den Weltrekord für die meisten zerstörten Autos in einem Film halten, bis er 1998 von BLUES BROTHERS 2000 abgelöst wurde. Über 40 Stuntfahrer wurden angeheuert, um Massenkarambolagen und Verfolgungsjagden inszenieren zu können. An anderer Stelle rasten die Stuntmen mit mehr als 100 Meilen pro

Unten links: **Für den spektakulären Showdown wurde sogar extra ein Teil der Innenstadt von Chicago abgesperrt, damit das Team die aufwändigen Stunt-Aufnahmen so gut wie möglich in den Kasten bekommen konnte.**

James Brown ist nur einer von vielen prominenten Musikern, den man für den Film begeistern konnte. Doch gerade Brown hatte Probleme, Playback zu singen, da er seine Songs unwillkürlich variierte.

Stunde durch die Stadt. Um sicher zu gehen, dass niemand zufällig in die Szene hineinlief und damit sein und das Leben der Stuntmen gefährdete, drehte man in aller Frühe und sperrte mit Hilfe der Polizei alles großräumig ab.

Ebenso aufwändig und kostspielig gestaltete sich Jake und Elwoods Besuch in einer Shopping Mall, im Bluesmobile versteht sich. Man hatte zwar das große Glück, ein leerstehendes Einkaufszentrum zu finden, in dem man drehen konnte, dies brachte aber den Nachteil mit sich, dass man alle Geschäfte aufbauen und mit entsprechenden Waren füllen musste. Hierfür traf man eine praktische Vereinbarung mit diversen Zulieferern, die bereit waren die Produkte nur dann in Rechnung zu stellen, wenn sie beschädigt wurden oder abhanden kamen. Den Parkplatz vor der Shopping Mall füllte man mit Neuwagen von Autohändlern. Es muss wohl nicht erwähnt werden, dass man um jeden Preis vermeiden wollte, Schäden an den Neuwagen zu verursachen. Ebenfalls interessant ist der Abwurf eines Ford Pinto aus schwindelerregender Höhe. Um die Genehmigung für den Abwurf zu bekommen, mussten etliche Tests durchgeführt werden, die bestätigten, dass man das anvisierte Ziel treffen konnte und nicht Gefahr lief, nahestehende Gebäude zu beschädigen. Ein nicht unerheblicher Aufwand wurde betrieben, um Dan Aykroyds extreme Ideen umzusetzen.

„Ich finde es frustrierend, dass viele Leute den Film nicht als Musical auffassen. Das macht mich wahnsinnig… denn im Film gibt es mehr Musik als in den meisten Musicals."

(John Landis) [3]

Obwohl das opulente Aufgebot an Fahrzeugen, Komparsen und Autounfällen mehr als beachtlich ist und manchen Action-Film schlecht aussehen lässt, ist **BLUES BROTHERS** in erster Linie immer noch ein Musical. Ob nun klassische Gesangseinlagen, wie bei Musicals üblich, oder eine Bühnen-Performance der beiden Brüder: Immer wieder gibt es verschiedene Musik-Szenen zu bestaunen. Ohne die Leistung der beiden Hauptdarsteller schmälern zu wollen, muss man das Hauptaugenmerk auf die anderen Personen richten, die man für

In BLUES BROTHERS hat erstaunlich viel Action zu bieten, die jedoch alleine schon durch das Auftreten von Belushi und Aykroyd ironisch gebrochen wurde

Carrie Fisher war kurz zuvor durch ihre Rolle als Leia Organa in STAR WARS und DAS IMPERIUM SCHLÄGT ZURÜCK zum Star avanciert. In BLUES BROTHERS hatte sie nur eine kleine Nebenrolle als mysteriöse Frau, die immer wieder Anschläge auf die Brüder verübt.

den Film engagieren konnte. Musiklegenden wie Ray Charles, John Lee Hooker, Aretha Franklin, Cab Calloway und James Brown drücken sich hier gegenseitig die Klinke in die Hand und lassen kaum (Musik-)Wünsche offen. Dabei spielte der Produktion der Umstand in die Hände, dass die meisten Künstler nicht mehr aktiv waren und es so ein Leichtes war, sie für das Projekt zu begeistern. Deutlich mehr Schwierigkeiten bereiteten die Playback-Aufnahmen. Insbesondere Aretha Franklin und James Brown taten sich immens schwer damit lippensynchron zu performen, weil sie ein Lied jedes Mal ein wenig anders vortrugen. Hierdurch entwickelte sich für Gordon Folsey Jr. eine ganz besondere Herausforderung im Schnittraum. Die vielen verschiedenen Takes und die unterschiedlichen Kamerawinkel waren kein Problem, aber gerade die Variation in der Performance machte ein sauberes Zusammenfügen schwierig. Bei James Brown und John Lee Hooker umschiffte man das Problem am Ende, indem man sie einfach live singen ließ, während man die restlichen Aufnahmen vom Band abspielte. Nicht ganz so groß und bekannt wie James Brown oder Aretha Franklin waren die restlichen Musiker im Film. Steve Cropper, Donald Dunn, Lou Marini oder Willie Hall, um nur einige zu nennen, waren auch im echten Leben gestandene Musiker, die den Film bereicherten. Bei diesem Staraufgebot könnte man glatt Carrie Fisher und John Candy vergessen, die in Nebenrollen zu sehen waren. Nicht minder überraschend sind die übrigen Cameo-Auftritte, die es in den Film geschafft haben. Der aufmerksame Zuschauer kann im Laufe der 133 Minuten (in der Extended Version 148 Minuten) u.a. John Landis, Chaka Khan, Frank Oz und Steven Spielberg entdecken.

Es gibt etliche Auftritte der Blues Brothers im Film zu bewundern. Gerade die aufwändig gestalteten Musik-Szenen gehören zu den Highlights des Kultfilms.

Dan Aykroyd (Elwood Blues) und John Goodman (Mighty Mack McTeer).

Blues Brothers 2000

ORIGINALTITEL: Blues Brothers 2000 • USA 1998 • REGIE: John Landis
STARTTERMIN DEUTSCHLAND: 11.06 1998 • STARTTERMIN USA: 06. 02 1998
BESUCHERZAHLEN DEUTSCHLAND: 252.596 • EINSPIELERGEBNIS USA: $14.051.384

INHALT:
Elwood Blues wird nach 18 Jahren aus dem Gefängnis entlassen und muss erfahren, dass sein Bruder Jake und ihr gemeinsamer Vaterersatz Curtis verstorben sind und das Curtis einen unehelichen Sohn hat. Er macht sich auf die Suche nach seinem Stiefbruder und den Bandmitgliedern.

Man kann nur spekulieren, weshalb man 18 Jahre nach dem Erfolg von **BLUES BROTHERS** ein Sequel produzierte. In jedem Fall standen die Weichen für den Nachfolger nicht sonderlich gut. John Belushi erneut in seiner Rolle als Jake Blues auftreten zu lassen, war leider nicht möglich, da er bereits 1982 an einer Überdosis Speedball (eine Mischung aus Kokain und Heroin) verstorben war. Somit schied schon einmal das Zusammenspiel zwischen John Belushi und Dan Aykroyd, ein wichtiger Bestandteil des Originals, komplett aus dem Film aus. Immerhin versuchte man nicht Jake Blues von einem anderen Darsteller spielen zu lassen, sondern strich auch die Filmfigur aus der Handlung, indem man erwähnte, dass Jake Blues verstorben war. Man versuchte zwar Johns Bruder James Belushi (der auch im Film einen weiteren Blues Brother spielen sollte) zu engagieren, da dieser jedoch bereits für eine TV-Sendung unter Vertrag stand, fiel auch diese Wahl aus. So änderte man das Skript kurzerhand um und räumte einen Platz für Cab Blues ein. Der Name war eine Hommage an den ebenfalls verstorbenen Cab Calloway, der im Original den Hausmeister Curtis gespielt hatte.

Der Film, erneut unter der Regie von John Landis, floppte auf ganzer Linie und spielte bei einem Budget von 28 Millionen Dollar weltweit gerade einmal 26 Millionen Dollar wieder ein. In manchen Kinos der USA wurde er bereits nach zwei Wochen wieder abgesetzt. BLUES BROTHERS 2000 orientiert sich sehr stark am Kultfilm von 1980, ohne einen eigenen Charakter zu entwickeln. Erneut spielt die Musik eine gewichtige Rolle und ist auch der einzige Bestandteil des Films, der keinerlei Grund zur Klage bietet. Dies liegt nicht zuletzt daran, dass man ein weiteres Mal Musiker wie Aretha Franklin, James Brown, B.B. King, Eric Clapton und Steve Winwood für eine Teilnahme begeistern konnte. In einem Punkt konnte man den Vorgänger gar überbieten, denn in BLUES BROTHERS 2000 wurden mehr Autos (ca. 60) in eine Karambolage verwickelt als noch in **BLUES BROTHERS**. Ansonsten blieb das Sequel jedoch weit hinter den Erwartungen zurück und konnte weder Kritiker noch Zuschauer zufrieden stellen. (SW)

**Deutsches Kinoplakat (EA) von 1980
Verleih: CIC**

Stabangaben: USA 1979 | 130 Minuten

REGIE: John Landis • DREHBUCH: Dan Ay-kroyd, John Landis • KAMERA: Stephen M. Katz • SCHNITT: Gordon Folsey Jr. • MUSIK: Elmer Bernstein • PRODUZENT: Robert K. Weiss • PRODUKTIONSFIRMEN: Universal Studios • ORIGINALTITEL: The Blues Brothers
STARTTERMIN USA: 20. Juni 1980
EINSPIELERGEBNIS USA: 57.229.890 $
DARSTELLER:

John Belushi	Jake Blues
Dan Aykroyd	Elwood Blues
James Brown	Reverend Cleophus James
Cab Calloway	Curtis
Ray Charles	Ray
Aretha Franklin	Mrs. Murphy
Steve Cropper	Steve Cropper
Donald Dunn	Donald "Duck" Dunn
Carrie Fisher	Mystery Woman
John Candy	Burton Mercer

BLUES BROTHERS entpuppte sich als weltweiter Erfolg. Am 20. Juni 1980 lief der Film in den USA in 594 Kinos an und war der 10. erfolgreichste Film des Jahres. In Deutschland war er nicht minder erfolgreich und konnte sich mit 2.100.000 Besuchern auf Platz 13 einreihen. John Landis behauptet gar, dass **BLUES BROTHERS** der erste amerikanische Film war, der außerhalb der USA mehr Geld einspielte, als im eigenen Land. Zweifelsohne ist John Landis mit **BLUES BROTHERS** ein ganz großer Wurf gelungen, der mittlerweile Kult-Status erlangt hat, welcher auch nicht durch den eher durchwachsenen BLUES BROTHERS 2000 beeinträchtigt wird. Die simple Story des Films wird durch rasante und ausufernde Action, die nie wirklich ernst gemeint ist, fast schon in den Hintergrund gerückt. Am Ende verblasst jedoch selbst die Action ein wenig, wenn man sich die zahlreichen Musikstücke mit Starbesetzung vor Augen führt. Trotzdem bleibt **BLUES BROTHERS** ein gewöhnungsbedürftiges Stück Filmgeschichte, das mit dieser wilden Mischung zwar viele Geschmäcker bedient, aber sich nicht so recht auf einen konzentrieren mag.

PLATZ
14

Starttermin in
Deutschland:
16.10.'80
Besucher in
Deutschland:
2.022.832

SHINING

Stanley Kubrick zählt fraglos zu den einflussreichsten und bemerkenswertesten Regisseuren aller Zeiten. Jedes seiner Werke ist einmalig, vom Stil und der Klasse des Perfektionisten geprägt. Dabei bewies er jedoch eine filmische und thematische Bandbreite, die nur wenige Filmemacher vorweisen können. Sei es nun Science-Fiction wie 2001: ODYSSEE IM WELTRAUM (2001: A SPACE ODYSSEY, 1968), ein (Anti-)Kriegsfilm wie FULL METAL JACKET (1987) oder ein Historien-Drama wie BARRY LYNDON (1975): Kubrick erwies sich in jedem Genre als Meister seines Fachs.

BARRY LYNDON nahm zudem eine zentrale Rolle innerhalb der Entstehungsgeschichte von SHINING ein - enttäuschte dieser Kubrick-Beitrag doch an den Kassen, wobei er heute als eine der besten Arbeiten des Regisseurs gilt. Trotz seines Renommees geriet der Ausnahme-Filmemacher unter Druck und befürchtete, sich den üblichen Mechanismen der Studios zu stark unterordnen zu müssen. Zudem liebäugelte er immer noch mit seinem Traumprojekt *Napoleon*, das er bereits nach 2001 angehen wollte und im Laufe der Jahre bis ins kleinste Detail vorbereitet hatte. Doch den Produzenten war die aufwändige Produktion zu riskant, erst recht nach der Enttäuschung von BARRY LYNDON. Kubrick war bewusst, dass er sich einen weiteren Flop nicht erlauben konnte und suchte daher sehr bewusst eine Produktion, die einen finanziellen Erfolg zumindest realistisch erscheinen ließ. In diese Phase der Suche wurde ihm schließlich das Angebot für die Romanadaption des Stephen-King-Bestsellers SHINING unterbreitet. Aufgrund des Überraschungserfolges CARRIE (1976) von Brian De Palma, der alleine in den Staaten 34 Millionen Dollar eingespielt hatte, und der immensen Popularität der King-Bücher eine nachvollziehbare Wahl. Kubrick konnte jedoch durchsetzen, dass er die Vorlage nach seinen Vorstellungen verändern durfte und selbst auch als Produzent fungierte, was seinen Einfluss auf die Produktion beträchtlich stärkte. Ihm war sehr früh klar, dass er das King-Buch in vielen Punkten ändern musste, damit er einen Zu-

INHALT:
Das Overlook Hotel in den Bergen von Colorado wird über die Winterzeit geschlossen. Um Schäden zu vermeiden, muss sich ein Hausmeister über die Wintermonate hinweg um das Hotel kümmern. So sind Jack Torrance, seine Frau und sein Sohn während dieser Zeit die einzigen Bewohner des Overlook Hotels. Doch Jack verliert in der Einsamkeit scheinbar seinen Verstand und sein Sohn Danny, der über hellseherische Fähigkeiten verfügt, findet heraus, dass das Hotel einige Geheimnisse birgt. Als dann auch noch ein Schneesturm das Hotel von der Außenwelt abschneidet, nimmt das Schicksal seinen Lauf.

gang zum Stoff fand - wollte er doch keinen klassischen, konventionellen Horrorfilm drehen: Ihm ging es um die psychologische Sicht auf das Genre, der Horror sollte nicht von außen einwirken, sondern von den Figuren ausgehen. Da ihm der Roman *The Shadow knows* von Diane Johnson sehr gefiel, bat er sie um ihre Mitarbeit am Screenplay zu **SHINING**. Gemeinsam entwickelten sie das Drehbuch.

Für die Hauptrolle hatte der Regisseur von Beginn an Jack Nicholson im Hinterkopf, den er auch als Idealbesetzung für sein Traumprojekt *Napoeleon* ansah. Trotzdem wurden auch Robert De Niro, Harrison Ford und Robin Williams Angebote unterbreitet, einige von diesen „B-Lösungen" trafen sich sogar mit Stephen King, um tiefer in den Charakter Jack Torrance - der wie so viele andere King-Figuren autobiographische Züge aufweist - einzutauchen. Als sich Nicholson schließlich interessiert zeigte, war die Rolle jedoch besetzt und vergeben.

Schwieriger erwies sich das Casting der Ehefrau und des gemeinsamen Sohnes. Insbe-

Die Rolle des zunehmend verstörteren Jack Torrance zählt zu den bekanntesten und markantesten Rollen des Charakter-Schauspielers Jack Nicholson. SHINING lebt von seiner Klasse und seiner Präsenz. Schriftsteller Stephen King war jedoch mit der Wahl überhaupt nicht zufrieden, konnte aber generell mit der Kubrick-Adaption seines Buches wenig anfangen.

sondere die Suche nach dem Kinderdarsteller zog sich über Monate hinweg. Schließlich fand man jedoch in Shelley Duvall, die in dem Woody-Allen-Film DER STADTNEUROTIKER (ANNIE HALL, 1977) überzeugen konnte, und Danny Lloyd als hellseherischer Sohn die scheinbare Idealbesetzung.

Gedreht wurde nach langer Vorbereitung hauptsächlich in den Elstree Studios in Hertfordshire, in der Nähe Londons. Wie bei Kubrick üblich zogen sich die Vorbereitungen auch deswegen so lange hin, weil er auf jedes Detail achtete und das Set des Overlook Hotels so gigantische Ausmaße annahm und nicht aus Kulissen, sondern aus realen Gegenständen bestand. Schlussendlich mutierte das beeindruckende Set schließlich zum größten, welches bis dahin je gebaut wurde. Ein Großteil des 19 Millionen Dollar Budgets wurde fraglos in die

DIE STEPHEN KING-VERFILMUNGEN UND IHR EINSPIELERGEBNIS

Nach dem Überraschungserfolg von CARRIE wurden sehr schnell weitere King-Adaptionen auf den Weg gebracht. Etablierte Regisseure wie David Cronenberg oder eben auch Stanley Kubrick nahmen sich der Stoffe an. Da sich jedoch der Name King nicht wie erhofft zum Selbstläufer entwickelte, nahmen die Stu-

dios von größeren Produktionen spätestens Anfang der 90er Jahre Abstand, so dass die meisten King-Verfilmungen für den DVD- bzw. TV-Markt umgesetzt wurden, oder auch die Kinofilme mit eher überschaubaren Budgets auskommen mussten. Durch den weltweiten Hit von THE GREEN MILE änderte sich das jedoch, so dass - neben den mittlerweile etab-

lierten TV-Produktionen - auch weitere Kinofilme in Angriff genommen wurden. Derzeit kursieren Gerüchte über fast ein Dutzend weiterer King-Verfilmungen, wobei das bemerkenswerteste Projekte sicherlich die Adaption der Turm-Saga ist, die King selbst als sein Lebenswerk bezeichnet.

Anbei alle King-Verfilmungen, die ihren Weg in die US-Kinos fanden. Einige dieser Streifen wurden bei uns direkt auf Video/DVD ausgewertet, so dass nur das US-Einspiel berücksichtigt wurde. Die Zahlen wurden auf- bzw. abgerundet.

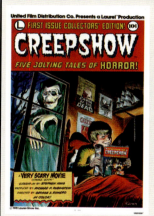

Einige der Stephen-King-Adaptionen konnten auf etablierte Regisseure wie David Cronenberg oder George A. Romero zurückgreifen.

Jahr	Filmtitel (Originaltitel)	Regie	US-Einspiel
1976	Carrie (Carrie)	Brian de Palma	34.000.000
1980	Shining (The Shining)	Stanley Kubrick	44.000.000
1982	Die unheimlich verrückte Geisterstunde (Creepshow)	George A.Romero	21.000.000
1983	Cujo (Cujo)	Lewis Teague	21.000.000
1983	Christine (Christine)	John Carpenter	21.000.000
1983	Dead Zone (Dead Zone)	David Cronenberg	21.000.000
1984	Kinder des Zorns (Children of the Corn)	Fritz Kiersch	15.000.000
1984	Der Feuerteufel (Firestarter)	Mark L. Lester	17.000.000
1985	Der Werwolf von Tarker Mills (Silver Bullet)	Daniel Attias	12.000.000
1985	Katzenauge (Cat´s Eye)	Lewis Teague	13.000.000
1986	Rhea M. (Maximum Overdrive)	Stephen King	7.000.000
1986	Stand by me (Stand by me)	Rob Reiner	52.000.000
1987	Creepshow 2 (Creepshow 2)	Michael Gornick	14.000.000
1987	Running Man (Running Man)	Paul Michael Glaser	38.000.000
1989	Friedhof der Kuscheltiere (Pet Sematary)	Mary Lambert	57.000.000
1990	Geschichten aus der Schattenwelt (Tales from the Darkside)	John Harrison	16.000.000
1990	Misery (Misery)	Rob Reiner	61.000.000
1990	Nachtschicht (Grveyard Shift)	Ralph S. Singleton	12.000.000
1992	Schlafwandler (Sleepwalker)	Mick Garris	31.000.000
1992	Der Rasenmäher Mann (The Lawnmower Man)	Brett Leonard	32.000.000
1993	Stark (The Dark Half)	George A. Romero	11.000.000
1993	In einer kleinen Stadt (Needful Things)	Fraser Clarke Heston	15.000.000
1994	Die Verurteilten (The Shawshank Redemption)	Frank Darabont	28.000.000
1995	The Mangler (The Mangler)	Tobe Hooper	2.000.000
1995	Dolores (Dolores Clayborne)	Taylor Hackford	24.000.000
1996	Thinner (Thinner)	Tom Holland	15.000.000
1997	The Night Flier (The Night Flier)	Mark Pavia	125.000
1998	Der Musterschüler (Apt Pupil)	Bryan Singer	9.000.000
1999	The Green Mile (The Green Mile)	Frank Darabont	137.000.000
2001	Hearts in Atlantis (Hearts in Atlantis)	Scott Hicks	24.000.000
2003	Dreamcatcher (Dreamcatcher)	Lawrence Kasdan	34.000.000
2004	Riding the Bullet (Riding the Bullet)	Mick Garris	135.000
2004	Das geheime Fenster (Seccret Window)	David Koepp	48.000.000
2007	Zimmer 1408 (1408)	Mikael Håfström	72.000.000
2007	Der Nebel (The Mist)	Frank Darabont	26.000.000

beeindruckenden Kulissen gesteckt, die auch heute noch überwältigen und visuell berauschend in Szene gesetzt wurden. Die wenigen Außenaufnahmen entstanden in Oregon.

Die Dreharbeiten waren alles andere als einfach und zogen sich über mehr als ein Jahr - von Mai 1978 bis April 1979 - und 200 Drehtage hinweg. Der Grund lag in der Arbeitsweise Kubricks, der bekannt dafür war, Szenen notfalls auch 100 Takes wiederholen zu lassen, bis jedes kleine Detail stimmte. So brachte er Scatman Crothers, den Darsteller des Hotelkochs Dick Hallorann, fast zur Verzweiflung, als er die Szene, in der er im Hotel mit dem Jungen Danny Torrance spricht, fast 90 Mal wiederholen ließ. Crothers war übrigens ein guter Freund Nicholsons und arbeitete auch an vier Nicholson-Filmen mit, u.a. auch an dem Klassiker EINER FLOG ÜBER DAS KUCKUCKSNEST (ONE FLEW OVER THE CUCKOO´S NEST, 1975). Doch Crothers hatte nur eine relativ kleine Rolle - Shelley Duvall nicht. Sie kam mit der Arbeitsweise Kubricks nicht zurecht, so dass es zu wiederholten Wortgefechten und Meinungsverschiedenheiten zwischen Darstellerin und dem Regisseur kam. Nicht zuletzt aufgrund der langen Drehzeit belastete Duvall die Situation so schwer, dass sie psychisch krank wurde und zusammen brach, zwischenzeitlich gar in einer Klinik behandelt werden musste. Im Rückblick konstatierte sie jedoch, dass sie bei der Arbeit an diesem Film und von Kubrick an sich mehr gelernt hätte, als in ihren bisherigen Arbeiten zusammen. Trotzdem hat sie diese Zeit eher in schlechter Erinnerung behalten, nicht zuletzt deswegen, weil sie von der Kritik eher negativ gesehen und sogar für eine goldene Himbeere - dem Anti-Oscar - nominiert wurde.

„Die Arbeit war fast unerträglich. Jeden Tag diese qualvolle Arbeit. Jack Nicholson musste die ganze Zeit diesen verrückten und aggressiven Charakter spielen, und meine Figur sollte den ganzen Tag weinen, 12 Stunden am Tag, fünf oder sechs Tage die Woche, die letzten neun Monate quasi am Stück. Ich war da für 13 Monate, und nach dieser ganzen Arbeit wurde meine Leistung von so ziemlich jedem kritisiert oder gar nicht erwähnt. Die Kritiken beschäftigten sich nur mit Kubrick, so als wäre ich gar nicht da.“
(Shelley Duvall) [*1]

Die Arbeiten zogen sich jedoch auch wegen einer weiteren „Marotte" Kubricks in die Länge: Kurzfristige Drehbuchüberarbeitungen. Insbesondere die Dialoge wurde nahezu täglich geändert, komplette Szenenabläufe umgeschrieben, was mitunter dazu führte, dass die Crew nicht die aktuellste Drehbuchfassung vorliegen hatte oder Schauspieler kurzfristig einen neuen Text lernen mussten. Nicholson reagierte im Laufe der Zeit genervt und lernte seine Zeilen erst kurz vor der jeweiligen Aufnahme oder improvisierte zwischenzeitlich, wie bei der legendären Szene mit der Axt. Diese Überarbeitungen waren für alle Beteiligten kompliziert umzusetzen, für Stanley Kubrick jedoch unabdingbar und nur eine logische Konsequenz, wie er in einem Interview aus dem Jahre 1978, also noch vor **SHINING** offen legte.

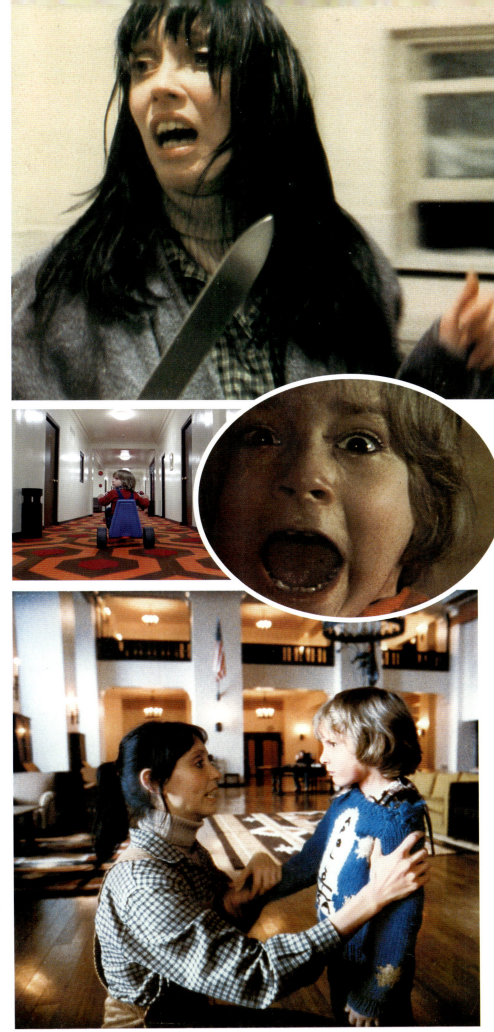

*1: www.rogerebert.suntimes.com

Stephen King´s The Shining

ORIGINALTITEL: The Shining • USA 1997 • REGIE: Mick Garris
STARTTERMIN DEUTSCHLAND: 10.10.1997 (Videopremiere)
STARTTERMIN USA: 27.04.1997 (TV-Premiere)
DARSTELLER: Steven Weber (Jack Torrance), Rebecca De Mornay (Wendy Torrance), Courtland Mead (Danny Torrance)

Die TV-Produktion wurde in Deutschland direkt auf Video/DVD ausgewertet und erst später im Fernsehen ausgestrahlt.

Stephen King machte nie einen Hehl daraus, dass er mit der Stanley-Kubrick-Version seines Romans unzufrieden war.

„Kubrick suchte nach dem Bösen in den Personen und machte aus dem Film eine häusliche Tragödie mit nur vagen übernatürlichen Schwingungen. Weil er selbst nicht glauben konnte, konnte er den Film auch für andere nicht glaubwürdig machen. Jack Nicholson ist zwar ein guter Schauspieler, aber für diese Rolle überhaupt nicht geeignet. (…) mit seinem irren Grinsen sah das Publikum schon bei der ersten Einstellung automatisch einen Irren in ihm. Wenn der Mann von Anfang an verrückt ist, dann ist die ganze Tragödie seines Untergangs nichtig. Der grundlegende Fehler bei Kubricks Version von Shining ist, dass der Film von einem Mann gemacht wurde, der zuviel denkt und zuwenig fühlt, und aus diesem Grund packt er einen nie richtig am Hals und wirkt, wie richtiger Horror wirken sollte." *(Stephen King) [4]

Dem Schriftsteller missfiel der grundsätzliche Ansatz, die übernatürlichen Elemente außen vor zu lassen, da sie den Kern seines Romans auf den Kopf stellte - sorgte doch im Buch das Haus dafür, dass Jack Torrance in den Wahnsinn getrieben wurde, während Kubrick ihn prinzipiell als Psychopathen ansah, der in der Einsamkeit durchdrehte. King sprach schon sehr früh nach der Premiere darüber, dass er eines Tages eine buchgetreue Umsetzung angehen wollte.

In den Jahren nach dem kommerziellen Erfolg von **SHINING** wurde so gut wie alles, was der Vorstellungskraft des populären Autors entsprang, verfilmt. Häufig billig, bisweilen dilettantisch. King konnte daran nichts ändern, weil er teilweise die Rechte an den Romanen nicht mehr besaß und so mit ansehen musste, was aus seinen Ideen gemacht wurde.
Der Erfolg ließ spätestens Ende der 80er Jahre

Steven Weber schaffte es trotz passabler Leistung nicht, aus dem Schatten Nicholsons zu treten.

nach, so dass der Großteil der King-Verfilmungen der 90er Jahre bis heute für das amerikanische TV produziert wurde. Mick Garris tat sich dabei bis heute besonders hervor. Nachdem er noch fürs Kino die King-Adaption SCHLAFWANDLER (SLEEPWALKERS, 1992) umgesetzt hatte, durfte er dann den TV-Mehrteiler THE STAND (1994) inszenieren. King fand Gefallen an den Arbeiten von Garris und kürte ihn selbst zum Regisseur von der TV-Variante THE SHINING, für die er selbst das Drehbuch verfasste, einen kleinen Cameo-Auftritt absolvierte und als ausführender Produzent agierte.
Der dreiteilige TV-Film wurde von ABC zwischen dem 27.04. bis 01.05.1997 ausgestrahlt und knapp ein halbes Jahr später bei uns als direkte Videopremiere ausgewertet.

Wenig überraschend orientiert sich diese Version sehr stark an die Romanvorlage und ist wesentlich stärker im klassischen Horrorsegment einzuordnen, als der Kinofilm. Durchaus unterhaltsam und professionell umgesetzt, jedoch fehlt die handwerkliche und kreative Finesse eines Stanley Kubrick. Zudem fehlt einfach die Präsenz eines Nicholson, dessen Bild man stets vor Augen hat, obwohl Steven Weber durchaus keine schlechte Figur macht. Fans, die die Kubrick-Änderungen der Romanvorlage nicht akzeptierten, werden mit dieser Umsetzung vermutlich besser bedient sein, doch unter dem Strich ist die Garris-Arbeit nicht mehr als konventionelle, wenngleich passabel umgesetzte Genrekost. Ein Vergleich zwischen beiden Filmen ist jedoch interessant und zeigt sehr deutlich, warum Stephen King mit dem Kinofilm nur wenig anfangen konnte. *(TH)*

*4: www.bookmark-verlag.de

„Trotz aller sorgfältiger Überlegungen, die man beim Schreiben anstellte, hört man jetzt die Schauspieler erstmals den Text sprechen, sich zum ersten Mal im Bild bewegen. (…) Und oft heißt das: Man muss das Geschriebene ändern - tatsächlich schreibt man in diesem Augenblick die Szene für die Schauspieler neu. Denn auf einmal sieht man Sachen, von denen man vorher nicht ahnte, dass sie zu der Szene gehörten - beispielsweise Eigenschaften des Charakters, die der Schauspieler weder in der Geschichte noch im Drehbuch entdeckt hat. Manchmal erscheinen Momente, die man für sehr subtil gehalten hat, als allzu aufdringlich, und andere, von denen annahm, dass sie genügend Gewicht hätten, haben auf einmal zu wenig Substanz."

(Stanley Kubrick) [2]

Die Woge des Schreckens, die Amerika überflutete, ist hier

SHINING

EIN STANLEY KUBRICK FILM
JACK NICHOLSON SHELLEY DUVALL „THE SHINING" SCATMAN CROTHERS DANNY LLOYD
STEPHEN KING STANLEY KUBRICK & DIANE JOHNSON STANLEY KUBRICK JAN HARLAN

Deutsches Kinoplakat (EA) von 1980
Verleih: Warner-Columbia Filmverleih

Stabangaben: England 1980 | 119 Minuten

REGIE: Stanley Kubrick • **DREHBUCH:** Stanley Kubrick, Diane Johnson • **KAMERA:** John Alcott • **SCHNITT:** Ray Lovejoy • **MUSIK:** Wendy Carlos, Rachel Elkind • **PRODUZENT:** Stanley Kubrick • **PRODUKTIONSFIRMEN:** Warner Bross. Pictures (presents). The Producer Circle Company, Peregrine Hawk Film • **ORIGINALTITEL:** The Shining
STARTTERMIN USA: 23.05.1980
EINSPIELERGEBNIS USA: 53.000.000 $
DARSTELLER:

Jack Nicholson	Jack Torrance
Shelley Duvall	Wendy Torrance
Danny Lloyd	Danny Torrance
Scatman Crothers	Dick Halloran
Barry Nelson	Stuart Ullman
Philip Stone	Delbert Grady
Joe Turkel	Lloyd
Lia Beldam	Junge Frau im Bad
Billie Gibson	Alte Frau im Bad
Barry Dennen	Bill Watson

Die Szene in der Nicholson mit einer Axt die Tür einschlägt wurde immer wieder kopiert und parodiert und zählt zu den bekanntesten Momenten von SHINING.

Nach Beendigung der langwierigen und schwierigen Aufnahmen folgte der langwierige Post-Production-Prozess, aus dem schließlich zwei verschiedene Fassungen hervor gingen: Die US-Version und ein anderer Cut für die europäische Fassung, die im Vergleich fast 30 Minuten kürzer ausfiel. Die Kritiker nahmen den Film seinerzeit sehr wohlwollend auf, sahen in **SHINING** jedoch nicht das Meisterwerk, als welches dieser Kubrick-Beitrag heute eingeordnet wird. Selbst Star-Regisseur Martin Scorsese zollte seinen Respekt und bezeichnete die Romanadaption als einen der besten Horrorfilme aller Zeiten. (*3) Dabei lässt sich **SHINING** generell nicht so einfach in ein enges Genre-Korsett stecken, entzog sich doch Kubrick gewollt und bewusst aller Konventionen. Obwohl - wie bei allen Projekten des Ausnahme-Filmemachers - vieles offen und mehrdeutig bleibt, handelt es sich eben nicht um ein weiteres verfluchtes Gebäude, es sind eben keine Geister, die für Angst und Schrecken sorgen. Der Horror geht nur von den Figuren aus, ist psychologisch motiviert und gerade deswegen so wirksam. Ohne auf plakative Schockeffekte zurückgreifen zu müssen, entwirft Kubrick ein bedrückendes Schreckensszenario das auch heute noch eine fast hypnotische Wirkung entfaltet. Visuell und handwerklich auf höchstem Niveau, beeindruckend insbesondere die zahllosen Steadycam-Aufnahmen, die seinerzeit Maßstäbe setzten und auch heute noch überzeugen.

Auch durch die exzellente Leistung von Jack Nicholson, der dem langsam aber stetig wachsenden Wahnsinn ein Gesicht verleiht, gilt **SHINING** heute als absoluter Klassiker und Meilenstein.

Stephen King hingegen war alles andere als zufrieden mit der Interpretation Kubricks und ließ Jahre später einen dreiteiligen TV-Film folgen, der eher seinen Vorstellungen entsprach.

*2: Spiegel 3/78

PLATZ
15

Starttermin in
Deutschland:
21.11.'80
Besucher in
Deutschland:
1.960.000

Die unglaubliche Reise in einem verrückten Flugzeug

Mit dem Film KENTUCKY FRIED MOVIE feierte das Komiker-Trio ZAZ - Jim Abrahams und die beiden Brüder David und Jerry Zucker - 1977 einen großen Erfolg. Da ZAZ ihre ersten Erfahrungen auf der Bühne gewonnen hatten, hatten sie einen recht eigenwilligen Anspruch an das Tempo ihres Films, ruhige Phasen, in denen keiner lachte, waren ihnen nicht geheuer. So wurde am Ende aus KENTUCKY FRIED MOVIE eine Ansammlung von kurzen Sketchen, welche weitestgehend zusammenhangslos im Film untergebracht sind. Trotz des Erfolgs fällte man die Entscheidung, beim nächsten Film selber Regie zu führen. Man war sich einig, dass ein Film nur dann dem gewünschten Ergebnis entsprechen würde, wenn man selber Regie führt.

Um an neues Material zu kommen, über das sich die Komiker lustig machen konnten, ließ man immer wieder über Nacht den Videore-korder laufen. Erfahrungsgemäß liefen zu dieser Zeit die dümmsten und billigsten Werbespots, ein dankbares Opfer, über das man sich lustig machen konnte. Als man eines Morgens die Aufnahmen anschaute, fanden sich überaus wenige brauchbare Spots auf der Kassette wieder. Stattdessen hatte man unabsichtlich den Flugzeug/Katastrophen-Film 714 ANTWORTET NICHT (ZERO HOUR!, 1957) aufgenommen. Diese Aufnahme brachte die drei Freunde auf die Idee für einen neuen Film, den sie zunächst *The Late Show* nennen wollten. Man überlegte, einen Flugzeug-Film scheibchenweise zu zeigen, der immer wieder von Parodien von Werbespots unterbrochen wurde.

Den ersten Entwurf gab es bereits 1974, als ZAZ noch mit der Bühnenshow *Kentucky Fried Theater* Auftritte absolvierten. Diesen Entwurf legte man dem TV-Produzenten Lloyd Schwartz und dessen Frau Barbara Mallory

INHALT:
Im Trans-Amerika-Flug 209 von Los Angeles nach Chicago erkranken plötzlich der Pilot Captain Oveur und der Co-Pilot Murdock sowie einige Passagiere an einer Fischvergiftung. Um das Flugzeug und seine Passagiere sicher zurück auf den Boden zu bringen, macht man sich auf die Suche nach jemandem, der ein wenig Erfahrung mit dem Fliegen hat. Glück im Unglück, denn an Bord findet sich Ted Striker, ein ehemaliger Kampfpilot. Doch dieser leidet seit einem traumatischen Erlebnis aus seiner Militärzeit unter Flugangst. Vor Jahren kamen seine Flugkameraden bei einem von ihm geleiteten Einsatz ums Leben und Striker fühlt sich für ihren Tod verantwortlich.

vor. Beiden gefiel das Skript, man gab dem Trio jedoch noch den Rat, die Spots zu entfernen und lediglich die Flugzeug-Story umzusetzen, da man in dieser mehr Potential sah. ZAZ nahmen sich den Ratschlag zu Herzen. Man erwarb die Rechte zu 714, um dessen Story als Grundlage für den Film zu nehmen, bereicherte den Grundplot um Szenen aus anderen Flugzeug-Filmen, übernahm teilweise sogar die Dialoge, fügte lediglich eine Pointe hinzu und vergaß selbstverständlich nicht, laufend Witze unterzubringen. Dieser zweite Entwurf sollte nicht der letzte sein, den das Drehbuch durchmachen sollte. Bis der Film in Produktion ging, gab es Dutzende Entwürfe, die alle auf der Schreibmaschine geschrieben wurden.

Die Suche nach einem Studio erwies sich als erstaunlich beschwerlich. Warner Bros. gefiel zwar die Idee, jedoch nicht das Drehbuch. American International forderte die Kontrolle über das Casting. United Artists wollte das Skript kürzen und gerne als 20-minütiges Mittelstück in einem möglichen KENTUCKY-Sequel unterbringen. Alles Ideen und Forderungen, die nicht mit der Idee konform gingen, einen Film zu machen, der genau den Wünschen von ZAZ entsprach. Paramount Pictures, die am Ende den Film finanzieren sollten, hatten hingegen nur einen recht schlichten Wunsch: Der Film sollte in einem Düsenflugzeug und nicht in einer Propellermaschine spielen. Da man sich jedoch von Beginn an auf eine Propellermaschine als Handlungsort eingeschossen hatte, wollte man zunächst das Angebot ablehnen. Es sollte eine Woche dauern, bis man schließlich entschied, dass Angebot doch anzunehmen. Im Film schaffte man sich dadurch Abhilfe, dass man ein Düsenflugzeug zeigte, aber das Motorengeräusch einer Propellermaschine zu hören bekam.

Überaus überraschend war die Wahl der Darsteller für **DIE UNGLAUBLICHE REISE IN EINEM VERRÜCKTEN FLUGZEUG**. Während heute jedermann den mittlerweile verstorbenen Leslie Nielsen als Aushängeschild für Slapstick-Komödien wie DIE NACKTE KANONE kennt, war er vor **FLUGZEUG** in erster Linie für ernste Unterhaltung bekannt. Der Image-Wechsel sollte mit seiner ersten Zusammenarbeit mit Zucker, Abrahams und Zucker eingeläutet werden.

Der Basketballspieler Kareem Abdul-Jabbar absolvierte hier seinen ersten Gastauftritt in einem Kinofilm, war jedoch auch immer wieder in TV-Serien zu sehen.

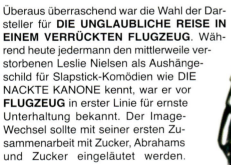

Die UNGLAUBLICHE REISE IN EINEM VERRÜCKTEN FLUGZEUG ist prall gefüllt mit Witzen jeglicher Art. Überraschenderweise gab es kaum Szenen in denen improvisiert wurde, fast alle Witze standen in der Form wie sie zu sehen sind, genau so im Drehbuch.

Robert Stack in seiner Rolle als Rex Kramer. Kramer spielte nicht nur in dem ZAZ-Klassiker, sondern auch in dem Spielberg-Film 1941 – WO BITTE GEHT´S NACH HOLLYWOOD? mit.

Ebenso rühmten sich die anderen Darsteller wie Peter Graves oder Lloyd Bridges eines seriösen Ansehens und wirkten demnach eher unpassend für die Rollen, die man für sie auserkoren hatte. ZAZ hatten jedoch einen gänzlich anderen Blick auf die Situation und hielten an ihrer Entscheidung fest. Doch selbst die Darsteller hatten ihre Schwierigkeiten, sich in die Rollen einzufinden. Nielsen traf bei den ersten Proben nicht den richtigen Ton und Lloyd Bridges tendierte die ganzen Dreharbeiten über dazu, seine Rolle zu hinterfragen und einen Sinn in der Handlung seiner Figur zu suchen. Im fertigen Film bekommt man von diesen Problemen jedoch nichts mit, nicht zuletzt deswegen, weil der Slapstick-Humor recht dominant und brachial ist und nicht auf subtile Leistungen der Darsteller angewiesen ist.

Lediglich 3,5 Millionen Dollar standen den drei Regisseuren für die Produktion des Films zur Verfügung und man sparte an allen Ecken und Enden. Für die Aufnahmen am Flughafen heuerte man beispielsweise nur einige wenige Komparsen an und filmte stattdessen die echten Besucher des Flughafens. Man hatte nicht nur Dialoge aus anderen Filmen 1:1 übernommen, sondern verfügte am Set auch über eine Videokassette von ZERO HOUR! und kopierte Kameraeinstellungen und Positionen

aus dem Film. Fast alle Szenen wurden in den Culver Studios geschossen, lediglich für ein paar Außenaufnahmen erhielt man für einige wenige Stunden die Erlaubnis auf der Start- und Landebahn vom LAX (Los Angeles) zu drehen. Innerhalb von 34 Tagen waren die Dreharbeiten abgeschlossen. Das Schneiden konnte beginnen und die ersten Test-Screenings nahmen ihren Lauf.

Die erste grobe Schnittfassung präsentierte man in Michael Eisners Haus, seines Zeichens Präsident von Paramount Pictures und neben Jeffrey Katzenberger damals der größte Befürworter des Films. Da Eisner und dessen Kinder begeistert von dem Film waren und Eisner empfahl, die knapp 3-stündige Fassung nicht weiter zu bearbeiten, führte man ein zweites Screening durch. Man organisierte ein Test-Screening mit etwa 30 Führungskräften von Paramount als Testpublikum; zusätzlich wurden noch einige Leute von der Straße ausgewählt. Dabei ging man nicht sonderlich gewissenhaft vor, da man sich teilweise Leute herauspickte, die kaum Englisch sprachen. Die Testvorführung war eine Enttäuschung. Während man dem Publikum in der ersten Hälfte immerhin ein paar Lacher entlocken konnte, erntete man in der zweiten Hälfte lediglich Stille. Völlig zerschlagen, machte man sich erneut an den Schnitt

Deutsches Kinoplakat (EA) von 1980
Verleih: CIC

Stabangaben: USA 1980	88 Minuten

REGIE: Jim Abrahams, David Zucker, Jerry Zucker • DREHBUCH: Jim Abrahams, David Zucker, Jerry Zucker • KAMERA: Joseph F. Biroc • SCHNITT: Patrick Kennedy • MUSIK: Elmer Bernstein • PRODUZENTEN: Jon Davison, Howard W. Koch • PRODUKTIONSFIRMER: Paramount Pictures • ORIGINALTITEL: Airplane! STARTTERMIN USA: 02. Juli 1980
EINSPIELERGEBNIS USA: 83.453.539 $
DARSTELLER:

Leslie Nielsen	Dr. Rumack
Lloyd Bridges	Steve McCroskey
Peter Graves	Captain Clarence Oveur
Julie Hagerty	Elaine Dickinson
Robert Hays	Ted Striker
Loma Patterson	Randy
Robert Stack	Rex Kramer
Kareem Abdul-Jabbar	Roger Murdock
Stephen Stucker	Johnny
Jonathan Banks	Gunderson

und orientierte sich dabei an den Tonbandaufnahmen des Screenings. Anhand der Lacher wählte man die guten Szenen aus und stutzte die 180-Minuten-Fassung langsam zurecht. Immer wieder führte man den Film an verschiedenen Universitäten auf, um zu sehen, welche Szenen Lacher für sich verbuchen konnten und welche nicht. Am Ende hatte man eine Fassung, die ohne den Abspann eine Laufzeit von 78 Minuten aufwies.

Schließlich stand die Premiere des fertigen Films an. Michael Eisner bestand darauf, diese in den Paramount Studios abzuhalten. Fatalerweise kamen die Filmrollen durcheinander, was für einige Verwirrung beim Publikum sorgte und somit die Premiere und den Film nicht ins beste Licht rückte. Vor dem offiziellen Release am 2. Juli 1980 lief **FLUGZEUG** am 27. Juni in Toronto und Buffalo an,

konnte sein Publikum aber nicht finden. Dies sollte jedoch kein Indiz für den Erfolg des Films sein, im Gegenteil. 700 Kopien wurden landesweit ausgeliefert und innerhalb der ersten zwei Tage hatte man die Kosten des Films eingespielt und sollte am Ende 83 Millionen Dollar allein in den USA einspielen.

DIE UNGLAUBLICHE REISE IN EINEM VERRÜCKTEN FLUGZEUG war nicht nur ein Publikumsliebling, es hagelte auch positive Kritiken. Viele Kritiker bezeichneten den Film als einen der besten des Jahres 1980 und die Writer Writers Guild of America (Gewerkschaft der Autoren) zeichnete den Film sogar für sein Drehbuch aus (Best Comedy Adapted from Another Medium). Welchen Einfluss der Film weltweit haben sollte, konnte freilich niemand erahnen, jedoch ebnete er

nicht nur den Pfad für die Karriere von Leslie Nielsen als Komiker, sondern war auch der Grundstein für eine Reihe von Slapstick-Komödien (Filme und Serien), die aus der Feder der drei Freunde kommen sollten und mit denen sie weltweite Erfolge feierten. Auch heute hat der Film nur wenig seines Status eingebüßt und wurde erst jüngst vom amerikanischen TV Sender ABC als beste Komödie aller Zeiten gekürt. Noch viel wichtiger als diese Würdigung ist die Aufnahme von **FLUGZEUG** in die National Film Registry im Jahr 2010. In diese werden nur Filme aufgenommen, die als besonders erhaltenswert angesehen werden.

Konzentriert man sich bei der Sichtung des Films rein auf den Humor, kommt man wohl nicht umhin, ob der zahlreichen Ehrungen zu stutzen. Denn was hier aufgetischt wird, regt zwar gerade in der Gruppe zum Lachen an, wirkt aber teils recht plump und lässt nur allzu häufig Feinheiten vermissen. Selbstverständlich darf man jedoch den Einfluss des Films nicht vernachlässigen, den er nicht nur auf Leute wie die Farrelly Brothers, sondern auch auf die Filmlandschaft ausgeübt hat. **DIE UNGLAUBLICHE REISE IN EINEM VERRÜCKTEN FLUGZEUG** ist eine waschechte und völlig überdrehte Parodie, die nicht nur alle erdenklichen Flugzeug-Filme durch den Kakao zieht, sondern auch etliche andere Hollywood-Filme referenziert. Ein recht weit verbreitetes Gerücht behauptet, dass viele Szenen und Dialoge im Film improvisiert sind. Erstaunlicherweise gibt es in **FLUGZEUG** so gut wie gar keine Improvisation, man folgte hingegen überaus gewissenhaft dem Drehbuch. Selbst in der deutschen Synchronisation, für die viele der Original-Witze abgeändert werden mussten, ist der Film noch sehenswert und für einige Lacher gut, vorausgesetzt man ist nicht zu wählerisch. (SW)

LESLIE
NIELSEN

Leslie Nielsen war bis zu seinem Auftritt in DIE UNGLAUBLICHE REISE IN EINEM VERRÜCKTEN FLUGZEUG ausschließlich in ernsten Rollen zu sehen. Erst nach seiner Rolle als Dr. Pumack entdeckten er und das Publikum sein komödiantisches Talent. Es war quasi der Startschuss für seine zweite Karriere.

Leslie Nielsen wurde am 11. Februar 1926 im kanadischen Saskatchewan geboren. Seine Schauspielkarriere begann er 1949 im TV und als er am 28. November 2010 an den Folgen einer Lungenentzündung verstarb, konnte er auf eine überaus umfangreiche Filmographie zurückblicken. Seine erste Rolle erhielt er in der Serie *Studio One in Hollywood* (1948-1958), in deren 10 Staffeln auch Schauspieler wie Charlton Heston und James Dean Auftritte hatten.

1956 erhielt Nielsen seine erste große Rolle in einer Hollywoodproduktion. ALARM IM WELTALL (FORBIDDEN PLANET, 1956) wirkte nicht nur inspirierend auf den Star Trek Erfinder Gene Roddenberry und auf George Lucas, sondern brachte Nielsen auch einen Langzeitvertrag mit MGM ein. Es folgten etli-

che weitere Rollen in größeren und kleineren Produktionen. Den Wendepunkt in Nielsens Karriere markierte allerdings seine Nebenrolle in DIE UNGLAUBLICHE REISE IN EINEM VERRÜCKTEN FLUGZEUG (AIRPLANE!, 1980). War er bis dahin ausschließlich für ernste Rollen bekannt, erfand sich der Schauspieler hier neu und startete einen neuen Ab-

S.S. MAGOO

schnitt in seiner Filmographie. Es folgten zwar weiterhin Auftritte in ernsten Rollen, beispielsweise in den Horrorfilmen PROM NIGHT (1980) und DIE UNHEIMLICH VERRÜCKTE GEISTERSTUNDE (CREEPSHOW, 1983), doch den größten Bekanntheitsgrad erlangte Nielsen in seiner Paraderolle als Frank Drebin in der Kult-Serie *Die nackte Pistole* (1982) und in den entsprechenden Filmen. Der erste Film der Polizeikomödie erschien 1988 und lief unter dem Namen DIE NACKTE KANONE (THE NAKED GUN: FROM THE FILES OF THE POLICE SQUAD!, 1988) in den Kinos. 1991 und 1994 folgten die beiden Sequels und drückten Nielsen endgültig den Stempel des Komödienstars auf.

Neben seiner bekanntesten Rolle in den KANONE-Filmen hatte Nielsen darüber hinaus in vielen anderen Komödien Auftritte. In diesen wurde, wie bei KANONE, ein bestimmtes Genre aufs Korn genommen. In VON ALLEN GEISTERN BESESSEN! (REPOSSESSED, 1990) widmete man sich dem Horrorgenre und parodierte primär William Friedkins DER EXORZIST (THE EXORCIST, 1973). Man konnte sogar Linda Blair für eine der Hauptrollen casten, die in DER EXORZIST die besessene Regan gespielt hatte. In DRACULA - TOT ABER GLÜCKLICH (DRACULA: DEAD AND LOVING IT, 1995) nahm man sich den Dracula-Mythos zur Brust, während 2002 - DURCHGEKNALLT IM ALL (2001: A SPACE TRAVESTY, 2000) Stanley Kubricks 2001: ODYSSEE IM WELTRAUM (2001: A SPACE ODYSSEY, 1968) parodierte. Nielsen war zwar nicht mehr so aktiv wie zu Beginn seiner Karriere, jedoch immer noch in etlichen Komödien zu sehen, die allerdings allesamt längst nicht so überzeugend und beliebt waren wie die KANONE-Filme, auf die er mittlerweile mehr oder minder festgenagelt wird. In weiteren Nebenrollen in SCARY MOVIE 3 (2003) und SCARY MOVIE 4 (2006) sowie SUPERHERO MOVIE (2008) konnte er ebenso wenig an die Sternstunden seiner Karriere anknüpfen.

Im Laufe seiner Karriere spielte Nielsen weit mehr als 200 Film- und TV-Figuren und hat damit ein mehr als beachtliches Portfolio aufgebaut. Beeindruckender ist dabei fast noch die Tatsache, dass er die meisten Auftritte vor DIE NACKTE KANONE hatte und mit diesem Film trotzdem in der Lage war, seiner Karriere einen neuen Impuls zu geben. Auch wenn längst nicht alle Komödien, in denen er mitspielte, gelungen waren, tut dies weder seiner Beliebtheit noch seiner Wichtigkeit für das Comedy-

Genre einen Abbruch. Daher erhielt er 1988 auch seinen wohlverdienten Stern auf dem Hollywood Boulevard. Seinen letzten Witz hinterließ Leslie Nielsen als Inschrift auf seinem Grabstein. Dort steht: „Let 'er rip". Im Englischen wird dieser Ausdruck umgangssprachlich fürs Furzen verwendet und bedeutet frei übersetzt soviel wie „Gib Gas". Ein letztes Zeugnis davon, wie perfekt Leslie Nielsen im Comedy-Genre aufgehoben war.

Leslie Nielse in seiner Paraderolle als Frank Drebin, den er in insgesamt drei Filmen spielte. Ähnlich gelagerte Rollen in nicht so gelungenen Filmen schlossen sich diesen Produktionen fast nahtlos an. Um den Schauspielern die unangenehme Position zu erleichtern, baute man Fahrradsättel an die Kreuze.

MONTY PYTHON'S
DAS LEBEN DES BRIAN

Starttermin in
Deutschland:
14.08.'80
Besucher in
Deutschland:
1.320.000

DAS LEBEN DES BRIAN sorgte weltweit für Schlagzeilen, die kontroverseste Szene war jedoch zweifelsohne die Kreuzigung am Ende des Films, bei der man in bester Disney-Manier ein fröhliches Lied sang. Always Look on the Bright Side of Life ist auch heute noch ein überaus beliebter Song, der immer wieder gesungen wird.

INHALT:
Brian hat kein leichtes Leben. Zufällig wurde er am 25. Dezember in Bethlehem geboren. In einer Scheune, nicht weit vom Geburtsort Jesu. Immer wieder wird er fälschlicherweise für den Messias gehalten, selbst die heiligen drei Könige verirrten sich zunächst in seinen Stall. Aus purer Langeweile plant er eines Tages, sich der Widerstandsgruppe Volksfront von Judäa anzuschließen. Die Widerstandsgruppe erweckt die Aufmerksamkeit von Pontius Pilatus und so dauert es nicht lange, bis Brian als Gefangener vor Pilatus landet.

So richtig Einigkeit herrscht nicht darüber, wo die initiale Idee für **DAS LE-BEN DES BRIAN** das Licht der Welt erblickte. Ob nun während eines Kanadaaufenthalts anlässlich der Promo-Tour zu DIE RITTER DER KOKOSNUSS (MONTY PYTHON AND THE HOLY GRAIL, 1975) oder bei einem Aufenthalt in New York, hundertprozentig sicher kann man sich nicht sein. Terry Jones ist jedoch der festen Überzeugung, dass es während einer Kneipentour in Amsterdam passiert ist, an der er zwar nicht teilnahm, über die er jedoch per Postkarte unterrichtet wurde.

„Wir fielen fast vom Stuhl vor Lachen."
(Terry Gilliam) [1]

Es steht in jedem Fall fest, dass Eric Idle den Titel *Jesus Christ - Lust for Glory (Jesus Christus - Gier nach Ruhm)* für ihren nächsten gemeinsamen Film in den Raum warf, der nicht nur zur allgemeinen Erheiterung beitrug (s. Zitat), sondern auch das Interesse bei der gesamten Monty-Python-Crew weckte. Dabei stand keinesfalls fest, ob man überhaupt die gesamte Gruppe für einen gemeinsamen Film zusammentrommeln könnte. John Cleese war beispielsweise mit den *Fawlty Towers* überaus erfolgreich, Terry Gilliam stand kurz davor JABBERWOCKY (1977) zu drehen und auch der Rest der Truppe war in diversen Projekten involviert.

Lust for Glory traf jedoch den Geschmack

Um die Feinheiten des Drehbuchs herauszuarbeiten und in eine finale Form zu pressen, wollte man an einem anderen Ort weiterschreiben. Das graue, triste und verregnete England bot einfach nicht die richtige Kulisse, um die Geschichte um Brian auszuarbeiten. Zufälligerweise befand sich Eric Idle zu diesem Zeitpunkt auf Barbados. Anstatt ihn also an einen anderen Ort zu holen, entschied man sich kurzerhand dafür, die Arbeiten in Barbados fortzusetzen. Allen Sorgen zum Trotz – man befürchtete, sich von der wunderbaren Umgebung zu stark ablenken zu lassen – entpuppte sich Barbados als der perfekte Ort für die Arbeiten am Drehbuch. Man genoss zwar das Leben und spielte auch mal mit Mick Jagger Scharade, arbeitete aber

sonst sehr gewissenhaft am neuen Projekt. Ein absoluter Glücksfall war das Treffen mit Barry Spikings, Produktionschef von EMI. Spikings, der schon DIE RITTER DER KOKOSNUSS erfolgreich in die britischen Kinos gebracht hatte, wollte das Drehbuch unbedingt lesen und war von der Arbeit überaus angetan. Nach der Rückkehr nach England hatte man nicht nur ein fertiges Drehbuch im Gepäck, sondern bekam auch mitgeteilt, dass EMI den Film mit einem Budget von 2 Millionen Pfund produzieren wollte.

Eine Frage stand noch ein wenig offen im Raum - die Frage wer die Hauptrolle übernehmen sollte. Grundsätzlich hatte man Graham Chapman als Brian vorgesehen, doch

der Truppe, so dass das Projekt langsam ins Rollen kam. Zwar waren alle religiös erzogen worden, hatten aber schon seit ihrer Kindheit keinen allzu engen Bezug zur Kirche mehr. Nichtsdestotrotz wollte man es vermeiden, Blasphemie zu begehen. Zunächst sollte es um Brian, den 13. Apostel Jesu gehen, der immerzu in Fettnäpfchen trat und für allerlei lustige Momente sorgte. Eine intensive Recherche nahm ihren Lauf. Man las die Bibel, wälzte Qumran-Rollen und schaute sich alte Filme wie QUO VADIS? (1951) oder BEN HUR (1959) an. Jeder schrieb eigene Sketche und Szenen, aus denen man bei den gemeinsamen Treffen eine Geschichte formte.

Allzu schnell kristallisierte sich heraus, dass es nicht möglich war, eine Komödie zu schreiben, wenn man die Geschichte um Jesus drehen ließ. Wann immer Jesus auftauchte, wurde es (zu) ernst. Jesus war einfach nicht witzig und das, was er sagte, hatte Hand und Fuß, also nicht die passende Basis, um sich darüber lustig zu machen. So wurde **BRIAN** die Geschichte vom Kerl, der in der gleichen Nacht wie Jesus im Stall nebenan geboren wurde und für allerlei Verwirrung sorgen sollte. Kein Film über die Kirche, sondern über die Leute, die einem mutmaßlichen Propheten hinterherlaufen, ohne irgendetwas kritisch zu hinterfragen. Als der Rahmen stand, dauerte es nicht lange, bis das erste Skript 1976 fertig war.

MONTY PYTHON'S
Im Verleih der Cinema International Corporation

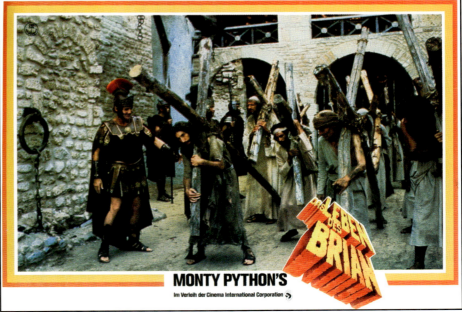

MONTY PYTHON'S
Im Verleih der Cinema International Corporation

MONTY PYTHON'S

Im Verleih der Cinema International C...

DAS LEBEN DES BRIAN

gab es im Team auch Bedenken darüber, dass er die Produktion auf Grund seines Alkoholkonsums nicht durchstehen könnte. John Cleese auf der anderen Seite wollte gerne die Hauptrolle übernehmen, um endlich mal eine durchgängige Rolle in einem Film zu haben und nicht immer nur Nebencharaktere mimen zu müssen. Der Rest der Pythons war sich jedoch einig, dass John Cleese unbedingt Reg spielen müsse und definitiv nicht die richtige Person für Brian war. Letztlich blieb es bei der ersten Idee und man wählte Chapman für die Hauptrolle aus. Alle Zweifel wurden aus dem Weg geräumt, als Chapman völlig nüchtern bei den Dreharbeiten auftauchte. Er hatte erkannt, dass er Hilfe brauchte und eine Entziehungskur gemacht.

„Ich werde mir nicht nachsagen lassen, dass ich mich ‚ber den verdammten Jesus Christus lustig gemacht habe!"
(Bernard Delfont) *2

Exakt zwei Tage bevor die Dreharbeiten in Tunesien losgehen sollten, blies Sir Bernard Delfont, Firmenchef von EMI, das Projekt ab. Kurz zuvor hatte er das Drehbuch zum ersten Mal gelesen und war geradezu entsetzt, warf der Geschichte Blasphemie vor und entzog dem Projekt jegliche Unterstützung. Da man bereits 50.000 Pfund in die Pre-Production investiert hatte, sah man sich gezwungen, das Geld durch eine Klage zurück zu fordern. Auf Grund intern zugespielter Memos war die Klage von Erfolg gekrönt. Das Problem des fehlenden Produktionsstudios blieb selbstverständlich bestehen. Letzten Endes sollte Eric

Eric Idle in einer von neun Rollen.

*2: 40 Jahre Monty Python

MONTY PYTHON'S

Im Verleih der Cinema International Corporation

Idle seine Connections zum Beatle George Harrison spielen lassen, den er während der Promo zu KOKOSNUSS in Los Angeles kennengelernt hatte. Harrison gründete recht spontan die Filmproduktionsfirma HandMade Films, um **BRIAN** produzieren zu können. Um das Geld aufzubringen – am Ende sollte BRIAN ein Budget von 4 Millionen Pfund zur Verfügung haben – musste Harrison als Sicherheit sein Haus Friar Park verpfänden.

„Es war eine der schönsten Erfahrungen meines Lebens."

(John Cleese) [1]

Nach diesem Auf und Ab konnten die Dreharbeiten in Tunesien endlich beginnen. In Retrospektive sind sich alle darüber einig, dass die Arbeit an **BRIAN** mit zu den besten gemeinsamen Erlebnissen gehört. John Cleese geht sogar so weit zu sagen, dass es die angenehmsten Drehtage waren, die er jemals erlebte. Die Aussage ist umso interessanter, wenn man bedenkt, dass die Aufnahmen für die letzte Szene am Kreuz drei Drehtage dauerten, er zu diesem Zeitpunkt ernsthaft krank war und unter Magenbeschwerden und Fieber litt.

Dass die Dreharbeiten so angenehm verliefen, verdankte man dem Umstand, dass dieses Mal nicht Terry Gilliam Regie führte, sondern Terry Jones. Die Dreharbeiten unter Gilliam bei DIE RITTER DER KOKOSNUSS

*1: Python über Python

hatte man als brutal in Erinnerung und die grausame Behandlung der Schauspieler schreckte die Leute davon ab, diese Konstellation erneut zu wählen. Gilliam störte die Wahl nicht sonderlich, hatte er zwischenzeitlich doch JABBERWOCKY gedreht und empfand die Regiearbeit bei den Pythons ohnehin als Drecksarbeit (*1). Stattdessen konzentrierte sich Gilliam auf den Bau der Kulissen, arbeitete später am Schnitt mit (wo er sich erneut mit Terry Jones in die Haare bekam) und steuerte die bizarrste Szene des Films bei: Die Rettung Brians durch Außerirdische. Zunächst als Animationsszene geplant, entschied man sich dafür, eine Live-Sequenz daraus zu machen. Mit einem überaus schmalen Budget schusterte Gilliam die Special Effects zusammen und erntete sogar Lob von George Lucas, den er zufälligerweise mal am Flughafen in San Francisco traf.

Ist die Szene mit den Außerirdischen die bizarrste des Films, dürfte das Ende des Films mit Abstand am kontroversesten sein. Man suchte nach einem passenden Finale und kam auf die Idee, **BRIAN** mit einem Lied zu beenden. Es musste jedoch ein fröhliches Lied sein, wie bei einem Disney-Song. So entwickelte man nach und nach die Musical-Szene während der Kreuzigung. Die Dreharbeiten waren dabei relativ unangenehm. Zum einen wurden einige Mitglieder von Krankheiten geplagt, zum anderen war der Aufenthalt an den Kreuzen im Allgemeinen recht strapaziös. Man hatte zwar Fahrradsättel angebracht, um es den Darstellern ein wenig bequemer zu machen, dies schuf aber nur leidlich Abhilfe. Hinzu kam, dass man nur drei Leitern zur Verfügung hatte, so dass es einige Zeit dauerte, bis man vom Kreuz heruntersteigen konnte. Am Ende war aber auch diese Szene im Kasten und der Song „Always Look on the Bright Side of Life" sollte sich als absoluter Hit entpuppen, der auch heute noch gerne gesungen wird.

Bereits Bernard Delfonts Reaktion zeigte, dass **BRIAN** Wellen schlagen würde und es nicht nur positive Stimmen geben würde. Seine Weltpremiere sollte der Film in den USA feiern, weil man auf die Meinungsfreiheit und Toleranz der Amerikaner setzte. Die ersten Proteste ließen jedoch nicht lange auf sich warten. Die Vereinigung der New Yorker Rabbiner protestierte, weil man bei der Steinigung einen Gebetsschal verwendet hatte. Nonnen hielten Mahnwachen vor Kinos in New York, dabei taucht Jesus Christus lediglich zweimal im Film auf. In vielen Staaten der USA wurde der Film verboten und man erhielt Todesdrohungen. All dies, weil man der Meinung war, der Film wäre ein blasphemisches Werk. Auch in England gab es gemischte Reaktionen. Ein landesweites Verbot konnte sich zwar nicht durchsetzen und zum

Die Monty Python Truppe hatte sichtlich Spaß am Film. Jeder Darsteller war in unterschiedlichen Rollen zu sehen, selbst Frauen wurden von der Komikertruppe gespielt. Die Dreharbeiten wurden von der britischen Komiker-Truppe durchweg als sehr angenehm bezeichnet.

Deutsches Kinoplakat (EA) von 1980
Verleih: Filmwelt

Stabangaben: USA 1979 | 94 Minuten

REGIE: Terry Jones • DREHBUCH: Graham
Chapman, John Cleese, Terry Gilliam, Eric Idle,
Terry Jones, Michael Palin • KAMERA: Peter
Biziou • SCHNITT: Julian Doyle • MUSIK: Ge-
offrey Burgon • PRODUZENT: George Harri-
son, Deni O'Brien • PRODUKTIONSFIRMEN:
Handmade Films, Python (Monty) Pictures •
ORIGINALTITEL: Life of Brian
STARTTERMIN USA: 17. August 1979
EINSPIELERGEBNIS USA: 20.045.115 $
DARSTELLER:
Graham Chapman ....Brian Cohen,
                                                    Schwanzus Longus,
                                   Waiser aus dem Morgenland
John Cleese ....Reg. Centurio,
                                                    Hohepriester,
                                   Waiser aus dem Morgenland
Terry Gilliam ....Blut-und-Donner-Prophet,
                                                    Gefängniswärter
Michael Palin ....Pontius Pilatus,
                                                    Rübennase,
                                   Waiser aus dem Morgenland
Terry Jones ....Mutter Cohen,
                                   Eremit, Simon von Cyrene
Eric Idle ....Stan, Mr. Cheeky,
                              Bartverkäufer, Gefängniswärter
Sue Jones-Davies ....Judith Ischariot
Kenneth Colley ....Jesus
Terence Bayler ....Mr. Gregory, 2. Centurio
John Young ....Matthias,
                                   Verurteilter bei Steinigung

Erstaunen aller wurde nichts zensiert, allerdings verboten diverse Stadt-räte die Ausstrahlung des Films. Gerne auch mal, obwohl es in der betreffenden Stadt nicht einmal ein Kino gab. In Norwegen bekam **BRIAN** gar ein Aufführungsverbot, so dass man den Film in Schweden mit den Zeilen „So witzig, dass er in Norwegen verboten wurde." bewarb. Den Pythons war der Medienrummel nur recht, denn trotz oder gerade wegen der Teils negativen Presse blieb der finanzielle Erfolg nicht aus. **BRIAN** wurde der erfolgreichste Film der Monty-Python-Crew und ist möglicherweise auch ihr bekanntester.

„Ich denke, es ist unser reifstes Werk."
(John Cleese) [1]

Die Proteste und Beschwerden fußten allesamt auf der Annahme, dass hier Blasphemie begangen wurde und das, obwohl die meisten Protestierenden den Film nicht einmal gesehen hatten. Dabei ist **BRIAN** zwar bitterböse und eine britische Satire par excellence, je-

doch weder blasphemisch, noch ketzerisch. Wie John Clesse so passend sagte „Nicht die Lehren von Religionsgründern sind absurd, sondern das, was ihre Jünger daraus machen."[1]. Umso amüsanter also, dass die Proteste genau diesen blinden Gehorsam widerspiegeln, welcher im Film teilweise angeprangert wird. Um der Wahrheit genüge zu tun, wird die Bibel in **BRIAN** gar als Wahrheit respektiert. Der Humor ist am Ende selbstverständlich reine Geschmackssache. Teils infantil, teils subtil, ist er doch immer extrem British und häufig auch einfach völlig over the top. Vielleicht nicht der beste Film der Pythons, aber zweifelsohne mit etlichen Szenen und Zitaten ausgestattet, die im Gedächtnis bleiben. (SW)

*1: Python über Python

STAR TREK
DER FILM

Den Spezialeffekten wurde sehr viel Platz eingeräumt. Trotz der chaotischen und hektischen Entstehungsgeschichte konnten diese auch über weite Strecken überzeugen und mussten sich nicht hinter den Schauwerten von Star Wars verstecken. Trotzdem fehlte es dem Film an Tempo und Action.

INHALT:
Als sich eine riesige Energiewolke dem Sonnensystem nähert und sämtliche Raumschiffe, die sich ihr nähern, zerstört, übernimmt Admiral Kirk wieder die Enterprise und schart seine alte Crew um sich. Als sie sich der Energiewolke nähern, wird das Schiff gescannt, und die Navigatorin Ilia entführt wird. Schließlich stellt sich heraus, dass die Wolke auf der Suche nach ihrem Schöpfer ist. Als sich die Enterprise immer weiter in die Wolke vorwagt, offenbart sich der Crew ein altes Geheimnis.

Es wird den Fans des Star-Trek-Franchises nicht gefallen, aber ohne den gigantischen Erfolg von KRIEG DER STERNE (STAR WARS, 1977) hätte es den ersten Kinoeinsatz der alten Enterprise-Crew kaum gegeben. Dass Kirk, Spock und Co. überhaupt den Weg auf die Leinwand fanden und sich aus diesem Erstling eine immens erfolgreiche Kinoserie entwickelte, ist bei der kuriosen Entstehungsgeschichte zudem ein kleines Wunder.

1969 wurde die klassische Star-Trek-Serie nach drei Staffeln aufgrund eher enttäuschender Quoten abgesetzt. Doch im Laufe der Jahre und der ständigen Wiederholungen im amerikanischen Kabelfernsehen entwickelte sich das nur scheinbar gefloppte Format zu

einem Geheimtipp mit wachsender Popularität, nicht zuletzt auch deswegen, weil es weltweit in 60 Länder verkauft werden konnte. Paramount trat daher bereits 1972 an Gene Roddenberry, Schöpfer der Serie heran, um eine eventuelle Fortführung von Star Trek zu besprechen. Dem Studio schwebte ein TV-Film oder ein Low-Budget-Film vor, doch damit war Roddenberry nicht einverstanden. Da man aus vertraglichen Gründen ohne den „Erfinder" keine weiteren Star-Trek-Produktionen angehen konnte, verschwand der Plan in den Schubladen – aber nur einstweilen. da sich die weiteren Projekte von Roddenberry als Fehlschläge erwiesen, änderte er schnell seine Meinung und akzeptierte das Angebot, ein Drehbuch für einen Star-Trek-Spielfilm zu schreiben, dessen Budget bei knapp drei Mil-

lionen Dollar liegen sollte. Paramount gefiel das Drehbuch jedoch nicht und forderte weitere Vorschläge, kontaktierte jedoch auch weitere Autoren und Regisseure, u.a. auch Steven Spielberg und William Friedkin.

Doch da dem Studio auch die weiteren Drehbücher nicht zusagten, wurde das Kinoprojekt 1977 auf Eis gelegt. Stattdessen wurde im Juni 1977 sehr überraschend eine Fortführung der Serie im TV angekündigt. Hintergrund dieser Entscheidung war, dass Paramount ein viertes großes TV-Network aufbauen wollte. Und *Star Trek: Phase 2* sollte die erste Eigenproduktion des Senders sein. Alle Beteiligten der Ur-Serie konnte man verpflichten - bis auf Leonard Nimoy, doch dazu an anderer Stelle mehr. Allerdings ergaben sich schon hier Probleme mit dem Drehbuch zur Pilotfolge, das den Titel *In Thy Image* trug. Selbst sechs Wochen vor Drehstart lag noch kein endgültiges Skript vor. Zudem entbrannte hinter den Kulissen ein Machtkampf, der sich auch und besonders auf den anschließenden Film auswirken sollte: Um Roddenberry nicht die alleinige Kontrolle

über das Projekt zu übertragen, wurde Harold Livingston installiert, der die konzeptionelle Ausrichtung der Serie überwachen sollte. Roddenberry und Livingston gerieten schnell aneinander. Der Streit gipfelte darin, dass Livingston aufgrund der zeitlichen Zwänge das Drehbuch zur Pilotfolge alleine verfasste. Ein Eklat drohte, doch nur knapp 3 Wochen vor Produktionsstart zog Paramount im November 1977 erneut den Stecker und wollte nun doch einen Kinofilm ins Rennen schicken. Der Hauptgrund für diesen Zick-Zack-Kurs lag in dem Umstand, dass Paramount von den Plänen eines eigenen Networks Abstand nahm. Um das investierte Geld nicht zu verlieren und aufgrund des Erfolgs von STAR WARS und DIE UNHEIMLICHE BEGEGNUNG DER DRITTEN ART (CLOSE ENCOUNTERS OF THREE KIND, 1977), lag die Produktion eines Kinofilms nun auf der Hand.

Nun drückte Paramount aufs Tempo, wollten sie doch ihren Film so schnell es ging in die Kinos bringen, bevor der vermeintliche Boom wieder vorbei war.

Im März 1978 wurde **STAR TREK - DER FILM** in einer medienwirksamen Pressekonferenz öffentlich angekündigt. Als Regisseur wurde der renommierte Robert Wise vorgestellt, der für WEST SIDE STORY (1962) und MEINE LIEDER - MEINE TRÄUME (THE SOUND OF MUSIC, 1965) bereits zweimal den Oscar entgegen nehmen durfte. Zudem hatte Wise auch bereits Science-Fiction-Erfahrung bei DER TAG AN DEM DIE ERDE STILL STAND (THE DAY THE EARTH STOOD STILL, 1951) und ANDROMEDA (THE ANDROMEDA STRAIN, 1971) sammeln können. Wise hatte jedoch nur unter der Bedingung zugesagt, dass Leonard Nimoy, alias Spock, an dem Film mitwirken würde. Doch der Schauspieler hatte sich sowohl mit Paramount, als auch mit Gene Roddenberry überworfen und bereits ein - seiner Meinung - inakzeptables Angebot für *Star Trek: Phase 2* abgelehnt. Der Grund für das Zerwürfnis mit Roddenberry hing mit der Serie QUESTOR zusammen, die von einem Androiden handelt, der durch die Zeit reist, um seinen Schöpfer zu finden. Die Hauptrolle sollte Nimoy übernehmen, Roddenberry war

Kollegen über Jahrzehnte hinweg: DeForest Kelley (Dr. Leonard „Pille" McCoy), Leonard Nimoy (Spock) und William Shatner (James T. Kirk). Nimoy und Shatner sind bis heute eng befreundet und waren die unumstrittenen Stars der Star-Trek-Filme – nutzten diese Position jedoch auch zu ihrem Vorteil, in dem sie verstärkt Einfluss auf die Produktionen nahmen - was ihren Co-Stars, u.a. auch Kelley, nicht immer gefiel. Sicherlich kein Zufall, dass sowohl Nimoy, als auch Shatner bei späteren Produktionen Regie führten und/oder an den Drehbüchern mitarbeiteten. Der Erfolg ihrer Star-Trek-Rollen „verfolgt" sie bis heute, womit sich jedoch beide mittlerweile arrangiert haben: Shatner trat als Regisseur von Star-Trek-Dokumentationen in Erscheinung, während Nimoy sogar eine tragende Rolle in dem Reboot aus dem Jahre 2009 spielte. Kelley starb bereits 1999.

für das Konzept zuständig, welches gemeinsam mit Nimoy 1973 entwickelt wurde. Kurz vor dem Dreh der Pilotfolge wurde Nimoy jedoch ohne weitere Erklärung von Roddenberry aussortiert und durch Robert Foxworth ersetzt. Die Art und Weise dieser Maßnahme verärgerte den Schauspieler ebenso, wie die illegale Veröffentlichung eines so genannten Pannenvideos. Cutter hatten sich während der Produktion der Original-Serie einen Spaß daraus gemacht, Pannen und Fehltritte, die während der Dreharbeiten passierten, zu einem kleinen Film zusammen zu schneiden. Dieses Filmchen wurde z.B. auf internen Weihnachtsfeiern gezeigt, war jedoch nie zur Veröffentlichung angedacht. Roddenberry vermietete dieses Pannenvideo nicht nur, sondern zeigte es auf Conventions gegen Eintritt auch den zahlenden Fans. Nimoy war so erbost, dass er durch die Screen Actors Guild sogar eine Unterlassungsklage einreichte. Ähnlich verfahren war die Situation mit dem Studio. Nachdem sich Star Trek im Laufe der Zeit immer größerer Beliebtheit erfreute, hatte Paramount ein kleines Vermögen durch diverse Merchandising-Produkte erzielt. Die Stars der Serie sahen davon jedoch keinen Cent, was der Schauspieler so nicht hinnehmen wollte. Wenn man dann noch bedenkt, dass er froh war, dass er seinem Klischee des gefühlskalten Spock entflohen war, war es nicht verwunderlich, dass Nimoy nicht gerade begeistert war, als er wegen des Kinofilms kontaktiert wurde.

„Zu dem Zeitpunkt war ich sauer auf Paramount, auf Gene und überhaupt auf alles, was mit Star Trek zusammenhing, und daher sagte ich meiner Agentin wortwörtlich: Wenn du mich jemals wieder wegen Star Trek anrufen solltest, bist du gefeuert. (...) Ich wollte da nicht mitmachen. Diesen Leuten verdankte ich nichts als Ärger und Kummer."

(Leonard Nimoy) [1]

Doch die Paramount-Chefetage ließ nicht locker und überzeugte durch Taten: Am Ende erhielt Nimoy nicht nur die ausstehenden Zahlungen, sondern auch die Zusage, dass er Einfluss auf das Drehbuch nehmen konnte. Doch Nimoy sagte nicht nur zu, weil seine Bedingungen erfüllt wurden, sondern, weil er einsah, dass ihm eine Absage eventuell schaden könnte - schließlich hatten alle anderen Schauspieler ja bereits ihre Verträge unterschrieben. Zudem war er mit der Original-Serie prinzipiell sehr zufrieden und wollte nicht, dass dieser Eindruck durch einen schlechten Film verwässert wurde.

Rückblickend fast unvorstellbar: Da sich Leonard Nimoy sowohl mit Gene Roddenberry als auch mit Paramount überworfen hatte, plante man, den ersten Kinoeinsatz der Enterprise-Crew ohne Spock umzusetzen. erst nachdem Regisseur Robert Wise sein Mitwirken von einem Engagements Nimoys abhängig machte, gaben die Verantwortlichen nach, und einigten sich mit dem verärgerten Schauspieler auf einen Vergleich.

DIE
STAR-TREK-FILME

Star Trek entwickelte sich über Jahrzehnte hinweg zu einem wahren Goldesel für Paramount. Neben der Originalserie, die zwischen 1966 bis 1969 entstand, wurden zwischen 1987 bis 2005 vier weitere Star-Trek-Serien (*The Next Generation, Deep Space Nine, Voyager und Enterprise*) - wobei die animierte Serie nicht berücksichtigt wurde - produziert. Abseits davon ging man auch mit den Kinofilmen in Serie und produzierte bislang elf Spielfilme, in deren Verlauf nicht nur der sichtbare Wechsel von James T. Kirk (Star Trek) zu Jean-Luc Picard (Star Trek: The Next Generation) vollzogen wurde, sondern mittlerweile auch ein Reboot den Weg in die Kinos fand, das das Franchise in eine neue Richtung führen soll.
Zur Übersicht die Einspielergebnisse der einzelnen Filme. (TH)

EIN- UND AUSGABEN DER STAR-TREK-FILM-REIHE

Jahr	Deutscher Titel	Originaltitel	Budget $ (ca.)	Einspiel (Welt)	Besucherzahlen (D)
1979	Star Trek: Der Film	Star Trek: The Motion Picture	46.000.000	139.000.000 $	1.150.000
1982	Star Trek 2: The Wrath of Khan	Star Trek 2: Der Zorn des Khan	11.000.000	97.000.000 $	512.000
1984	Star Trek 3: Auf der Suche nach Mr. Spock	Star Trek 3: The Search for Spock	17.000.000	87.000.000 $	322.887
1986	Star Trek 4: Zurück in die Gegenwart	Star Trek 4: The Voyage Home	27.000.000	133.000.000 $	509.933
1989	Star Trek 5: Am Rande des Universums	Star Trek 5: The Final Frontier	27.000.000	63.000.000 $	183.531
1991	Star Trek 6: Das unentdeckte Land	Star Trek 6: The Undiscovered Country	17.000.000	97.000.000 $	532.132
1994	Star Trek: Treffen der Generationen	Star Trek: Generations	35.000.000	118.000.000 $	1.806.592
1996	Star Trek: Der erste Kontakt	Star Trek: First Contact	45.000.000	146.000.000 $	2.415.883
1998	Star Trek: Der Aufstand	Star Trek: Insurrection	58.000.000	112.000.000 $	2.430.844
2002	Star Trek: Nemesis	Star Trek: Nemesis	60.000.000	67.000.000 $	1.274.837
2009	Star Trek	Star Trek	150.000.000	385.000.000 $	1.274.704

11 Teile · **Produktionskosten: US$ 493.000.000** (ca.) · **Einnahmen: US$ 1.444.000.000** (ca.)

*1: Star Trek. Erinnerungen. Die Filme, William Shatner, Chris Kreski

Das Budget wurde zu diesem Zeitpunkt noch auf 15 Millionen Dollar taxiert, als Drehbuchbasis wurde die Story des ursprünglichen Pilotfilms zu *Star Trek: Phase 2* benutzt. Um den Weggang von Harold Livingston zu kompensieren, wurde Dennis Clark verpflichtet. Doch wenig überraschend verkrachte auch er sich mit Roddenberry und wurde nach 90 Tagen von dem Projekt entbunden, und noch immer gab es kein annehmbares Drehbuch. Da der Zeitdruck bereits jetzt immens war, holte man wieder Livingston an Bord, da er ja der Initiator des ursprünglichen Drehbuchs war. Er las sich das Roddenberry-Skript durch und hatte für die Verantwortlichen wenig gute Nachrichten im Gepäck.

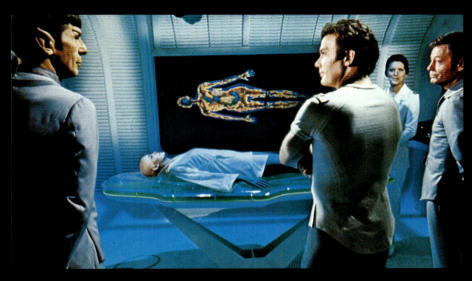

„Ich erklärte ihnen, sie könnten genauso gut gleich von einer Brücke springen, es gäbe nämlich absolut keine Möglichkeit, diesen Mist zu verfilmen. (…) Schließlich machte ich dann doch mit, weil sie mir eine gewaltige Gehaltserhöhung anboten. Ich bin nämlich geldgierig, und dieses Sümmchen wollte ich mir nicht entgehen lassen."

(Harold Livingston) [1]

Livingston sicherte sich zudem ab, in dem fest gelegt wurde, dass Roddenberry fortan kein Mitspracherecht mehr beim Drehbuch hatte. Doch der Burgfrieden währte nur kurz, und der Machtkampf entbrannte erneut, was dem ohnehin chaotischen Drehbuch sicher nicht half. Diese Querelen führten dazu, dass das Skript noch während der Aufnahmen, die am 07.08.1978 starteten und unter großer Geheimhaltung stattfanden, umgeschrieben wurde - bisweilen sogar stündlich, da Roddenberry und Livingston gegenseitig ihre Texte immer wieder überarbeiteten. Zusätzlich verlangte Robert Wise Veränderungen der Sets und Kostüme, was wiederum Zeit und Geld kostete. Schließlich wurde es Paramount zu viel und man verlangte einen sofortigen Drehbeginn. Mit zehnwöchiger Verspätung begannen die Dreharbeiten Anfang August - immer noch ohne konkretes Drehbuch. Abgesehen von den Problemen hinter den Kulissen fand man einfach keinen Weg, den Film vernünftig enden zu lassen.

„Wir hatten diesen fabelhaften Gegner, der jedoch so allmächtig war, dass wir keine Möglichkeit sahen, ihn zu besiegen, oder auch nur Kontakt aufzunehmen, irgendeine Form der Beziehung aufzubauen. Da wir nicht wussten, wie wir das anstellen sollten, machte der eigentliche Ansatz keinen Sinn mehr und wirkte falsch. Wir probierten und experimentierten mit allen möglichen Ansätzen, doch wir wussten nicht, was wir mit dem Ende machen sollten. Schlussendlich standen wir immer wieder vor einer leeren Wand."

(Harold Livingston) [2]

*2: Sackett, Susan; Roddenberry, Gene (1980). The Making of Star Trek: The Motion Picture.

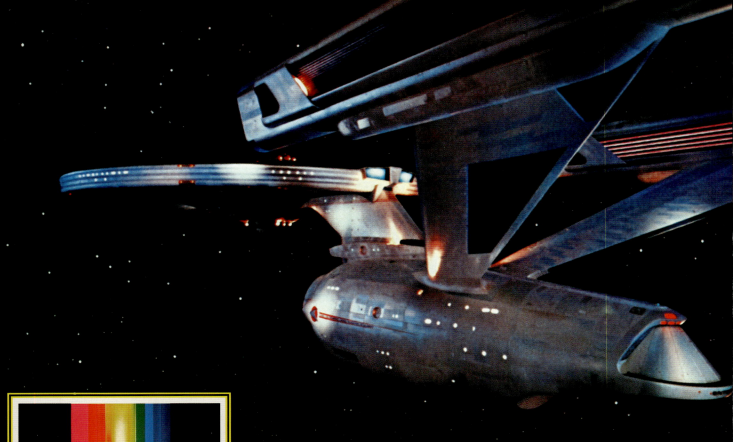

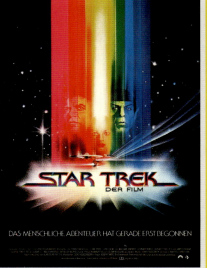

Deutsches Kinoplakat (EA) von 1980
Verleih: Cinema International
Corporation (CIC)

Stabangaben: USA 1979 | 132 Minuten

REGIE: Robert Wise • DREHBUCH: Alan Dean
Foster, Harold Livingston • KAMERA: Richard
H. Kline • SCHNITT: Todd Ramsay • MUSIK:
Jerry Goldsmith • PRODUZENT: Gene Rodden-
berry • PRODUKTIONSFIRMEN: Paramount
Pictures, Century Associates • ORIGINALTITEL:
Star Trek - The Motion Picture
STARTTERMIN USA: 06.12.1979
EINSPIELERGEBNIS USA: 82.258.456 $
DARSTELLER:
William Shatner ....Admiral James T. Kirk
Leonard Nimoy ....Mr. Spock
DeForest Kelley ....Dr. Leonard 'Bones' McCoy
James Doohan....................Cmdr. Montgomery
'Scotty' Scott
George Takei ....Lt. Cmdr. Hikaru Sulu
Majel Barrett......................Dr. Christine Chapel
Walter Koenig.........................Lt. Pavel Chekov
Nichelle Nichols ....Lt. Cmdr. Uhura
Persis Khambatta ....Lt. Ilia
Stephen Collins ....Cmdr. Willard Decker

Bereits nach Tagen war klar, dass die Dreharbeiten äußerst schwierig und kompliziert werden würden. Daher kündigte Wise an, jeden
Tag 12 Stunden zu arbeiten, um irgendwie
den Zeitplan einzuhalten. Genervt von den
Querelen mit Gene Roddenberry warf Livingston auch noch erneut das Handtuch, was
dazu führte, dass Nimoy und Shatner gemeinsam mit Regisseur Wise versuchten, den Film
zu retten. Schnell war jedoch klar, dass auch
das nicht reichen würde, so dass man erneut
an Livingston heran trat. Und diesmal ließen
es die Paramount-Bosse nicht auf einen
Machtkampf ankommen und entmachteten
Roddenberry, in dem sie durchsetzten, dass
Livingston alleine den Film zu Ende schreiben
würde. Daher verliefen die Aufnahmen schlep-
pend, da man stets auf die neuesten Seiten
des neuen Skripts warten musste. Als die
Dreharbeiten am 26.01.1979 endeten, hatte
man die Vorgaben nicht nur um mehr als zwei
Monate überzogen, sondern auch das Budget
in astronomische Höhen steigen lassen. Und
die Post Production sollte für alle Beteiligten
weitere böse Überraschungen bereit halten.

Da STAR WARS neue Maßstäbe in Sachen
Special Effects setzte, war klar, dass **STAR
TREK - DER FILM** auch und besonders an
seinen Schauwerten gemessen werden
würde. Daher wandte man sich an Douglas
Trumbull, einer SFX-Legende, der bereits an
2001 (1968) von Stanley Kubrick beteiligt
gewesen war. Doch Trumbull lehnte erst einmal ab, da er selbst wieder als Regisseur arbeiten wollte. Zweite Wahl war John Dykstra,
der sowohl bei STAR WARS, aber auch bei
KAMPFSTERN GALACTICA (BATTLESTAR
GALACTICA, 1978) auf sich aufmerksam

gemacht hatte. Aber auch er musste aufgrund
anderer Verpflichtungen absagen. Schlussendlich wurde Robert Abel verpflichtet, der
bis dahin keine Erfahrung bei einem Projekt
dieser Größenordnung vorweisen konnte.
Diese Hürde war für Abel scheinbar zu groß.

*„Als das Zeug kam, wusste ich sofort, dass
wir in ernsten Schwierigkeiten steckten.
Das Material taugte nichts. Sie hatten
monatelang Zeit gehabt, und das Ergebnis
war erbärmlich. Sie waren einfach nicht in
der Lage gewesen, etwas Vernünftiges zu
produzieren ... obwohl wir ihnen fast fünf
Millionen Dollar zur Verfügung gestellt hatten."*

(Robert Wise) [1]

Die Paramount-Bosse zogen die Notbremse,
trennten sich von Abel und kontaktierten
erneut Douglas Trumbull, dessen Regiepläne
sich einstweilen in Luft aufgelöst hatten. Ihm
wurde ein Angebot unterbreitet, das er nicht
ablehnen konnte. Allerdings hatte er nun neun
Monate, um doppelt so viele Effekte in Szene
zu setzen wie bei UNHEIMLICHE BEGEG-
NUNG DER DRITTEN ART - und da hatte er
ein Jahr Zeit. Trumbull holte auch Richard
Yuricich an Bord, mit dem er nicht nur bei
UNHEIMLICHE BEGEGNUNG DER DRIT-
TEN ART, sondern schon bei 2001 zusammen gearbeitet hatte. Geld war plötzlich kein
Problem mehr, nur die Zeitnot hing wie ein
Damoklesschwert über allen Beteiligten.
Gemeinsam stellten sie eine komplette Crew
zusammen, damit der Dezember-Termin
gehalten werden konnte. Auch John Dryksta
stieß später dann doch noch zu dem Team.
Paramount nahm es auch in Kauf, dass

*1: Star Trek. Erinnerungen. Die Filme, William Shatner, Chris Kreski

alleine das Budget der Special Effects nun auf 10 Millionen Dollar angewachsen war. Den Produzenten blieb im Grunde auch keine Wahl, da sie den Film mit der Zusage eines Dezember-Releases bereits in einige Länder verkauft hatten. Am Ende hatte sich das Gesamtbudget auf satte 46 Millionen Dollar summiert.

STAR TREK - DER FILM wurde unter so großer Hast fertig gestellt, dass sogar die obligatorischen Test-Screenings ausfielen, konnte aber tatsächlich im Dezember 1979 in den Kinos anlaufen. Doch selbst Regisseur Wise sah den kompletten Film erst drei Tage vor der Premiere.

Mit einem US-Einspiel von mehr als 80 Millionen blieb man zwar unter den Erwartungen von Paramount, fuhr aber zumindest keinen Flop ein. Zudem summierten sich auch die Auslandseinnahmen auf mehr als 50 Millionen, so dass dieses Einspiel ausreichte, um wenig später ein Sequel in Auftrag zu geben, welches jedoch bedeutend günstiger ausfiel und ohne Gene Roddenberry auskommen musste, dem viele eine Mitschuld an dem schwierigen Entstehungsprozess des ersten Films gaben.

Die Kritiker hingegen konnten mit dem Streifen nur wenig anfangen und vergaben allenfalls mäßige Reviews.

Die unter großen Schwierigkeiten entstandene Produktion hat auch unübersehbare Schwächen, deren Ursprung überwiegend im Drehbuch liegen. Die Story ist einfach zu dünn, um die recht lange Laufzeit zu tragen, so dass sich einige Längen einschleichen. Zudem wirken die Charaktere verschenkt, da sie einfach nichts zu tun bekommen und nur untereinander agieren können. Auf dieser Ebene funktioniert **STAR TREK - DER FILM** auch recht gut und bietet gerade den Fans der Serie einige nette Insidergags. Doch im Ganzen wirkt das alles unterkühlt, nicht zuletzt deswegen, weil man scheinbar der irrigen Annahme war, den Spezialeffekten sehr viel Platz einräumen zu müssen. Doch ohne emotionale Bindung zur Geschichte wirkt das eher wie ein Mittel zum Zweck und häufig unnötig. Im Gegensatz zu späteren Star-Trek-Filmen wurden diese Effekte zudem kaum für visuell ansprechende Actionszenen verwendet, sondern eher, um die Wolke immer wieder anders zu präsentieren - aber auch hier wirken die Schauspieler wie auf ein Abstellgleis geschoben. Es fehlt über weite Strecken an Spannung, Dramaturgie, Action, aber auch an einer gewissen Leichtigkeit, die gerade die späteren Nimoy-Regiearbeiten auszeichnete. William Shatner bezeichnete den ersten Kinofilm rückblickend auch als sterbenslangweilig.

Auf der anderen Seite bot der Streifen auch damals schon einen interessanten Kontrast zu Filmen wie STAR WARS, die eher auf emotionaler Ebene funktionierten. Dass Star-Trek-Franchise konzentrierte sich eher auf einen realistischeren Zugang, stellte immer wieder moralische und ethische Ansichten in den Mittelpunkt der Geschichten und verstand sich selbst als Metapher zu aktuellen Themen. Diese Ansätze findet man auch in diesem Streifen, man verpasste jedoch die Chance, Anspruch, Budget und Entertainment zu einem gelungenen Projekt zu bündeln. Am Ende konnte Paramount mit **STAR TREK - DER FILM** jedoch genau das starten, was man sich im Vorfeld erwünscht hatte: Ein eigenes, lukratives Franchise.

Captain Decker, der von Kirk als Captain auf der Enterprise abgelöst wird, ist verliebt in Lieutenant Ilia: Ausgerechnet diese wird von der mysteriösen Lebensform, die sich selbst V´ger nennt, entführt und durch eine Kopie ersetze - als Sprachrohr an Bord der Enterprise.

PLATZ
27

Starttermin in
Deutschland:
22.02.'80
Besucher in
Deutschland:
1.100.000

Das China Syndrom

„`Glauben sie, dass einer ihrer Filme politische Auswirkungen nach sich zog?´
Ja, DAS CHINA SYNDROM. Die Arbeit mit den Experten an diesem Film hinterließ einen bleibenden Eindruck bei mir und war der Beginn meines politischen Engagements, das auf die Arbeit an diesem Film zurück geht. Als der Film damals raus kam, wurde er gut aufgenommen, aber als lächerlich abgetan. Drei Wochen später gab es den Zwischenfall in Three Mile Island."

(Michael Douglas) [1]

INHALT:
Die TV-Journalistin Kimberly Wells und ihr Kameramann Richard Adams berichten aus einem kalifornischen Kernkraftwerk. Als ein Zwischenfall verschwiegen werden soll, filmen sie heimlich weiter. Doch ihr Vorgesetzter verweigert eine Ausstrahlung, so dass die beiden auf eigene Faust weiter recherchieren und aufdecken, dass es fast zu einer Kernschmelze gekommen wäre. Parallel versucht der leitende Ingenieur des Kraftwerks Jack Godell heraus zu finden, was denn überhaupt passierte. Er stößt auf gefälschte Unterlagen und findet heraus, dass Sicherheitsauflagen bereits während des Baus des Kernkraftwerks nicht beachtet wurden und verlangt eine umfassende Überprüfung – wird jedoch ignoriert. Er sucht nun die Öffentlichkeit, doch die Betreiber der Anlage wollen das mit allen mitteln verhindern und fahren die unsichere Anlage wieder hoch.

I n dem zitierten Interview, welches im Jahre 2004 geführt wurde, bezieht sich Michael Douglas - der **DAS CHINA SYNDROM** nicht nur als Schauspieler bereicherte, sondern auch produzierte - von einem Unfall im Kernkraftwerk Three Mile Island in Pennsylvania, der verblüffende Parallelen zu dem Film aufweist. Dort kam es am 28.03.1979 zu einer partiellen Kernschmelze, in deren Folge Teile des Reaktorkerns schmolzen. Dieses Ereignis verlieh dem Film, der in den Staaten am 16.03.1979 startete, eine erschreckende Aktualität und sorgte für ein gewaltiges Medienecho, die dem finanziellen Erfolg sicherlich nicht schadete.

Mitte bis Ende der 70er Jahre lief die Welle von Katastrophenfilmen a la ERDBEBEN (EARTHQUAKE, 1974) langsam aber sicher aus. Nachdem die Produzenten so ziemlich jede denk- und undenkbare Naturkatastrophe ausgeschlachtet hatten, ließ das Interesse an den stets gleich aufgebauten Produktionen spürbar nach.

*1: www.filmscouts.com

Parallel zu dem zeitverzögerten Ende dieses Subgenres versuchte der noch recht junge Michael Douglas die seinerzeit engen Fesseln seiner TV-Dauerrolle in DIE STRASSEN VON SAN FRANCISCO (THE STREETS OF SAN FRANCISCO, 1974-1977) zu lösen. In erster Instanz gelang ihm das eindrucksvoll, allerdings als Produzent. So landete er direkt mit seiner ersten Arbeit als Produzent einen Hit, der zudem auch noch bei den Kritikern gut ankam und insgesamt mit fünf Oscars ausgezeichnet wurde: EINER FLOG ÜBER DAS KUCKUCKSNEST (ONE FLEW OVER THE CUCKOO´S NEST, 1975). Damit hatte er jedoch einerseits die Latte ziemlich hoch gehangen, andererseits immer noch nicht den schauspielerischen Übergang vom TV- zum Kinodarsteller geschafft. Allerdings hatte er bewiesen, dass sich Anspruch und Unterhaltung nicht ausschließen müssen und auch kritische Filme durchaus eine Chance am Markt hatten. Mit dem Medizinthriller COMA (1978), den er jedoch nicht produzierte, packte er auch als Schauspieler ein heißes Eisen an. Da passte das Projekt **DAS CHINA SYNDROM** nur zu gut in sein Konzept. Da sich kein großes Studio an das Thema traute, produzierte Douglas den Film kurzerhand selbst und fand in Jane Fonda schnell eine passende Besetzung. Fonda engagierte sich ohnehin gesellschaftlich und politisch, hatte u.a. vehement auch gegen den Vietnamkrieg protestiert und stand der Nutzung der Atomenergie generell kritisch gegenüber. Ihr gefiel der Gedanke dieses Thema in einem Unterhaltungsfilm umzusetzen, um sich so auch Gehör bei Leuten zu verschaffen, die sie auf anderem Wege nicht erreichte. Die Besetzung von Jack Lemmon in einer betont ernsten Rolle mag da vielleicht etwas überraschen, da man ihn eher mit humoristischen Stoffen in Verbindung bringt. Lemmon brillierte aber auch in ernsten Rollen, z.B. in SAVE THE TIGER (1974) und erhielt für diese Leistung auch zu Recht einen Oscar.

Jane Fonda engagierte sich schon vor DAS CHINA SYNDROM politisch und galt als Kritikerin der Atomkraft. Sie war es auch, die sich in der Diskussion nach dem realen Unfall Three Mile Island vehement mit der Atom-Lobby auseinander setzte und den Film verteidigte.

Jack Lemmon, den die meisten eher als Komödien-Star an der Seite von Walter Matthau kannten, überzeugte in dem ernsten Part des Ingenieurs Jack Godell und bewies nachhaltig, dass er bedeutend vielfältiger eingesetzt werden konnte als vielen Produzenten bewusst war.

Bereits während der Dreharbeiten brachte sich die Atomenergie-Lobby und Teile des politischen Zirkels in Stellung, warnten vor einer übertriebenen Panikmache und warfen dem Film und seinen Machern vor, mit den Ängsten der Bevölkerung zu spielen. Diese Vorwürfe wurden lauter, als **DAS CHINA SYNDROM** gute Kritiken erhielt und auch an den Kinokassen überzeugen konnte.

„Das China Syndrom ist ein grandioser Thriller, der zufällig die beunruhigende Frage stellt, wie sicher die Kernenergie wirklich ist. Doch in erster Linie ist der Film Unterhaltung: Gut gespielt, sauber inszeniert und unglaublich beängstigend."
(Roger Ebert) [2]

*2: www.rogerebert.suntimes.com

Deutsches Kinoplakat (EA) von 1980
Verleih: Warner-Columbia-Filmverleih

Stabangaben: USA 1979	122 Minuten

REGIE: James Bridges • DREHBUCH: James Bridges, Mike Gray, T.S. Cook • KAMERA: James Crabe • SCHNITT: David Rawlins • MUSIK: Jim Henrikson • PRODUZENT: Michael Douglas • PRODUKTIONSFIRMEN: IPC Films • ORIGINALTITEL: The China Syndrome STARTTERMIN USA: 16.03.1979 EINSPIELERGEBNIS USA: 51.718.367 $ DARSTELLER:

Jane Fonda	Kimberly Wells
Jack Lemmon	Jack Godell
Michael Douglas	Richard Adams
Scott Brady	Herman De Young
James Hampton	Bill Gibson
Peter Donat	Don Jacovich
Wilford Brimley	Ted Spindler
Richard Herd	Evan McCormack
Daniel Valdez	Hector Salas
Stan Bohrman	Pete Martin

Der Vorfall in Three Mile Island heizte eine Kontroverse, an der sich insbesondere Jane Fonda beteiligte, natürlich noch einmal an, was dazu führte, dass der Film dauerhaft aktuell blieb. Er mauserte sich nicht nur zu einem großen Kassenerfolg mit einem Einspiel von über 50 Millionen Dollar, sondern wurde auch mit insgesamt vier Oscarnominierungen belohnt, ging am Ende aber leer aus.

Im Zuge der hitzigen Debatten rund um die Sicherheit der Kernenergie schaltete sich auch der berüchtigte Physiker Edward Teller ein, ein bedingungsloser Verfechter der Kernenergie, der zudem als Vater der Wasserstoffbombe galt. Er bezeichnete sowohl den Film, als auch die ganze Debatte als Propaganda und machte Jane Fonda sogar für seinen Herzinfarkt verantwortlich.

„Ich war dort, um die Propaganda zu widerlegen, die Leute wie Ralph Nader, Jane Fonda und ihresgleichen in den Medien verbreiten, um die Leute zu verängstigen und von der Kernenergie abzubringen. (...) Am nächsten Tag erlitt ich einen Herzinfarkt. Man könnte sagen, dass ich die einzige Person bin, deren Gesundheit durch

JACK
MMON
JANE
FONDA
MICHAEL
DOUGLAS

1978 Columbia Pictures Industries Inc

den Reaktorunfall nahe Harrisburg beeinträchtigt wurde. Aber das wäre falsch. Es war nicht der Reaktor, sondern Jane Fonda. Kernreaktoren sind nicht gefährlich."

(Edward Teller) *3

Alleine dieser kurze Abriss lässt erahnen, welchen Staub die Michael-Douglas-Produktion aufwirbelte. Doch wischt man diesen beiseite stellt man fest, dass der Streifen zwar in Grundzügen konventionelle Züge trug, jedoch bis heute nichts von seiner Klasse – geschweige denn von seiner Aktualität – eingebüsst hat und auch als reine Unterhaltung

blendend funktioniert. Im Gegensatz zu den Katastrophenfilmen klassischer Art, bemüht man sich sichtbar um Objektivität, um eine realistische Herangehensweise. Mitunter wirkt das Ganze fast dokumentarisch, was auch daher rühren mag, dass man auf eine übliche musikalische Untermalung verzichtete. Trotz dieses alles andere als reißerischen Stils fesselt **DAS CHINA SYNDROM** mit seiner clever angelegten Dramaturgie und Dank der exzellenten schauspielerischen Leistung. Insbesondere Jack Lemmon bewies hier einmal mehr, was für ein Ausnahmeschauspieler er war und welche Präsenz er besaß. Fraglos hätte er auch für diese Leistung einen Oscar

verdient, musste sich aber einem ebenso überzeugenden Dustin Hoffman geschlagen geben.

Die meisten Katastrophenfilme der 70er Jahre wirken heute fast schon altmodisch, überholt, bisweilen aufgrund der Spezialeffekte sogar unfreiwillig komisch. **DAS CHINA SYNDROM** hingegen ist ein Musterbeispiel für einen zeitlosen Klassiker, der Spannung nicht aufgrund von Schauwerten, sondern handwerklicher Klasse in allen Belangen aufbaut. Schade, dass Filme wie dieser heute mehr denn je die Ausnahme der Regel geworden sind. Eine höchst bedauerliche Entwicklung. (TH)

*3: Wall Street Journal

PLATZ
36

Starttermin in
Deutschland:
19.12.'80
Besucher in
Deutschland:
852.000

JEDER KOPF HAT SEINEN PREIS

STEVE McQUEEN IN SEINEM LETZTEN FILM

Die zweite Hälfte der 70er Jahre zählte nicht zu den wichtigsten Jahren des Schauspielers Steve MyQueen. So hatte er sich nach dem sehr gut bezahlten Katastrophenfilm FLAMMENDES INFERNO (THE TOWERING INFERNO, 1974) eine mehrjährige Auszeit genommen und kehrte erst mit EIN FEIND DES VOLKES (AN ENEMY OF THE PEOPLE, 1978) zurück, der über Jahre hinweg nicht veröffentlicht wurde. Zwei Jahre später entstand dann schließlich sein letzter Film: **JEDER KOPF HAT SEINEN PREIS**.

Damit wäre allerdings auch schon das wichtigste über diesen Streifen gesagt - denn mehr als biederer Durchschnitt bietet der letzte Auftritt des charismatischen Mimen nicht, und wäre ohne ihn auch kaum der Rede wert.

Das Drehbuch von Ted Leighton und Peter Hyams - der selbst eine recht erfolgreiche Regiekarriere verfolgte - basierte auf dem gleichnamigen Buch von Christopher Keane, der die (vermeintlich) wahren Erlebnisse des

Kopfgeldjägers Ralph 'Papa' Thorson dokumentierte. Dieser hatte in 30 Jahren mehr als 5.000 Kautionsflüchtige eingesammelt und durfte seinen Job nur legal ausüben, weil er sich auf ein Gesetz aus dem Jahre 1872 berief.

Der knapp 8 Millionen teure Film entstand unter der regen Einflussnahme McQueens, der es sich schon seit Jahren nicht nehmen ließ, eine gewisse Kontrolle über seine Projekte zu fordern. Umso überraschender erscheint auch heute noch die Wahl des Regisseurs - war Buzz Kulik doch eher ein klassischer TV-Regisseur ohne nennenswerte Klasse.

Zudem musste Kulik auch noch mit einem äußerst mäßigen Skript arbeiten, welches ohne wirkliche Rahmenhandlung eher in einzelne Episoden zerfiel und sich nicht entscheiden konnte, ob man nun ein Drama, einen Thriller oder einen Actionfilm angehen wollte. Zudem gab es natürlich auch Probleme in der Nachbearbeitung, da McQueen aufgrund seiner gesundheitlichen Probleme nach den Dreharbeiten - die Ende September 1979 ih-

INHALT:

Ralph Thorson ist gut in seinem Job: Als Kopfgeldjäger jagt er Kautionsflüchtige und bringt sie wieder ins Gefängnis. Ein Krimineller schwört Thorson jedoch Rache, verwüstet sein Haus, tötet seine Hunde, verprügelt seinen Freund und entführt seine schwangere Freundin Dotty. Der Kopfgeldjäger hat nur eine Chance: Er muss den Killer stellen.

ren Anfang nahmen - nicht mehr zur Verfügung stand und am 07.11.1980 in Mexiko an einem Herzinfarkt während einer Operation verstarb. Der charismatische Schauspieler hatte die Diagnose Brustfellkrebs lange geheim gehalten. Die Operation in Mexiko war seine letzte Chance, doch der gerade einmal 50-jährige war bereits zu geschwächt, der Eingriff erfolgte zu spät. Nachdrehs waren also nicht mehr möglich, so dass Kulik im Schneideraum retten musste, wo es nichts zu retten gab.

Seinen angeschlagenen Gesundheitszustand sah man „Mister Cool" auch in seinem letzten Auftritt an: Er wirkte nicht mehr so kraftvoll, so präsent wie gewohnt. Trotzdem reichte sein Charisma aus, um den Film vor einem Absturz zu bewahren. Er spielte sogar augenzwinkernd mit seinem Image, als er eine Art Running Gag einbaute, der sich auf die schlechten Fahrkünste seiner Figur bezog. Dabei wusste natürlich das Publikum, dass McQueen ein begeisterter Rennfahrer war. Trotzdem war der ganze Streifen wenig mehr als ein Vehikel für den Star, alles andere tritt in den Hintergrund. Kulik hangelte sich ohne Emotion von einer unmotivierten Actionszene zur nächsten - Spannungssaufbau fand nicht statt, alles wirkte fahrig und nicht schlüssig.

Doch gerade die Actionszenen sorgen zumindest in Ansätzen dafür, dass **JEDER KOPF HAT SEINEN PREIS** - neben der Klasse des Hauptdarstellers, der seine Stunts wie üblich selbst ausführte - nicht völlig baden ging. Eine Verfolgungsjagd ist dabei ebenso ansehnlich, wie eine Hausexplosion zu Beginn, bei der das Gebäude nur errichtet wurde, um es anschließend wieder in die Luft zu jagen. Trotzdem ist es fast schon tragisch, dass ein Star dieses Formats mit solch einer uninspi-

Steve McQueen ließ es sich trotz seines angeschlagenen Gesundheitszustands auch in seinem letzten Film nicht nehmen, seine Stunts selbst auszuführen und war präsent wie eh und je.

Deutsches Kinoplakat (EA) von 1980
Verleih: CIC

Stabangaben: USA 1980 | 93 Minuten

REGIE: Buzz Kulik • DREHBUCH: Ted Leighton, Peter Hyams • KAMERA: Fred J. Koenekamp • SCHNITT: Robert Wolfe • MUSIK: Michel Legrand • PRODUZENT: Mort Engelberg • PRODUKTIONSFIRMEN: Rastar Pictures • ORIGINALTITEL: The Hunter
STARTTERMIN USA: 01.08.1980
EINSPIELERGEBNIS USA: 16.274.150 $
DARSTELLER:

Steve McQueen ....Ralph Thorson
Eli Wallach ....Ritchie Blumenthal
Kathryn Harrold ....Dotty Thorson
LeVar Burton ....Tommy Price
Ben Johnson..............................Sheriff Strong
Richard Venture ....Spota
Tracey Walter ....Rocco Mason
Tom Rosales ....Bernardo
Theodore Wilson ....Winston Blue
Ray Bickel ....Luke Branch

rierten Produktion abtreten musste. Nicht nur finanziell blieb die Produktion hinter den Erwartungen zurück, auch die Kritiker zerrissen ihn.

„Gerade, weil McQueen in Actionfilmen so effektiv sein kann, ist das Ergebnis umso frustrierender. Sah denn niemand, dass das Skript ein einziges Durcheinander war, das keinen Sinn ergab? Hatte niemand den Mut dazu, das zu sagen? Vielleicht dachte man, dass Superstar McQueen das Kind schon schaukeln würde, doch Filme wie dieser könnten ihn seinen guten Ruf kosten.“

(Roger Ebert) [1]

Knapp 20 Jahre später wurde für das US-Fernsehen die TV-Serie THE HUNTRESS (2000/2001) produziert, die auf den (vermeintlich) wahren Erlebnissen von Dotty Thorson, der Frau des Kopfgeldjägers, basierte. Die McQueen-Rolle wurde dabei in einem Gastauftritt von Craig T. Nelson gespielt. Doch bereits nach einer Staffel zog der Sender den Stecker.

Und so bleibt **JEDER KOPF HAT SEINEN PREIS** aus nur einem Grund in bleibender Erinnerung: Es ist der Abgang einer wahren Legende.

[1]: www.rogerebert.suntimes.com

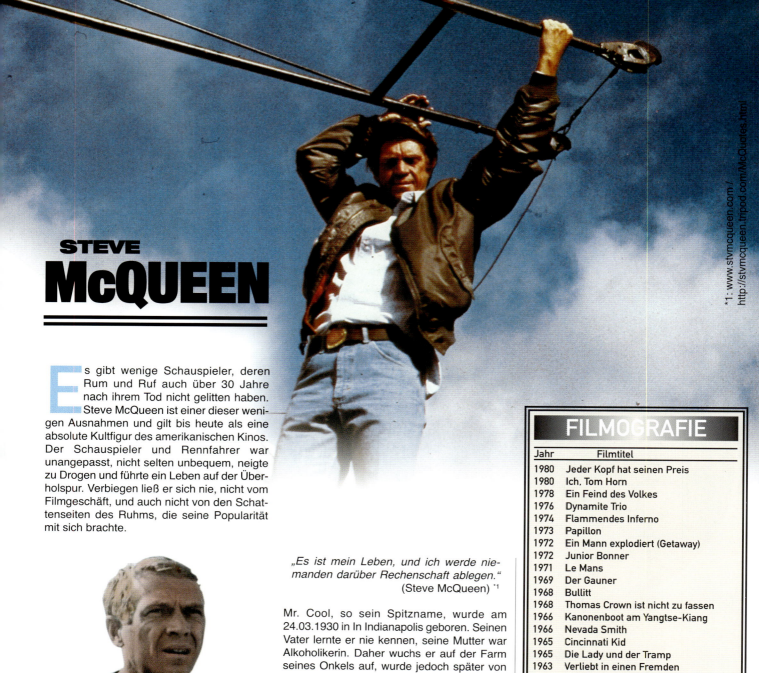

STEVE McQUEEN

*1: www.stvmcqueen.com/
http://stvmcqueen.tripod.com/McQuotes.html

Es gibt wenige Schauspieler, deren Rum und Ruf auch über 30 Jahre nach ihrem Tod nicht gelitten haben. Steve McQueen ist einer dieser wenigen Ausnahmen und gilt bis heute als eine absolute Kultfigur des amerikanischen Kinos. Der Schauspieler und Rennfahrer war unangepasst, nicht selten unbequem, neigte zu Drogen und führte ein Leben auf der Überholspur. Verbiegen ließ er sich nie, nicht vom Filmgeschäft, und auch nicht von den Schattenseiten des Ruhms, die seine Popularität mit sich brachte.

„Es ist mein Leben, und ich werde niemanden darüber Rechenschaft ablegen."
(Steve McQueen) [1]

Mr. Cool, so sein Spitzname, wurde am 24.03.1930 in In Indianapolis geboren. Seinen Vater lernte er nie kennen, seine Mutter war Alkoholikerin. Daher wuchs er auf der Farm seines Onkels auf, wurde jedoch später von seiner Mutter wieder zu sich genommen. Gemeinsam zogen sie nach Los Angeles, wo er sich Jugendbanden anschloss. Da seine Mutter ihn nicht bändigen konnte, steckte man ihn 1944 in ein Heim für schwer erziehbare Jugendliche, arbeitete nebenbei in diversen Jobs und schloss sich schließlich mit 17 Jahren der US-Marineinfanterie an, wo er bis 1950 blieb. Ab 1952 absolvierte er eine Schauspielausbildung in New York und übernahm ab Mitte der 50er Jahre einige kleinere Rollen. Eine dieser kleineren Auftritte absolvierte er in EINE HANDVOLL DRECK (SOMEBODY UP THERE LIKE ME, 1956), in dem

FILMOGRAFIE

Jahr	Filmtitel
1980	Jeder Kopf hat seinen Preis
1980	Ich, Tom Horn
1978	Ein Feind des Volkes
1976	Dynamite Trio
1974	Flammendes Inferno
1973	Papillon
1972	Ein Mann explodiert (Getaway)
1972	Junior Bonner
1971	Le Mans
1969	Der Gauner
1968	Bullitt
1968	Thomas Crown ist nicht zu fassen
1966	Kanonenboot am Yangtse-Kiang
1966	Nevada Smith
1965	Cincinnati Kid
1965	Die Lady und der Tramp
1963	Verliebt in einen Fremden
1963	Soldier in the Rain
1963	Gesprengte Ketten
1962	Wir alle sind verdammt
1962	Die ins Gras beißen
1961	Die Heiratsmaschine
1960	Die glorreichen Sieben
1959	Barfuß in die Ewigkeit (Wenn das Blut kocht)
1959	The Great St. Louis Bank Robbery
1958	Blob - Schrecken ohne Namen (Angriff aus dem Weltall)
1958	Never Love a Stranger
1956	Die Hölle ist in mir (Eine Handvoll Dreck)
1953	Girl on the Run (als Komparse)

In GESPRENGTE KETTEN war McQueen nur einer von vielen Top-Stars: Charles Bronson, James Garner und James Coburn waren die Kollegen, John Sturges führte im Jahr 1963 Regie und schuf einen zeitlosen Klassiker.

Paul Newman die Hauptrolle spielte und Robert Wise die Regie führte. Kurz zuvor hatte McQueen Neile Adams geheiratet, mit der er zwei Kinder hatte. Es folgten weitere Produktionen, doch erst der Horrorfilm BLOB (THE BLOB, 1958) – in dem er auch einen größeren Part übernahm, brachte seine Karriere in Fahrt. In diesem Film wurde er von Dick Powell entdeckt, der ihn für für die Westernserie DER KOPFGELDJÄGER (WANTED: DEAD OR ALIVE, 1958-1961) verpflichtete. Diese wiederum führte zu seinem Engagement in DIE GLORREICHEN SIEBEN (THE MAGNIFICENTSEVEN, 1960) von John Sturges, in dem er an der Seite von Top-Stars wie Yul Brynner, Charles Bronson oder James Coburn zu sehen war. Erneut unter der Regie von John Sturges drehte er GESPRENGTE KETTEN (THE GREAT ESCAPE, 1963), der ebenfalls ein großer Erfolg wurde. Seinen endgültigen Durchbruch feierte er dann aber in CINCANNATI KID (THE CINCANNATI KID, 1965), den Norman Jewison inszenierte. Weitere Hits, wie THOMAS CROWN IST NICHT ZU ASSEN (THE THOMAS CROWN AFFAIR, 1968) oder BULLIT (1968) folgten und festigten seinen Ruf als Publikums- und Kassenliebling.

Schon länger lebte Mr. Cool jedoch auch seine Liebe zum Motorsport aus und war 1964 sogar Mitglied der US-Nationalmannschaft. 1971 setzte er den Rennsport-Film LE MANS durch, der allerdings kein Hit wurde, was McQueen jedoch nicht weiter interessierte. Er glaubt an dieses Projekt und zog es dann gegen alle Bedenken auch in seinem Sinne durch.

„Wenn ich an etwas glaube, dann kämpfe ich dafür mit allem was ich habe."
(Steve McQueen) [1]

Unter der Regie von Sam Peckinpah drehte er mit Ali MacGraw den Actionthriller GETAWAY (THE GETAWAY, 1972). McQueen und MacGraw verliebten sich ineinander, so dass er sich scheiden ließ und seine Filmpartnerin 1973 heiratete. Er ließ weitere Filmhits wie PAPILLON (1973) und den Katastrophenfilm FLAMMENDES INFERNO (THE TOWRING INFERNO, 1974) folgen, zog sich dann aber spürbar aus dem Filmgeschäft zurück. Erst 1978 folgte EIN FEIND DES VOLKES (AN ENEMY O THE PEOPLE), der gleichzeitig sein ungewöhnlichster Auftritt war und beim

Publikum überhaupt nicht ankam. Kurz zuvor hatte er Barbara Minty kennen und lieben gelernt, so dass er sich 1978 von MaGraw scheiden ließ.

Er kehrte dann mit ICH, TOM HORN (TOM HORN, 1980) - auf dessen Realisierung sich MyQueen seit Jahren vorbereitetet hatte und den Film auch selbst produzierte – zu seinem erwarteten Rollentypus zurück und lieferte eine letzte Galavorstellung ab. Schon bei den Dreharbeiten zu diesem Film hatte er gesundheitliche Probleme. Ein letzter, eher durchwachsener Streifen war schließlich JEDER KOPF HAT SEINEN PREIS (THE HUNTER, 1980), währenddessen die Diagnose Brustfellkrebs im fortgeschritenem Stadium diagnostiziert wurde. Er zog den Alternativmediziner Josef Issels zu Rate, doch auch seine Metode schlug nicht an. Steve McQueen starb nach einer Operation an einem Herzinfarkt. Man vermutet, dass sowohl sein starker Nikotinkonsum, als auch seine Zeit bei den US-Marines, für die Krankheit verantwortlich waren.

Mit nur 50 Jahren starb der legendäre Steve McQueen am 07.11.1980 in Mexiko.

In dem Katastrophenfilm FLAMMENDES INFERNO agierte McQueen an der Seite von Paul Newman und Fred Astaire. Nach diesem gut bezahlten Job nahm er sich jedoch eine Auszeit.

DIE GLORREICHEN SIEBEN war einer der ersten Kinoerfolge des Schauspielers. Dem Western von John Sturges folgten einige Fortsetzungen, jedoch ohne die Teilnahme von McQueen.

In dem Kriegsdrama KANONENBOOT AM YANGTSE-KIANG, welcher von Robert Wise inszeniert wurde, war McQueen schon der unumstrittene Hauptdarsteller.

*1: www.stvmcqueen.com / http://stvmcqueen.tripod.com/McQuotes.html

FREITAG DER 13.

INHALT:

Steve Christy will das Ferienlager Camp Crystal Lake wieder eröffnen. Das scheinbar idyllische Lager wurde vor zwanzig Jahren zum Tatort eines Doppelmords und wird seitdem von den Einheimischen gemieden. Um das Feriencamp wieder her zu richten, lädt er eine Gruppe von Teens ein, die ihm bei den Aufräumarbeiten helfen sollen. Doch die Warnungen der Anwohner waren berechtigt: Geht doch ein Mörder am Crystal Lake um, der sich ein Opfer nach dem anderen holt.

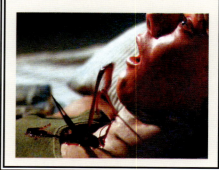

HALLOWEEN (1978) von John Carpenter hatte alles verändert. Schließlich spielte die Independent-Produktion, die gerade einmal 325.000 Dollar gekostet hatte, über 45 Millionen Dollar an den Kassen ein – wohl gemerkt nur in den USA. Die kleinen, unabhängigen Studios reagierten etwas schneller als die behäbigen Major-Labels und warfen einen Slasher nach dem anderen auf den Markt. Doch auch die großen Player wollten ihren Anteil vom lukrativen Kuchen haben, schließlich war das Risiko gering – die Budgets waren mehr als nur überschaubar, die Gewinnzone daher schnell erreicht.

Auch Sean S. Cunningham wollten auf den Zug aufspringen und das schnelle Geld mitnehmen. Cunningham war zwar kein gänzlich unbeschriebenes Blatt und bereits seit Anfang der 70er Jahre im Filmgeschäft aktiv, gehörte jedoch zu den kleinen Fischen im großen Hollywood-Teich. Sein bis dato bekanntester Beitrag war der heiß debattierte DAS LETZTE HAUS LINKS (THE LAST HOUSE ON THE LEFT, 1972), der von Wes Craven inszeniert wurde, der Jahre später mit A NIGHTMARE ON ELM STREET (1984) sein eigenes Horror-Franchise gründete.

Cunningham hatte zunächst nur einen Titel im Kopf: **FREITAG, DER 13.** Das passte hervorragend, da es sich wie bei HALLOWEEN um ein griffiges „Datum" handelte, mit dem jeder etwas verband. Er war sich allerdings unsicher, ob nicht irgendjemand die Rechte an diesem Titel hielt und veröffentlichte daher in der Branchen-Zeitschrift Variety eine Art Anzeige, um zu sehen, ob sich jemand melden würde, was nicht geschah. Trotzdem wurde die Produktion unter dem Arbeitstitel A LONG NIGHT AT CAMP BLOOD vorbereitet. Cunningham und seine Titelidee hatten schnell die Studios auf den Plan gerufen. Paramount gab sehr schnell grünes Licht – allerdings existierten zu diesem Zeitpunkt nur grobe Ideen aber noch kein Drehbuch. Der TV-Autor Victor Miller erhielt den Auftrag ein entsprechendes Skript beizusteuern, damit man möglichst bald mit den Dreharbeiten starten konnte. Cunningham hatte jedoch gewisse Vorstellungen, wollte sich einerseits natürlich an HALLOWEEN orientieren, andererseits das Ganze blutiger, schneller und mit mehr Schocks versehen.

Die Dreharbeiten starteten dann im September 1979 in New Jersey, das Budget betrug gerade einmal 550.000 Dollar. Kevin Bacon war hier in einer seiner ersten Rollen zu sehen.

Als **FREITAG, DER 13.** im Oktober 1980 startete, wurde er – im Gegensatz zum wesentlich subtileren Klassiker von Carpenter – von der Kritik zerrissen, schlug an den Kassen jedoch ein wie eine Bombe. Alleine in den USA spielte der erste Film über 40 Millionen Dollar ein. Nicht verwunderlich, dass die Slasherwelle nicht abebbte und immer weitere Genrebeiträge, inklusive Sequels zu HALLOWEEN und **FREITAG, der 13.**, produziert wurden.

Doch sowohl im Vergleich zu Carpenters Meisterwerk als auch im grundsätzlichen Rückblick verdient Cunninghams Beitrag nicht die ihm zuteil gewordene Aufmerksamkeit. Weder inhaltlich noch visuell bemerkenswert, reiht sich lediglich Mordszene an Mordszene. Während in HALLOWEEN die Figuren Laurie Strode und Dr. Loomis im Vordergrund standen, waren in diesem Film alle Personen austauschbar: Die Klischee-Charaktere interessieren den Zuschauer nicht, so dass ihr Ableben eher unaufgeregt zur Kenntnis genommen wird. Regierte bei Carpenter der Suspense, ist es bei Cunningham die plakative Gewaltästhetik. Spannung entstand nur

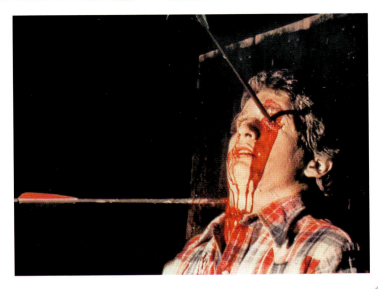

FREITAG, DER 13. war wesentlich brutaler und plakativer als HALLOWEEN, dessen Erfolg überhaupt erst die Slasherwelle Ende der 70er/Anfang der 80er Jahre lostrat. Folgende Filme orientierten sich an dieser neuen Gewaltästhetik, was zu dem schlechten Ruf des Subgenres beitrug. Von FREITAG, DER 13. sind die Teile 3+4 nach wie vor in Deutschland verboten.

Die Killszenen setzten in punkto Gewalt neue Maßstäbe für den Mainstream-Bereich. Die Masken wurden von Tom Savini erschaffen, der kurz zuvor mit George Romero bei DAWN OF THE DEAD (1978) zusammen gearbeitet hatte. Savini entwickelte sich im Laufe der Jahre innerhalb des Horror-Genres zu einer kleinen Kultfigur und trat auch verstärkt als Schauspieler in kleineren Rollen in Erscheinung. Seinen bekanntesten Auftritt dürfte er als Sex Machine in FROM DUSK TILL DAWN absolviert haben. Selbst als Regissseur trat er bereits in Erscheinung, inszenierte er doch DIE RÜCKKEHR DER UNTOTEN (1990), bezeichnete es aber als schlimmer Erfahrung.

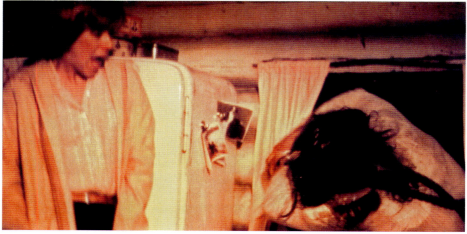

Deutsches Kinoplakat (EA) von 1980
Verleih: Warner Bros.

Stabangaben: USA 1979 | 95 Minuten

REGIE: Sean S. Cunningam • DREHBUCH: Victor Miller • KAMERA: Barry Abrams • SCHNITT: Bill Freda • MUSIK: Harry Manfredini • PRODUZENT: Sean S. Cunningham • PRODUKTIONSFIRMEN: Paramount Pictures (presents), Georgetown Productions Inc., • Sean S. Cunningham Films • ORIGINALTITEL: Friday the 13th

STARTTERMIN USA: 09.05.1980

EINSPIELERGEBNIS USA: 40.687.962 $

DARSTELLER:

Betsy Palmer	Pamela Voorhees
Adrienne King	Alice Hardy
Jeannine Taylor	Marcie Cunningham
Robbi Morgan	Annie
Kevin Bacon	Jack Burrel
Harry Crosby	Bill
Laurie Bartram	Brenda
Mark Nelson	Ned Rubinstein
Peter Brouwer	Steve Christy
Rex Everhart	Enos

durch die Frage wer als nächstes wie stirbt. Die Special Effects und die Brutalität wurden von Tom Savini zwar auf eine neue Stufe gestellt, doch das reichte dann auch nicht aus, um den Slasher etwas spannender zu gestalten Ansatzweise durchaus atmosphärisch und Dank der legendären *ki-ki-ki-ma-ma-ma* Musik von Harry Manfredini auch bedrohlich, mangelt es einfach rundum an Klasse, frischen Ideen und Stil.

Sehr gut hingegen das Ende, das den Zuschauer noch einmal aus den Sitzen springen lässt und kurz zuvor sogar noch einen kleinen Twist bietet, da es eben nicht Jason ist, der den Racheengel spielt, sondern seine Mutter, gespielt von TV-Darstellerin Betsy Palmer.

Wie groß der Einfluss von **FREITAG, DER 13.** bis heute ist, lässt sich auch unschwer daran erkennen, wie populär die Figur Jason

– der ja eigentlich erst in Teil 2 zur Klinge greift – ist und wie häufig die Filme bis heute zitiert werden, z.B. in der Anfangssequenz von SCREAM (1996).

Sachlich betrachtet hatten alle Beteiligten jedoch nur immenses Glück, dass der Streifen zur rechten Zeit erschien, brutaler war als seine Konkurrenz und durch ein geschicktes Marketing die Früchte erntete, die HALLOWEEN säte. An dessen Klasse konnte der Nachklapp jedoch in keiner Sekunde anschließen. Das hinderte jedoch Paramount nicht daran - vom Einspiel des ersten Films beeindruckt - umgehend ein Franchise auf zu bauen, dass bis heute die Fans bedient. Jason Vorhees gehört mittlerweile fraglos zu den bekanntesten Filmfiguren aller Zeiten – der Plan ging also auf.

DIE
FREITAG der 13. FILME

Das Einspiel des ersten Films hatte die Verantwortlichen bei Paramount überzeugt: Hier ließ sich ohne großes Risiko jede Menge Geld verdienen. Schnell folgte das Sequel, das sich ebenfalls gut an den Kassen schlug. In den Folgejahren brachte man mitunter jährlich einen neuen Film in die Kinos, orientierte sich dabei jedoch an gängigen Trends und veränderte Jason nach Belieben. So verfrachtete man den Masken-Killer in **JASON X** (2002) sogar ins All oder ließ ihn in **FREDDY VS. JASON** (2003) gar auf Freddy Krueger, den Mörder aus den NIGHTMARE-Streifen, treffen. 2009 folgte dann noch das unumgängliche Remake, dem eigentlich sehr schnell eine Fortsetzung folgen sollte, die jetzt jedoch erst einmal auf Eis liegt.

In Deutschland erfreuten sich die Filme, wie die meisten Slasher, im Kino nicht sonderlich großer Beliebtheit und wurden teilweise sogar nur auf Video ausgewertet – dort jedoch mit großem Erfolg, obwohl nicht nur in der Zeitung Die Zeit von einem „primitiven Horror-Schocker" die Rede war. Anbei eine kleine Übersicht, warum Paramount der Reihe über Jahre hinweg die Treue hielt: Sie war einfach ungemein profitabel. Alleine in den USA spülten die 12 Filme annähernd 400.000.000 Dollar in die Kassen der Studios. Die Einnahmen aus dem Ausland, die weltweiten Video- und DVD-Verkäufe sind in dieser Summe ebenso wenig enthalten, wie Merchandising-Erlöse. Daher gibt es keinen Zweifel: Früher oder später wird es ein Wiedersehen mit dem Killer des Camp Crystal Lake geben.

EIN- UND AUSGABEN DER FREITAG DER 13.-REIHE

Dt. Filmtitel	Originaltitel	Jahr	Budget $	Eingespielt $
Freitag, der 13.	Friday the 13th	1980	550.000	39.754.601
Freitag, der 13. – Jason kehrt zurück	Friday the 13th Part 2	1981	1.250.000	21.722.776
Und wieder ist Freitag, der 13.	Friday the 13th Part 3	1982	2.500.000	36.690.067
Freitag, der 13. – Das letzte Kapitel	Friday the 13th: The Final Chapter	1984	2.600.000	32.980.880
Freitag, der 13. – Ein neuer Anfang	Friday the 13th: A New Beginning	1985	2.200.000	21.930.418
Freitag, der13., Teil 6 – Jason lebt	Friday the 13th Part VI: Jason Lives	1986	3.000.000	19.472.057
Freitag, der 13. – Jason im Blutrausch	Friday the 13th Part VII: The New Blood	1988	2.800.000	19.170.001
Freitag, der 13. – Todesfalle Manhattan	Friday the 13th Part VIII: Jason Takes Manhattan	1989	5.000.000	14.343.976
Jason goes to Hell - Die Endabrechnung	Jason Goes to Hell: The Final Friday	1993	3.000.000	15.935.068
Jason X	Jason X	2002	14.000.000	13.121.555
Freddy vs. Jason	Freddy vs. Jason	2003	25.000.000	82.622.655
Freitag, der 13. (Remake)	Friday the 13th	2009	19.000.000	65.002.019

12 Teile • **Produktionskosten: US$ 80.900.000** • **Einnahmen: US$ 382.746.073**

PLATZ 42

Starttermin in
Deutschland:
29.08.'80
Besucher in
Deutschland:
585.000

CRUISING

William Friedkin war Mitte der 70er Jahre einer der angesagtesten, aber auch umstrittensten Regisseure überhaupt. Hatte er doch mit FRENCH CONNECTION (THE FRENCH CONNECTION, 1971) und DER EXORZIST (THE EXORCIST, 1973) in den unterschiedlichsten Genres weltweite Erfolge feiern können, mit denen er das provokante und experimentelle Kinojahrzehnt maßgeblich beeinflusste.

Doch seine nächsten Produktionen erwiesen sich als unerwartete Flops, konnte er doch weder mit ATEMLOS VOR ANGST (SORCERER, 1977) noch mit DAS GROSSE DINGS BEI BRINKS (THE BRINK'S JOB, 1978) an seine voran gegangenen Hits anknüpfen. Vielleicht spielte diese Erfahrung und der entsprechende Druck auch bei der Auswahl seines nächsten Films – was der Regisseur allerdings vehement bestreitet - eine Rolle. Ist doch **CRUISING** in der Essenz nichts anderes als eine Vermengung vom klassischen Cop-Thriller und Slasherfilm, der Dank des Erfolgs von HALLOWEEN (1978) auf dem Vormarsch war.

Die Geschichte zu **CRUISING** reicht bis in die frühen 70er Jahre zurück. Der Produzent Philip D'Antoni, der mit Friedkin bereits bei FRENCH CONNECTION zusammengearbeitet hatte, wurde auf das Buch *Cruising* von Gerald Walker aufmerksam, welches 1970 erschien. Walker, der eigentlich als Gerichtsreporter für die New York Times arbeitete, schrieb über Morde die im Umfeld von Homosexuellen-Kneipen begangen wurden. D'Antoni erkannte das Potential der Story und schickte das Buch schließlich William Friedkin, den er als Regie-Wunschbesetzung ansah. Doch dieser hielt das Walker-Werk für veraltet, weil sich die Schwulenszene in den letzten Jahren drastisch verändert hatte und lehnte schließlich ab. In den Folgejahren versuchte D'Antoni weiterhin, die Romanadaption auf den Weg zu bringen und arbeitete sogar kurzweilig mit Steven Spielberg zusammen, aber umsonst: Niemand war an einer Verfilmung interessiert, so dass der Produzent Abstand von dem Projekt nahm.

Jahre später sicherte sich schließlich Jerry Weintraub, bislang eher als TV-Produzent erfolgreich, die Rechte an dem Buch und

INHALT:
Ein Serienmörder sucht seine Opfer gezielt in der Schwulenszene der Stadt. Der Polizist Steve Burns soll dem Täter Undercover auf die Schliche kommen. Für den heterosexuellen Burns beginnt eine Reise in Welt, die er nicht kannte und die sein ganzes Leben auf den Kopf stellt. Er wird von dieser Welt in ihren Bann gezogen und verliert nicht nur die Kontrolle über seine Ermittlungen.

wandte sich erneut an Friedkin, der jedoch immer noch nicht interessiert war. Doch als er zufällig über Zeitungsartikel stolperte, die über mysteriöse Todesfälle im Schwulenmilieu berichteten, ließ ihn das Thema nicht mehr los. Als er dann noch erfuhr, dass sein Freund Randy Jurgensen – der in **CRUISING** übrigens als Det. Lefransky zu sehen ist - Undercover in der Schwulen-Szene eingesetzt wurde, um den Mörder zu fassen, hatte er seinen Aufhänger. Jurgensen erwies sich als ideale Informationsquelle, erzählte von seiner Zeit in den Schwulenbars und machte deutlich, dass das eine eigene Welt, mit eigenen Moralvorstellungen war, die ihn auch psychisch verändert hatte.

Friedkin sagte Weintraub unter der Bedingung zu, dass er das Drehbuch selbst schreiben und die Vorlage verändern durfte, um es der Realität anzupassen. Der Produzent sagte zu und gemeinsam begann die Zeit der Recherche.

Man kam überein, dass man die Szene und den Look so realistisch wie möglich zeichnen wollte. Daher recherchierte man nicht in der grauen Theorie, sondern besuchte einschlägige Clubs und Orte. Für Friedkin war es ein Blick in eine Welt, die er nicht kannte und die ihm völlig surreal erschien. Den Filmemacher faszinierte besonders, dass die meisten Homosexuellen ein Doppelleben führten, tagsüber normale Jobs erledigten, abends jedoch in die Fetischszene abtauchten.

Als das Drehbuch fertig war und den entsprechenden Castingagenturen vorlag, kam sehr schnell eine Anfrage von Al Pacino, der die Hauptrolle spielen wollte.

Al Pacino interessierte sich sehr für die Rolle in dem kontroversen William-Friedkin-Thriller. Welchen Wirbel der Film schon während der Dreharbeiten aufwirbeln sollte, ahnte er jedoch nicht. Pacino rechtfertigte jedoch sowohl seine Teilnahme, als auch den Film an sich, auch wenn er Verständnis für die Proteste aus der Schwulenszene äußerte.

Für Weintraub und Friedkin natürlich ein Glücksfall, da Pacino nicht zuletzt Dank der DER PATE und DER PATE 2 (THE GODFATHER; THE GODFATHER 2) als schauspielerisches Schwergewicht galt und auch für das Marketing ideal war.

Pacino reagierte recht geschockt, als er mit den Eigenheiten der S/M-Schwulenszene vertraut gemacht wurde, wollte aber so viel wie möglich darüber erfahren und tauschte sich lange vor Drehbeginn auch mit Randy Jurgensen aus. Er ging sogar so weit, sich die Haare im angesagten Stil der Homosexuellen schneiden zu lassen, um so glaubwürdig wie möglich wirken. Allerdings ging dieser Schuss nach hinten los, da er so unmöglich aussah, dass der Drehstart verschoben werden musste.

Hinter der Kamera vertraute Friedkin überwiegend den Leuten, mit denen er schon einmal zusammen gearbeitet hatte, z.B. Kameramann James Contner. Kurzfristig stand auch die Idee im Raum, **CRUISING** als Schwarzweißfilm in Szene zu setzen, doch man entschied sich aus mehreren Gründen dagegen.

Da Friedkin so realistisch wie möglich arbeiten wollte, lag es nahe, Mitglieder der Schwulenszene für das Projekt zu gewinnen, was auch tatsächlich gelang. So handelt es sich bei den Clubszenen nicht um „normale" Statisten, sondern um die tatsächlichen Besucher dieser Bars.

Doch während sich ein Teil der Szene entschloss, das Projekt zu unterstützen, wandte sich der andere Teil ab und wollte die Produktion mit allen Mitteln stoppen. In einer Zeit, in der sich Schwule und Lesben erste Erfolge im Kampf der gesellschaftlichen Akzeptanz erkämpft hatten, befürchtete man, dass ein provokanter Streifen wie dieser zum Bumerang werden könnte und die Schwulenszene einseitig diffamiert wird. Man warf Friedkin und Weintraub vor, das Mainstream-Kino bewusst zu benutzen, um Schwule zu verunglimpfen. Daher blieb es nicht bei harmlosen Demonstrationen: Die Dreharbeiten wurden von einer dauerhaften medialen, sehr kritischen Berichterstattung begleitet, die auch dauerhaft von den Gegnern des Films angeheizt wurde, was alle Beteiligten überraschte. Produzent Weintraub traf sich mit Vertretern der Schwulenszene, um die Situation zu beruhigen, auch Al Pacino nahm öffentlich Stellung.

„Ich verstehe die Proteste. Aber ich bleibe dabei, dass ich nie das Gefühl hatte, dass das Drehbuch Schwulenfeindlich ist. Die Leder-Bars sind nur ein Bruchstück der Schwulenszene, ebenso wie die Mafia nur ein Bruchstück des italienisch-amerikanischen Lebens ist. Ich wollte die Schwulenszene nie beleidigen."

(Al Pacino) [1]

Regisseur Friedkin wurde immer wieder vorgeworfen, dass er die Handlung aus den Augen verlor, worunter die Dramaturgie von CRUISING litt. Dieser Vorwurf entbehrt nicht jeglicher Grundlage, bisweilen fügte Friedkin Sequenzen ein, die fast schon surreal anmuteten, da sie überhaupt nicht in den Streifen passten – dazu zählt auch die Szene links.

*1: Al Pacino: Im Gespräch mit Lawrence Grobel

Doch umsonst: Die Proteste hörten nicht auf und gipfelten darin, dass systematisch versucht wurde, die Dreharbeiten zu manipulieren und zu sabotieren. Man mietete sich Apartments neben den Drehorten und drehte die Musik laut auf oder sorgte anderweitig für eine dauerhafte Lärmkulisse. Daher benötigte man in der Post Production fast zwei Monate, um Dialoge neu aufzunehmen. Mit Reflektoren blendete man die Kameraleute und machte eine Beleuchtung so zwischenzeitlich unmöglich.

Zudem waren die Demonstranten dauerhaft präsent, so dass 300 Polizisten das jeweilige Set beschützen und die Schauspieler zum Drehort eskortieren mussten. Eine ziemlich stressige Zeit, die sich auch in die Nachbearbeitung zog und mit der Vorlage bei der amerikanischen Zensurbehörde seinen Fortgang fand. Denn wenig überraschend waren die Zensoren alles andere als begeistert von der expliziten und provokanten Darstellung des Streifens. Insgesamt 50 Mal musste Friedkin der Behörde seinen Film vorlegen, bevor sie endlich die wirtschaftlich wichtige R-Rated-Freigabe vergaben. Satte 40 Minuten musste der Filmemacher heraus schneiden, wobei er beteuert, dass diese Kürzungen keinerlei Auswirkungen auf die Handlung haben, da es sich überwiegend um Material, welches in den Clubs entstand, handelte.

Die Debatte um **CRUISING** setzte sich auch bei den Vorführungen und den entsprechenden Reaktionen fort. So uferte die erste Vorführung samt anschließender Pressekonferenz zu einer einzigen Schreierei aus. Die Kritik mochte den Film nicht und watschte alle Beteiligten eher ab, positive Meinungen blieben Mangelware.

„Hier haben wir einen Film der visuell ansprechend umgesetzt wurde, der eine Subkultur fesselnd und authentisch erforscht, einen ziemliche Spannungsbogen vom Anfang bis zum Ende aufbaut … und dann eine klare Entscheidung trifft, nicht auf den Punkt zu bringen, worum es zentral geht. Was glaubt Friedkin am Ende bloß, worum es in seinem Film geht?"
(Roger Ebert) [2]

Die damalige Kritik ist durchaus nachvollziehbar, war und ist **CRUISING** doch ein sichtlich zerrissener Film. Visuell gelungen, über weite Stecken atmosphärisch dicht und beklemmend, woran die clever eingesetzte Soundkulisse sicherlich ihren Anteil hat. Bisweilen wirkt das fast schon dokumentarisch und ist auch in den Mordszenen exzellent in Szene gesetzt. Doch der Streifen krankt an seiner gewollten Mehrdeutigkeit ebenso wie an seinen kühlen Figuren. Der Zuschauer kann nicht nachvollziehen, was in Pacino vorgeht, erkennt nicht, was mit ihm wann und warum geschieht. Friedkin raubt seinem Film somit sein Zentrum, sein Herz und schafft es nicht, das Publikum emotional zu packen. Selbst die Szenen zwischen Pacino und seiner (Film) Frau Karen Allen wirken merkwürdig distanziert und kalt. Die sichtbar gewünschte Mehrdeutigkeit unterstreicht dies noch, da am Ende Pacino durchaus auch selbst der Mörder sein könnte. Was in einem anderen

Zusammenhang eventuell überraschen oder schockieren könnte, wird in **CRUISING** recht unaufgeregt zur Kenntnis genommen. Zudem beisst sich der gewollt realistische Ansatz mit einigen Absurditäten, die so gar nicht zu dem Stil von Friedkin passen. Am Ende zerfällt die Mörderjagd, für die sich der Regisseur und Drehbuchautor oh-

*2: www.rogerebert.suntimes.com

**Deutsches Kinoplakat (EA) von 1980
Verleih: Neue Constantin Film**

Stabangaben: USA 1980 | 102 Minuten

REGIE: William Friedkin • DREHBUCH: William
Friedkin, basierend auf dem Buch von Gerald
Walker • KAMERA: James Contner • SCHNITT:
Bud Smith • MUSIK: Jack Nitzsche • PRODU-
ZENT: Jerry Weintraub • PRODUKTIONSFIR-
MEN: Lorimar Film Entertainment, •CiP -
Europäische Treuhand AG • ORIGINALTITEL:
Cruising
STARTTERMIN USA: 08.02.1980
EINSPIELERGEBNIS USA: 19.784.223 $
DARSTELLER:
Al Pacino..Steve Burns
Paul Sorvino ....Capt. Edelson
Karen Allen ....Nancy
Richard Cox ....Stuart Richards
Don Scardino..Ted Bailey
Joe Spinell ....DiSimone
Jay Acovone...Skip Lee
Randy Jurgensen ....Det. Lefransky
Barton Heyman....................................Dr. Rifkin
Gene Davis ....Da Vinci

WAS MACHT EIGENTLICH ... ■■■ HEUTE ?

Er war nicht nur die rechte Hand des Teufels, Nobody, das Krokodil und der Supercop, sondern auch der absolute Top-Star des europäischen Kinos in den 70er und frühen 80er Jahren. Die Rede ist natürlich von Terence Hill.

Anfang der 70er Jahre feierte er an der Seite von seinem Dauerpartner Bud Spencer mit DIE RECHTE UND DIE LINKE HAND DES TEUFELS (LO CHIAMAVANO TRINITÀ, 1970) und VIER FÄUSTE FÜR EIN HAL-LELUJA (… CONTINUAVANO A CHIAMARIO TRINITÀ, 1971) unter der Regie von Enzo Barboni seinen internationalen Durchbruch. VIER FÄUSTE FÜR EIN HALLELUJA stellte sogar neue Rekorde auf und sorgte auch in Deutschland für volle Häuser: Knapp 12 Millionen Zuschauer wollten die Abenteuer von Spencer und Hill sehen.

Fortan war er sowohl im Duo mit Spencer, als auch solo nicht mehr aus der Filmszene weg zu denken und sorgte über Jahre hinweg für volle Kassen, auch wenn ein versuchter Imagewandel Mitte der 70er Jahre scheiterte. Dafür versuchte er sich mit KEINER HAUT WIE DON CAMILLO (DON CAMILLO, 1983) auch erstmals als Regisseur. Erst Mitte der 80er Jahren lief die Erfolgsgeschichte langsam aus, da die Prügelkomödien aus der Mode kamen. Trotzdem blieb er weiterhin aktiv und konnte mit der TV-Serie LUCKY LUKE (1990/91) seine Karriere fortsetzen. Nachdem DIE TROUBLEMAKER (BOTTI DE NATALE, 1994), der gemeinsame Comeback-Versuch mit Bud Spencer, grandios scheiterte, drehte er noch den sehr schlechten VIR-TUAL WEAPON (POTENZA VIRTUALE, 1996), der bei uns nur auf Video ausgewertet wurde. Das war auch sein letztes Lebenszeichen im deutschen Raum.

Wer nun jedoch denkt, dass sich der mittlerweile über 70jährige Hill zur Ruhe gesetzt hätte, irrt.

1999 übernahm er die Hauptrolle in der Serie DON MATTEO. Diese Entscheidung sorgte ohne jede Übertreibung für einen zweiten Karriere-Frühling des Terence Hill. Nicht nur, dass sich die amüsante Mischung aus Drama, Komödie und Krimi zu einem gigantischen Publikumserfolg entwickelte, deren 8. Staffel derzeit (Herbst 2011) im italienischen Fernsehen ausgestrahlt wird: Sie ermöglichte Hill endlich auch den Absprung von seiner Klischeerolle des ewigen Sunnyboys und Sprücheklopfers.

An DON MATTEO schlossen sich weitere TV-Arbeiten an. u.a. der zweiteilige TV-Film L' UOMO CHE SOGNAVA CON LE AQUILE (2005), der ebenfalls in Italien für exzellente Einschaltquoten sorgte. Warum keine dieser Produktionen den Weg nach Deutschland fand, ist nicht wirklich nachvollziehbar.

Mit DOC WEST (2008), wiederum ein zweiteiliger TV-Film, kehrte Hill sogar in das Western-Genre zurück, obgleich diese Produktion nur noch wenig mit seinen Rollen zu tun hat, die ihn einst berühmt machten. Mit fast dreijähriger Verspätung wird DOC WEST Ende 2011 in Deutschland auch auf DVD erscheinen und somit die erste Veröffentlichung seit 15 Jahren im hiesigen Raum sein.

Doch damit nicht genug: Der umtriebige Hill drehte eine weitere Serie unter dem Titel UN PASSO DAL CIELO (2011), die sich ebenfalls zu einem großen Erfolg mauserte und 2012 ebenso in die nächste Runde geht, wie DON MATTEO.

Man sieht: Terence, Hill ist aktiver und erfolgreicher denn je. Schade nur, dass diese Karriereentwicklung von seinen deutschen Fans nicht wirklich mitverfolgt werden konnte.

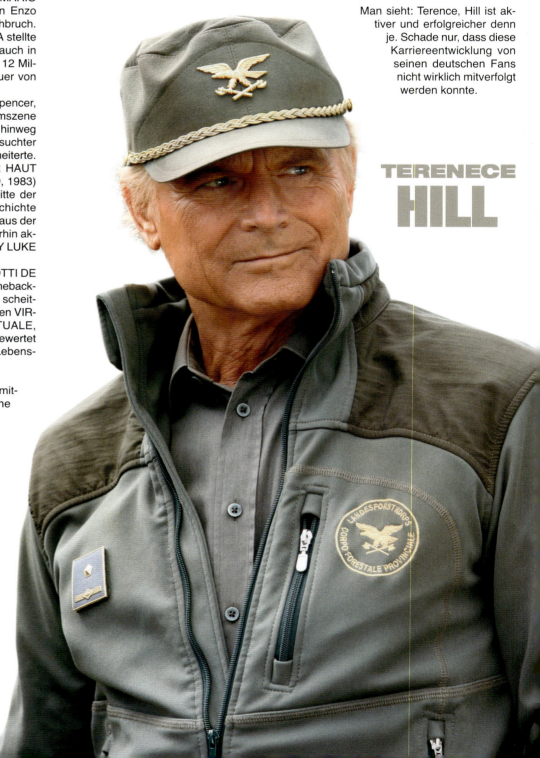

TERENECE HILL

WILLIAM SHATNER

Als Captain James T. Kirk erlangte William Shatner in den **Star-Trek-Serien** und Kinofilmen Kultstatus. Doch Shatner konnte auch abseits dieser Auftritte seine Karriere fortsetzen. Mit T.J.HOOKER und BOSTON LEGAL legte er nicht nur zwei weitere Serienhits nach, sondern glänzte auch in prägnanten Nebenrollen wie in MISS UNDERCOVER. Da er sich und seinen Ruf selbst nicht ernst nimmt, lässt er es sich auch nicht nehmen, selbstironische Auftritte wie in FANBOYS (2008) zu übernehmen. Zudem machte er sich auch einen Namen als Schriftsteller, Sänger, Regisseur und gar Talkshow-Gastgeber. Für 2012 hat der mittlerweile 80jährige die Dokumentation FAN ADDICTS angekündigt, bei der er einmal mehr Regie führen wird.

JOHN CLEESE

Als festes Mitglied der legendären britischen Komikertruppe Monty Pythons feierte John Cleese mit **DAS LEBEN DES BRIAN** seinen größten Erfolg. Doch auch, nachdem sich die Pythons aufgelöst hatten, setzte er seine Karriere mit Erfolg fort. Sei es die TV-Serie DAS VERRÜCKTE HOTEL, als R in dem 007-Abenteuer DIE WELT IST NICHT GENUG oder erst recht als Regisseur und Darsteller bei EIN FISCH NAMENS WANDA (1988). Auch als Synchronspecher und Erzähler wird er nach wie vor gerne verpflichtet. Als Sprecher trat er auch zuletzt in Erscheinung – BEETHOVEN´S CHRISTMAS ADVENTURE startet im November in den amerikanischen Kinos.

JACK NICHOLSON

Der populäre Mime gilt als einer der besten Darsteller seiner Generation. Im Laufe seiner Karriere erhielt er zwölf Oscarnominierungen und konnte die begehrte Trophäe gleich dreimal mit nach Hause nehmen: Zweimal als Hauptdarsteller für EINER FLOG ÜBER DAS KUCKUCKSNEST (1975) und ZEIT DER ZÄRTLICHKEIT (1983) und einmal als Nebendarsteller für BESSER GEHT`S NICHT (1996). Nicholson hat im Laufe seiner Laufbahn mit den besten Regisseuren - u.a. eben auch mit Stanley Kubrick bei **SHINING** - zusammengearbeitet und gleich in einer ganzen Reihe von Filmen mitgewirkt, die mittlerweile als Kultfilme gelten. Unvergessen auch sein Auftritt als Joker in BATMAN (1989), an dem er aufgrund einer Gewinnbeteiligung mehr als 50 Millionen Dollar verdiente. Obwohl er seinen Filmoutput deutlich drosselte, konnte er zuletzt insbesondere in DEPARTED (2006) und DAS BESTE KOMMT ZUM SCHLUSS (2007) unter Beweis stellen, dass er auch mit nunmehr über 70 Jahren nichts von seiner Klasse verloren hat.

MARK HAMILL

In den 70er und 80er Jahren war Hamill der Held von Millionen Kindern und Jugendlichen. Als Luke Skywalker spielte er in der ersten **Star-Wars-Trilogie** die Hauptrolle, schaffte es jedoch im Anschluss nicht, dem Schatten dieser Über-Rolle zu entfliehen. Doch er verschwand nicht in der Versenkung, sondern setzte seine Karriere eher im B-Movie-Bereich und TV-Segment fort und ist bis heute sehr aktiv. Hamill machte sich auch einen Namen als Synchronsprecher für Computerspiele und Comicverfilmungen, wobei seine Paraderolle der Part des Jokers in diversen Batman-Varianten ist. Der dreifache Familienvater hat sich bereits mit COMIC BOOK: THE MOVIE (2004) als Regisseur versucht und arbeitet derzeit an dem ambitionierten Science-Fiction-Actioner RISE OF AN EXILE, bei dem er sowohl die Hauptrolle als auch den Regieposten übernehmen will.

Das Mittelstück der ersten Star-Wars-Trilogie DAS IMPERIUM SCHLÄGT ZURÜCK ließ die Konkurrenz weit hinter sich und entwickelte sich zum absoluten Kassenknüller. Dieser Erfolg wiederholte sich nahezu weltweit, auch in Deutschland lief der zweite Film der Reihe hervorragend. Die nächsten Plätze in den amerikanischen Top 50 wurden jedoch eher von Produktionen eingenommen, die in Deutschland im Grunde unter „ferner liefen" gelistet werden. Weder die Komödie WARUM EIGENTLICH … BRINGEN WIR DEN CHEF NICHT UM? noch ZWEI IRRE SPASSVÖGEL erfreuten sich bei uns auch nur annähernd der US-Beliebtheit. Gründe dafür liegen auf der Hand: Weder Dolly Parton, noch Gene Wilder oder Richard Pryor konnten sich - trotz ihrer Erfolge in den Staaten - bei uns durchsetzen. Auch NASHVILLE LADY von Michael Apted fand in den heimischen Kinos quasi nicht statt. Mit Country-Musik lockte man in Deutschland eben keinen Hund hinter dem Ofen hervor – in den Staaten spielte das Musik-Drama dafür über 80 Millionen Dollar ein.

Überraschend hingegen, dass Clint Eastwood auch mit MIT VOLLGAS NACH SAN FERNANDO so gut an den Kassen abschneiden konnte. War es doch für ihn seinerzeit eine sehr ungewöhnliche Rolle, auch wenn bereits der erste Film DER MANN AUS SAN FERNANDO bewiesen hatte, dass das Publikum ihn durchaus auch in einer Komödie akzeptierte. Dass die Geduld des Publikums jedoch nicht grenzenlos war, musste Eastwood im selben Jahr erkennen, als er mit BRONCO

Platz 2

Trotz der guten Besetzung mit Dolly Parton, Jane Fonda und Lily Tomlin konnte sich WARUM EIGENTLICH … BRINGEN WIR DEN CHEF BICHT UM? Nicht an den deutschen Kassen durchsetzen, entwickelte sich jedoch in den Staaten zum Hit. Der Dolly-Parton-Song Nine to Five wurde sogar für den Oscar nominiert

DAS JAHR 1980:
FAKTEN und ZAHLEN
aus den USA

MIT VOLLGAS NACH SAN FERNANDO war die Fortsetzung des Clint-Eastwood-Überraschungserfolgs DER MANN AUS SAN FERNANDO. In beiden Filmen spielte der Orang-Utan Clyde eine wichtige und vergnügliche Rolle. Diese Filme erlaubten Eastwood, eine größere schauspielerische Bandbreite zu zeigen.

BILLY trotz eines Platzes unter den Top 30 hinter den Erwartungen zurück blieb. In Anbetracht des geringen Budgets ist das ~40 Millionen Dollar-Einspiel von FREI-TAG, DER 13 durchaus als überragend zu bezeichnen. Während Slasher in Deutschland eher typische Videotheken-kost blieben und nur in Ausnahmefällen in den Kinos funktionierten, konnte der erste Film der langlebigen Reihe in den USA einen Überraschungserfolg landen und fand sogar bei uns sein Publikum.

Mit OCTAGON konnte erstmals Chuck Norris einen Top 50-Erfolg landen und empfahl sich so für weitere Rollen. Dauerhaft durchsetzen konnte er sich jedoch nie und blieb immer im Schatten von Stallone und Schwarzenegger, obwohl er bereits lange vor ihnen das Actiongenre unsicher machte, Enttäuschend auch das Abschneiden des letzten Steve-McQueens-Films JEDER KOPF HAT SEINEN PREIS, der erst nach dem Tod des Hauptdarstellers in die Kinos kam.

Platz 6

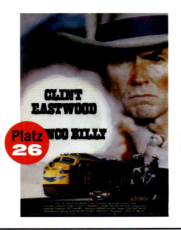

Platz 21 · Platz 25 · Platz 26 · Platz 39

DIE TOP 50 IN USA (AMERIKA)

Platz	Filmtitel (Originaltitel)	Starttermin	Besucher	Einnahmen $
1	DAS IMPERIUM SCHLÄGT ZURÜCK (The Empire Strikes Back)	21.05.1980	67.427.375	181.379.640
2	WARUM EIGENTLICH … BRINGEN WIR DEN CHEF NICHT UM? (9 to 5)	19.12.1980	38.397.955	103.290.500
3	ZWEI IRRE SPASSVÖGEL (Stir Crazy)	12.12.1980	37.657.993	101.300.000
4	DIE UNGLAUBLICHE REISE IN EINEM VERRÜCKTEN FLUGZEUG (Airplane!)	27.06.1980	31.023.620	83.453.539
5	NASHVILLE LADY (Coal Miner´s Daughter)	07.03.1980	30.855.019	83.000.000
6	MIT VOLLGAS NACH SAN FERNANDO (Any Which Way You Can)	17.12.1980	26.277.823	70.687.344
7	SCHÜTZE BENJAMIN (Private Benjamin)	10.10.1980	25.965.557	69.847.348
8	DAS AUSGEKOCHTE SCHLITZOHR IST WIEDER AUF ACHSE (Smokey and the Bandit 2)	15.08.1980	24.584.619	66.132.626
9	DIE BLAUE LAGUNE (The Blue Lagoon)	20.06.1980	21.878.478	58.853.106
10	BLUES BROTHERS (Blues Brothers)	20.06.1980	21.275.052	57.229.890
11	EINE GANZ NORMALE FAMILIE (Ordinary People)	19.09.1980	20.359.451	54.766.923
12	SHINING (Shining)	23.05.1980	19.702.602	53.000.000
13	POPEYE (Popeye)	12.12.1980	18.521.575	49.823.037
14	URBAN COWBOY (Urban Cowboy)	06.06.1980	17.441.742	46.918.287
15	FAST WIE IN ALTEN ZEITEN (Seems Like Old Times)	19.12.1980	16.355.360	43.995.918
16	NOCH MEHR RAUCH UM ÜBERHAUPT NICHTS (Cheech & Chong´s Next Movie)	18.07.1980	15.492.637	41.675.194
17	FREITAG, DER 13. (Friday, the 13th)	09.05.1980	15.125.636	40.687.962
18	WAHNSINN OHNE HANDICAP (Caddyshack)	25.07.1980	14.812.767	39.846.344
19	BRUBAKER (Brubaker)	20.06.1980	13.799.891	37.121.708
20	KLEINE BIESTER (Little Darlings)	21.03.1980	12.760.687	34.326.249
21	DRESSED TO KILL (Dressed to Kill)	23.06.1980	11.858.281	31.898.776
22	THE JAZZ SINGER (The Jazz Singer)	19.12.1980	10.081.203	27.118.436
23	FLASH GORDON (Flash Gordon)	05.12.1980	10.077.309	27.107.960
24	SUSI UND STROLCH (Lady and the Tramp)	07.03.1980	9.707.884	26.114.207
25	DER ELEFANTENMENSCH (The Elephant Man)	03.10.1980	9.669.466	26.010.864
26	BRONCO BILLY (Bronco Billy)	11.06.1980	9.020.691	24.265.659
27	DER HÖLLENTRIP (Altered States)	25.12.1980	8.921.933	24.000.000
28	CALIGULA (Caligula)	01.02.1980	8.713.055	23.438.119
29	WIE EIN WILDER STIER (Raging Bull)	14.11.1980	8.674.704	23.334.953
30	XANADU (Xanadu)	08.08.1980	8.461.922	22.762.571
31	EIN MANN FÜR GEWISSE STUNDEN (American Gigolo)	01.02.1980	8.454.897	22.743.674
32	DIE SCHULHOFRATTEN VON CHICAGO (My Bodyguard)	11.07.1980	8.357.975	22.482.952
33	(In Search of Historic Jesus)	25.01.1980	8.341.551	22.438.771
34	NEBEL DES GRAUENS (The Fog)	01.02.1980	7.947.346	21.378.361
35	FAME (Fame)	16.05.1980	7.882.093	21.202.829
36	TESS (Tess)	12.12.1980	7.469.639	20.093.330
37	ONKEL REMUS´ WUNDERLAND (WA) (Song of the South)	08.08.1980	7.360.595	19.800.000
38	CRUISING (Cruising)	15.02.1980	7.354.730	19.784.223
39	OCTAGON (Octagon)	14.08.1980	7.052.559	18.971.384
40	SECHS LEICHEN UND KEIN MORD (The Private Eyes)	01.11.1980	7.041.755	18.942.320
41	WINDWALKER (Windwalker)	01.11.1980	6.928.060	18.636.482
42	ARISTOCATS (WA) (Aristocats)	19.12.1980	6.691.450	18.000.000
43	HONEYSUCKLE ROSE (Honeysuckle Rose)	18.07.1980	6.622.755	17.815.212
44	TRACY TRIFFT DEN LIEBEN GOTT (Oh God! Book 2)	03.10.1980	6.505.576	17.500.000
45	PSYCHOCK (The Silent Scream)	30.01.1980	6.424.575	17.282.106
46	HERBIE DREHT DURCH (Herbie Goes Bananas)	25.06.1980	6.319.703	17.000.000
47	DER LÖWE ZEIGT DIE KRALLEN (Rough Cut)	20.06.1980	6.191.868	16.656.125
48	DER LETZTE COUNTDOWN (The Final Countdown)	01.08.1980	6.188.773	16.647.800
49	JEDER KOPF HAT SEINEN PREIS (The Hunter)	01.08.1980	6.049.870	16.274.150
50	KILL OR BE KILLED (Kill or Be Killed)	01.05.1980	6.022.305	16.200.000

#

1941 - Wo bitte gehts nach Hollywood

(1941)
USA, 1979
Regie: Steven Spielberg
Darsteller: Dan Aykroyd, John Belushi, Christopher Lee
Kinostart: 27. März 1980
Verleih: Warner-Columbia

A

Abendessen mit anschließendem Frühstück

(Pane, burro e marmellata)
Italien 1979
Regie: Giorgio Capitani
Darsteller: Enrico Montesano, Rossana Podestà, Claudine Auger
Kinostart: 13. Juni 1980
Verleih: Jugendfilm

Abschaum

(Scum)
England, 1979
Regie: Alan Clarke
Darsteller: Ray Winstone, Mick Ford, John Judd
Kinostart: 5. September 1980
Verleih: Jugendfilm

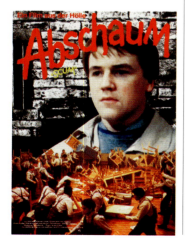

Abstauber, Der

(Baltimore Bullit, The)
USA, 1979
Regie: Robert Ellis Miller
Darsteller: James Coburn, Bruce Boxleitner, Omar Sharif
Kinostart: 1. April 1980

Allein zu zweit

(À nous deux)
Frankreich 1979
Regie: Claude Lelouch
Darsteller: Catherine Deneuve, Jacques Dutronc, Jacques Villeret
Kinostart: 7. März 1980
Verleih: Warner-Columbia

Alles in Handarbeit

(Hardly Working)
USA 1979
Regie: Jerry Lewis
Darsteller: Jerry Lewis, Deanna Lund, Susan Oliver
Kinostart: 31. Januar 1980
Verleih: Tobis

Amityville Horror

(The Amityville Horror)
USA 1979
Regie: Stuart Rosenberg
Darsteller: James Brolin, Margot Kidder, Rod Steiger
Kinostart: 17. Januar 1980
Verleih: Neue Constantin

Atlantic City, USA

(Atlantic City)
Kanada 1980
Regie: Louis Malle
Darsteller: Burt Lancaster, Susan Sarandon, Michel Piccoli
Kinostart: 21. November 1980
Verleih: Concorde

Auf ein Neues

(Starting Over)
USA 1979
Regie: Alan J. Pakula
Darsteller: Burt Reynolds, Jill Clayburgh, Candice Bergen
Kinostart: 25. April 1980

Aufstand, Der

(La insurrección)
Costa Rica 1979

Regie: Peter Lilienthal
Darsteller: Augustin Pereira, Carlos Catania, Maria Lourdes Centano de Zeleya
Kinostart: 24. Oktober 1980
Verleih: Basis Film Verleih

Außerirdischen, Die

(The Visitor)
USA 1979
Regie: Giulio Paradisi
Darsteller: Mel Ferrer, Glenn Ford, Lance Henriksen
Kinostart: 1. Mai 1980
Verleih: Avis Film

Aussteigerin, Die

(La Dérobade)
Frankreich 1979
Regie: Daniel Duval
Darsteller: Miou-Miou, Maria Schneider, Daniel Duval
Kinostart: 4. September 1980

B

Babyspeck und Fleischklößchen

(Meatballs)
USA, 1979
Regie: Ivan Reitmann
Darsteller: Bill Murray, Harvey Atkin, Kate Lynch
Kinostart: 8. Februar 1980
Verleih: CIC

Beziehungsweise Andersrum

(A Different Story)
USA, 1977
Regie: Paul Aaron
Darsteller: Peter King, Meg Foster, Valerie Curtin
Kinostart: 30.05.1980
Verleih: Neue Constantin

Big Red One, The

USA, 1979
Regie: Samuel Fuller
Darsteller: Lee Marvin, Mark Hamill, Robert Carradine
Kinostart: 24. Juni 1980
Verleih: Scotia Film

Blackout - Anatomie einer Leidenschaft

(Bad Timing)
England, 1980
Regie: Nicolas Roeg
Darsteller: Art Garfunkel, Theresa Russell, Harvey Keitel
Kinostart: 1. Mai 1980
Verleih: 20th Century Fox

Blues Brothers

USA, 1980
Regie: John Landis
Darsteller: James Belushi, Dan Aykroyd, Cab Calloway
Kinostart: 16. Oktober 1980
Verleih: CIC

Bronco Billy

USA, 1980
Regie: Clint Eastwood
Darsteller: Clint Eastwood, Sandra Locke, Geoffrey Lewis
Kinostart: 5. November 1980
Verleih: Warner-Columbia

Boshafte Spiel des Dr. Fu Man Chu, Das

(The Fiendish Plot of Dr. Fu Man Chu)
USA, 1980
Regie: Piers Haggard
Darsteller: Peter Sellers,

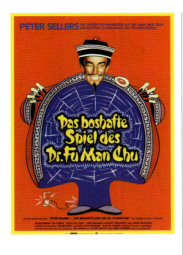

Helen Mirren,
Sid Caesar
Kinostart: 19.12.1980
Verleih: Warner-Columbia

Bruce Lee - Das Spiel des Todes

(Si wang mo ta)
Hongkong, 1968
Regie: Robert Velasco
Darsteller: Bruce Lee,
Cheung Lak,
Yan Se
Verleih: Avis

Bullen von Dallas, Die

(North Dallas Forty)
USA, 1979
Regie: Ted Kotcheff
Darsteller: Nick Nolte,
Mac Davis,
Charles Durning
Kinostart: 17. Januar 1980
Verleih: Paramount

Bulldozer, Der

(A Force of One)
USA, 1979
Regie: Paul Aaron
Darsteller: Chuck Norris,
Clu Gulager,
Bill Wallace
Kinostart: 25. Juli 1980
Verleih: Pilot

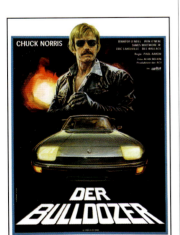

C

Caligula

(Caligola)
Italien, 1979
Regie: Tinto Brass
Darsteller: Malcolm McDowell,
Peter O´Toole,
John Gielguld
Kinostart: 25. April 1980
Verleih: Tobis

Car Napping

Deutschland, 1979
Regie: Wigbert Wicker
Darsteller: Bernd Stephan,
Anny Duperey,
Ivan Desny
Kinostart: 17. April 1980
Verleih: Centfox

China Syndrom, Das

(The China Syndrome)
USA, 1979
Regie: James Bridges
Darsteller: Jack Lemmon,
Jane Fonda,
Michael Douglas
Kinostart: 21. Februar 1980
Verleih: Warner-Columbia

Christus kam nur bis Eboli

(Cristo si é fermato a Eboli)
Italien, 1978
Regie: Francesco Rosi
Darsteller: Gian Maria Volonté,
Paolo Bonacelli,
Alain Cuny
Verleih: Christaldifilm

Cruising

USA, 1980
Regie: William Friedkin
Darsteller: Al Pacino,
Paul Sorvino,
Karen Allen
Kinostart: 25. August 1980
Verleih: Neue Constantin

D

Damit ist die Sache für mich erledigt

(Le Coup de téte)
Frankreich, 1978
Regie: Jean-Jacques
Annaud
Darsteller: Patrick Dewaere,
France Dougnac,
Jean Bousie

Dealer Connection - Die Straße des Heroins

(La Via della Droga)
Italien, 1977
Regie: Enzo G. Castellari
Darsteller: Fabio Testi,
David Hemmings
Sherry Buchanan
Kinostart: 07 März 1980
Verleih: Avis

Death Watch

(La mort en direct)
Frankreich, 1979
Regie: Bertrand Tavernier
Darsteller: Romy Schneider,
Harvey Keitel,
Harry Dean Stanton
Kinostart: 9. Mai 1980
Verleih: Jugendfilm

Deutschland, bleiche Mutter

Deutschland, 1979
Regie: Helma
Sanders-Brahms
Darsteller: Eva Mattes,
Ernst Jacobi,
Elisabeth Stepanek
Kinostart: 26. September 1980
Verleih: Basis Film Verleih

Diese Augen, diese Lippen

(Those Lips, Those Eyes)
USA, 1980
Regie: Michael Pressman
Darsteller: Frank Langella,
Thomas Hulce,
George Morfolgen
Verleih: United Artists

Dog, The

(El Perro)
Spanien, 1979
Regie: Antonio Isasi
Darsteller: Jason Miller,
Lea Massari,
Marisa Paredes

Drei Schwedinnen auf der Reeperbahn

Deutschland, 1980
Regie: Walter Boos
Darsteller: Uta Koepke,

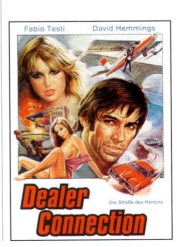

Tanja Scholl,
Bea Fiedler
Kinostart: 08.08.1980
Verleih: Residenz

Dreist und Gottesfürchtig

(In God We Trust)
USA, 1980
Regie: Marty Feldman
Darsteller: Marty Feldman,
Peter Boyle,
Richard Pryor
Kinostart: 5. Dezember 1980

Drei unter´m Dach

(Dizengoff Street 99)
Israel, 1979
Regie: Avi Nesher
Darsteller: Gidi Gov,
Anne Atzmon,
Gali Atari

Dschungel-Django

(Il Cacciatore di Squali)
Italien, 1979
Regie: Enzo G. Castellari
Darsteller: Franco Nero,
Werner Pochath,
Mike Forrest
Kinostart: 13. März 1980
Verleih: Residenz

Dschungel-Olympiade

(Animalympics)
USA, 1979
Regie: Steven Lisberger
Zeichner: Roger Allers
Beth Auman
Margaret Bailey
Kinostart: 15. Mai 1980
Verleih: Scotia

E

Edouard, der Herzensbrecher

(Le Cavaleur)
Frankreich, 1979
Regie: Philippe de Broca
Darsteller: Jean Rochefort,
Nicole Garcia,
Catherine Alric

Ein Kleines Luder

(La Drólesse)
Frankreich, 1978
Regie: Jaques Doillon
Darsteller: M. Desdevises,
Claude Hebert
Paulette Lahaye
Kinostart: 06.06.1980
Verleih: Concorde

Ein Mann für gewisse Stunden

(American Gigolo)
USA, 1979
Regie: Paul Schrader
Darsteller: Richard Gere,
Lauren Hutton,
Bill Duke
Kinostart: 15. Mai 1980
Verleih: CIC

Ein wahrer Held

(Hero At Large)
Regie: Martin Davidson
Darsteller: John Ritter,
Anne Archer,
Bert Convy
Kinostart: 5. Juni 1980
Verleih: MGM

Ein perfektes Paar

(A Perfect Couple)
USA, 1979
Regie: Robert Altman
Darsteller: Paul Dooley,
Marta Heflin,
Titos Vendis
Verleih: 20th Century Fox

Ein reizender Fratz

(Little Miss Marker)
USA, 1979
Regie: Walter Bernstein
Darsteller: Walter Matthau,
Julie Andrews,
Tony Curtis
Kinostart: 25. Juli 1980
Verleih: Universal Pictures

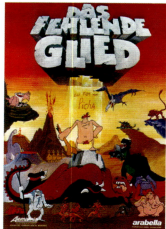

Ein Zombie hing am Glockenseil

(La Paura)
Italien, 1980
Regie: Lucio Fulci
Darsteller: Christopher George,
Catriona McCall,
Janet Agren
Kinostart: 11. September 1980
Verleih: Alemannia/Arabella

Ein Haus voll Verrückter

(Dove vai se il vizietto non ce l´ hai?)
Italien, 1979
Regie: Marino Girolami
Darsteller: Renzo Montagnani,
Alvaro Vitali,
Stefano Amato
Kinostart: 6. Juni 1980

Eins+Eins=3

Deutschland, 1979
Regie: Heide Génee
Darsteller: Adelheid Arndt,
Dominik Graf,
Christof Quest
Kinostart: 25. Oktober 1980
Verleih: Filmwelt

Elektrische Reiter, Der

(The Electric Horsemen)
USA, 1978
Regie: Sydney Pollack
Darsteller: Robert Redford,
Jane Fonda,
John Saxton
Kinostart: 3. April 1980
Verleih: CIC

Ende der Nacht, Das

(L´amour violé)
Frankreich, 1977
Regie: Yannick Bellon
Darsteller: Nathalie Nell,
Alain Foures,
Michele Simmonet

Endstation Freiheit

Deutschland, 1980
Regie: Reinhard Hauff
Darsteller: Burghard Driest,
Rolf Zacher,
Kurt Raals
Kinostart: 31. Oktober 1980
Verleih: Filmverlag der Aut.

Erste Klasse

(Amore in Prima Classe)
Italien 1979
Regie: Salvatore Samperi
Darsteller: Sylvia Kristel,
Lorenzo Aiello,
Franco Valeri
Kinostart: 12. September 1980
Verleih: Jugendfilm

Erwachen der Sphinx, Das

(The Awakening)

USA, 1980
Regie: Mike Newell
Darsteller: Charlton Heston,
Susannah York,
Jill Townsend
Kinostart: 14. November 1980
Verleih: Neue Constantin

Etwas tut weh

Deutschland, 1979
Regie: Recha Jungmann
Darsteller: Simone Maul,
Anja Burka,
Hermann Schäfer
Verleih: Spree-Jungmann

F

Fabian

Deutschland, 1980
Regie: Wolf Gremm
Darsteller: H. P. Wallwachs,
Hermann Lause,
Brigitte Mira
Kinostart: 25. April 1980
Verleih: United Artists

Fame - Der Weg zum Ruhm

(Fame)
USA, 1980
Regie: Alan Parker
Regie: Irene Cara,
Laura Dean
Kinostart: 13. November 1980
Verleih: CIC

Fehlende Glied, Das

(Le chaînon manquant)
Belgien, 1979
Regie: Picha
Darsteller: Zeichentrickfiguren
Verleih: Alemannia/Arabella

Fellinis Stadt der Frauen

(La Citta Delle Donne)
Frankreich, 1979
Regie: Federico Fellini
Darsteller: M. Mastroianni,
Ettore Manni,
Anne Prucual
Kinostart: 24. Oktober 1980
Verleih: Concorde

Feuertanz - Horror Infernal

(Inferno)
Italien, 1980
Regie: Dario Argento
Darsteller: Irene Miracle,
Veronica Lazar,
Leigh McCloskey
Kinostart: 12. September 1980
Verleih: Fox

Flippergirls

(Pinball Summer)
Kanada, 1979

Regie: George Mihalka
Darsteller: Michael Zelniker,
Carl Marotte,
Karen Stephen

Flitterwochen

Deutschland, 1980
Regie: Klaus Lemke
Darsteller: Wolfgang Fierek,
Cleo Kretschmer,
Dolly Dollar
Kinostart: 28. August 1980

Flotte Teens und Sex nach Noten

(L`insegnaante balla … con tutta la classe)
Italien, 1978
Regie: Giuliano Carnimeo
Darsteller: Nadi Cassini,
Renzo Montagnani,
Alvaro Vitali
Kinostart: 01.02.1980
Verleih: Apollo/Avis

Flotte Teens in Amerika

(Sunset Cove)
USA, 1977
Regie: Al Adamson
Darsteller: Shirley Ann Broger,
Karen Fredrik,
Jane Ralston

Fog - Nebel des Grauens, The

(The Fog)
USA, 1979
Regie: John Carpenter
Darsteller: Adrienne Barbeau,
Jamie Lee Curtis,
Janet Leigh
Kinostart: 28. August 1980
Verleih: Tobis

Freibeuter des Todes

(The Island)
USA, 1980
Regie: Michael Ritchie
Darsteller: Michael Caine,
David Warner,
Angela P McGregor
Kinostart: 9. Oktober 1980
Verleih: CIC

Freitag, der 13.

(Friday the 13th)
USA, 1980
Regie: Sean S. Cunningham
Darsteller: Betsy Palmer,
Adrienne King,
Harry Crosby
Kinostart: 23. Oktober 1980
Verleih: Warner Columbia

G

Gestern waren wir noch Freunde

(Yanks)
USA, 1978
Regie: John Schlesinger
Darsteller: Richard Gere,
William Devane,
Chick Vennera
Kinostart: 4. April 1980
Verleih: Universal Pictures

Gibbi-Westgermany

Deutschland, 1979
Regie: Christel Buschmann
Darsteller: Jörg Pfennigwerth,
Eva-Maria Hagen,
Eric Burdon
Kinostart: 14. März 1980
Verleih: Filmverlag der Aut.

Girls - Die kleinen Aufreißerinnen

(Girls)
Frankreich, 1980
Regie: Just Jaeckin
Darsteller: Isabelle Mejias,
Charlotte Walior,
Georg Bürki
Kinostart: 27. Juni 1980
Verleih: Scotia-Film

Gloria, die Gangster-braut

(Gloria)
USA, 1980
Regie: John Cassavetes
Darsteller: Gena Rowlands,
John Adames,

Rom im Jahre 39 n. Chr. Die Dekadenz hatte ihren Höhepunkt erreicht. Ihre Verkörperung war Caligula, dessen Nächte so heiß waren wie seine Tage grausam.
DIE HEISSEN NÄCHTE DES CALIGULA
Carlo Colombo · Cinzia Romana · Patrizia Webley u.v.a.m.
Regie: Roberto Montero
Produktion: Heritage Cinematografica

Buck Henry
Kinostart: 19. September 1980
Verleih: Warner-Columbia

Grauen aus der Tiefe, Das

(Monster Humanoids from the Deep) USA, 1979
Regie: Barbara Peters
Darsteller: Ann Turkel,
Vic Morrow,
Denise Galik
Kinostart: 3. Juli 1980
Verleih: United Artists

Grauen kommt um 10, Das

(When a Stranger calls)
USA, 1979
Regie: Fred Walton
Darsteller: Carol Kane,
Charles Durning,
Tony Beckley
Kinostart: 4. April 1980
Verleih: United Artists

Groß und Klein

Deutschland, 1980
Regie: Peter Stein
Darsteller: Edith Clever,
Elke Petri,
Johanna Hofer
Kinostart: 20. Juni 1980
Verleih: Skylight Filmverleih

Grüne Vogel, Der

Deutschland, 1979
Regie: István Zzabó
Darsteller: Hannelore Elsner,
Peter Annorai,
Kristian Janda
Kinostart: 24. Februar 1980
Verleih: Chronos

H

Heiße Kartoffeln

Deutschland, 1980
Regie: Siggi Götz
Darsteller: Zachi Noy,
Ulla Maris,
Bea Fiedler
Kinostart: 10. Juli 1980
Verleih: Scotia

Heißen Nächte des Caligula, Die

(Calde Notte di Caligula)
Italien, 1979
Regie: Roberto Montero
Darsteller: Carlo Colombo,
C. Romananazzi,
Patrizia Webley
Verleih: Avis Film

Heiße Schüsse - kalte Füße

(Hot Lead – Cold Feet)

USA, 1979
Regie: Robert Butler
Darsteller: Jim Dale,
Karen Valentine,
Don Knotts

Heiße Ware

(Hot Stuff)
USA, 1979
Regie: Dom DeLuise
Darsteller: Dom DeLuise,
Jerry Reed,
Ossie Davis
Verleih: Columbia Pictures

Hinter dem Rampen-licht

(All that Jazz) USA, 1979
Regie: Bob Fosse
Darsteller: Roy Scheider,
Jessica Lange,
Ben Vereen
Kinostart: 11. September 1980
Verleih: Warner-Columbia

Hummer zum Früh-stück

(Aragosta a Colazione)
Italien, 1979
Regie: Giorgio Capitani
Darsteller: Enrico Montesano,
Claudine Auger,
Claude Brasseur
Kinostart: 25. April 1980
Verleih: United Artists

Hungerjahre

Deutschland, 1979
Regie: Jutta Brückner
Darsteller: Sylvia Ullrich,
Britta Pohland,
Claus Jurichs
Verleih: Basis Film Verleih

Hurra, die Knochen-brecher sind da!

(Monkey Kung Fu)
Hongkong, 1978
Regie: Lo Mar
Darsteller: Cheng-Hsiao-Tung,
Hsi Chang,
Ling Wei Chen
Kinostart: 01.02.1980
Verleih: Residenz

I

Ich kann´s am besten

USA, 1979
Regie: Rudy Durand
Darsteller: Brooke Shields,
Charles Durning,
Karen Lamm
Kinostart: 18. Januar 1980
Verleih: Jugendfilm

Ich liebe dich - I love you - je t'aime

(A little Romance)
USA, 1979
Regie: George Roy Hill
Darsteller: Laurence Olivier,
Arthur Hill,
Diane Lane
Kinostart: 20. Juni 1980
Verleih: Tobis

Ich liebe dich, du kleiner Schwede

(Senzo Buccio)
Italien, Spanien, 1979
Regie: Marcello Aliprandi
Darsteller: Olga Karlatos,
Juan Carlos Naya,
Marizio Interlandi
Kinostart: 1. Februar 1980
Verleih: Residenz

Ich, Tom Horn

(Tom Horn)
USA, 1979
Regie: William Wiard
Darsteller: Steve McQueen,
Linda Evans,
Richard Farnsworth
Kinostart: 14. August 1980
Verleih: Warner-Columbia

Im Herzen des Hurri-cans

Deutschland, 1979
Regie: Hark Bohm
Darsteller: Uwe Bohm,
Brigitte Strohbauer,
Dieter Thomas
Verleih: Filmverlag der Aut.

Im Paradies der Lüste

(Les petites collegiennes)
Frankreich, 1979
Regie: Don Hanikson
Darsteller: Helene Chablie,
Francoise Schneider,
Gerald Deneuve

Imperium, schlägt zurück, Das

(The Empire strikes back)
USA, 1980
Regie: Irvin Kershner
Darsteller: Mark Hamill,
Carrie Fisher,
Harrison Ford
Kinostart: 11. Dezember 1980
Verleih: 20th Century Fox

Im tiefen Tal der Superhexen

(Beneath the Valley of the Ultra-Vixens)
USA, 1979
Regie: Russ Meyer
Darsteller: Kitten Natividad,
Ann Marie,
Ken Kerr
Kinostart: 30. Januar 1981
Verleih: Filmwelt

In den Krallen des Adlers

(Ying Zhao Tang Lang)
Hongkong, 1977
Regie: Tos Nam Lee
Darsteller: Don Wong,
Kuan-Chun Chi,
Yi Chang

In den Krallen des roten Phönix

(Huo Feng Huang)
Taiwan, 1979
Regie: Tien-Yung Hsu
Darsteller: David Chiang,
Lo Lieh,
Hei Hsiao
Kinostart: 30. Mai 1980
Verleih: Jugendfilm

I wie Ikarus

(I ... comme Icare)
Frankreich, 1979
Regie: Henri Verneuil
Darsteller: Yves Montand,
Jacques Sereys,
Jean Negroni
Gloria Guida
Kinostart: 25. April 1980
Verleih: Neue Constantin

J

Jackpot

Deutschland, 1979
Regie: Renate Sami,
Matthias Weis
Darsteller: Ed Brodow,
Al Hansen,
Chitra Neogy
Kinostart: 28. März 1980

Jeder Kopf hat seinen Preis

(The Hunter) USA, 1980
Regie: Buzz Kulik
Darsteller: Steve McQueen,
Eli Wallach,
Ben Johnson
Kinostart: 19. Dezember 1980
Verleih: CIC

Jill

Spanien, 1979
Regie: Enrique Guevana
Darsteller: Raquel Evans,
Maximo Nalvarde,
Miraya Ros

Jetzt treibt sie´s auch noch mit dem Pauker

(La Liceale Seduce, I Professori) Italien, 1978
Regie: Mariano Laurenti
Darsteller: Gloria Guida,
Alvaro Vitali,
Donatella Damiani
Kinostart: 29. Februar 1980
Verleih: Jugendfilm

K

Kagemusha

Japan, 1979
Regie: Akira Kurosawa
Darsteller: Tatsuya Nakada,
Kenichi Hagiwara,
Kota Yui
Kinostart: 17. Oktober 1980
Verleih: 20th Century Fox

Kaktus-Jack

(Cactus-Jack)
USA, 1979
Regie: Hal Needham
Darsteller: Kirk Douglas,
Arnold
Schwarzenegger,
Ann Margret
Kinostart: 17. Januar 1980
Verleih: WB / Columbia

Kentucky Fried Movie

USA, 1978
Regie: John Landis
Darsteller: Donald Sutherland,
George Lazenby
David Zucker
Marilyn Joi
Kinostart: 16. Mai 1980
Verleih: Ascot

Kleine Biester

(Little Darlings)
USA, 1979
Regie: Ronald F. Maxwell
Darsteller: Kristy McNichol,
Tatum O´ Neal,
Matt Dillon
Kinostart: 14. August 1980
Verleih: CIC

Kleine Dicke gibt Zunder, Der

(Chou Tou Xiao Zi)
Hongkong, 1979
Regie: Hui Keung
Darsteller: Sammo Hung,
Carter Wong,
Ling Huang

Kleine Fluchten

(Les Peites Fugues)
Frankreich, 1979
Regie: Yves Yersin
Darsteller: Michael Robin,
Fabienne Barrand,
Dore de Rosa
Kinostart: 15. Februar 1980
Verleih: prokino

Knochenbrecher schlägt wieder zu

(Dance of the Drunk Mantis)
Hongkong, 1979
Regie: Yuen Woo Ping
Darsteller: Siu Tien Yuen,
Jang Lee Hwang,
Corey Yuen
Verleih: Ascot

König Artus und der Astronaut

(The Spaceman and King Arthur) USA, 1979
Regie: Russ Mayberry
Darsteller: Dennis Dugan,
Jim Dale,
Sheila White
Kinostart: 22. Mai 1980
Verleih: 20th Century Fox

Kreuzberger Liebesnächte

Deutschland, 1979
Regie: Claus Tinney
Darsteller: Ursula Buchfellner,
Sascha Hehn
Klaus Dahlen
Kinostart: 29. Februar 1980
Verleih: Residenz Film

Kramer gegen Kramer

(Kramer vs. Kramer)
USA, 1979
Regie: Robert Benton
Darsteller: Dustin Hoffman,
Meryl Streep,
Justin henry
Kinostart: 28. Februar 1980
Verleih: Columbia

L

L ist nicht nur Liebe

(Windows)
USA, 1979
Regie: Gordon Willis
Darsteller: Talia Shire,
Elizabeth Ashley,
Joseph Cortesc

La Luna

Italien, 1979
Regie: Bernardo Bertolucci
Darsteller: Jill Clayburgh,
Matthew Barry,
Alida Valli
Kinostart: 04.04.1980

Leben des Brian, Das

(Monty Python´s Life of Brian)
England, 1979
Regie: Jerry Jones
Darsteller: Graham Chapman,
John Cleese,
Terry Gilliam
Kinostart: 14. August 1980
Verleih: Filmwelt

Lebendig gefressen

(Eaten alive from the Cannibals)
Italien, 1979
Regie: Umberto Lenzi
Darsteller: Robert Kerman,
Janet Agren,
Ivan Rassimov
Paola Senatore
Kinostart: 10. April 1980
Verleih: Alemannia/Arabella

Leichen muss man feiern, wie sie fallen

(Giallo Napoletana)
Italien, 1979
Regie: Sergio Corbucci
Darsteller: Marcello Mastroianni,
Michel Piccoli,
Ornella Muti
Kinostart: 31. Januar 1980
Verleih: Senator

Letzte Countdown, Der

(The Final Countdown)
USA, 1980
Regie: Don Taylor
Darsteller: Kirk Douglas,
Martin Sheen,
James Farentino
Kinostart: 30. Oktober 1980
Verleih: Jugendfilm

Liebeshexen vom Rio Cannibale, Die

(Escape from Hell)
Italien, 1979
Regie: Eduard Muller
Darsteller: Ajita Wilson,
Anthony Steffen,
Serafina Profumo
Kinostart: 27. März 1980
Verleih: Filmhansa

Löwe zeigt die Krallen, Der

(Rough Cut)
USA, 1980
Regie: Donald Siegel
Darsteller: Burt Reynolds,
Lesley-Anne Down,
David Niven
Kinostart: 31. Oktober 1980
Verleih: CIC

Long Riders

USA, 1980
Regie: Walter Hill
Darsteller: David Carradine,
Keith Carradine,
Robert Carradine
Kinostart: 31. Juli 1980
Verleih: United Artists

Louis, der Geizkragen

(L'avare)
Frankreich, 1980
Regie: Jean Girault,
Louis de Funés
Darsteller: Louis de Funés,
Frank David,
Claude Gensac
Kinostart: 27. März 1980
Verleih: Neue Constantin

Luftschlacht über der Sutjeska

(Partizanska Eskadrila)
Jugoslawien, 1978
Regie: Hajrudin Kravac
Darsteller: Bekim Fehmiu,
Radko Polic
Velimie Zivojinovic
Verleih: Avis Film / Apollo-F.

M

Mad Max

Australien, 1979
Regie: George Miller
Darsteller: Mel Gibson,
Steve Bisley,
Tim Burns
Kinostart: 29.02.1980
Verleih: Warner-Columbia

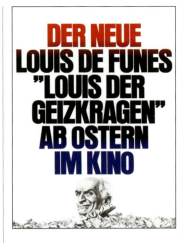

Mafu Käfig, Der

(The Mafu Cage)
USA, 1977
Regie: Karen Arthur
Darsteller: Lee Grant,
Carol Kane,
Will Geer

Magier, Der

(The Magician)
Israel, 1978
Regie: Menahem Golan
Darsteller: Alan Arkin,
Louise Fletcher,
Lou Jacobi
Kinostart: 09.05.1980

Meteor

USA, 1977
Regie: Ronald Neame
Darsteller: Sean Connery,
Natalie Wood,
Karl Malden
Kinostart: 21.12.1980
Verleih: Warner Columbia

Mit einem Bein im Kittchen

(Used Cars)
USA, 1979
Regie: Robert Zemeckis
Darsteller: Kurt Russell,
Jack Warden,,
Deborah Harmon
Kinostart: 31.10.1980
Verleih: Warner Columbia

Moments

(Rega'im)
Israel, 1979
Regie: Michal Bat-Adam
Darsteller: Michal Bat-Adam,
Dahn Ben Amotz,
Brigitte Catillon
Kinostart: 25.01.1980
Verleih: Filmverlag der Aut.

Muppet Movie

(The Muppet Movie)
USA, 1979
Regie: James Frawley
Darsteller: Puppen
Kinostart: 12.06.1980

N

Nackte Bombe, Die

(The Nude Bomb)
USA, 1980
Regie: Clive Donner
Darsteller: Don Adams,
Sylvia Kristel,
Vittorio Gassmann
Kinostart: 07.08.1980
Verleih: CIC

Nijinsky

USA, 1979
Regie: Herbert Ross
Darsteller: Alan Bates,
George De La Pena,
Leslie Browne

Noch mehr Rauch um überhaupt nichts

(Cheech and Chong's next movie)
USA, 1980
Regie: Thomas Chong
Darsteller: Cheech Marin,
Tommy Chong,
Evelyn Guerrero
Kinostart: 27.11.1980

O

Öl-Piraten, Die

(Docteur Justice)
Spanien, 1975
Regie: Christian Jacque
Darsteller: Gert Fröbe,
Nathalie Delon,
Lionel Vitrant

P

Palermo oder Wolfs-burg

Deutschland, 1979
Regie: Werner Schroeter
Darsteller: Nicola Zarbo,
Padre Pace,
Gisela Hahn
Kinostart: Februar 1980
Verleih: Prokino

Panische Zeiten

Deutschland, 1980
Regie: Peter Fratzscher,
Udo Lindenberg
Darsteller: Udo Lindenberg,
Leata Galloway
Fritz Rau,
Eddie Constantine
Kinostart: 17.04.1980
Verleih: Filmverlag der Aut.

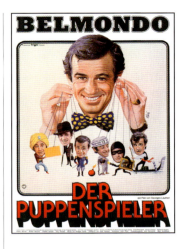

Party is over, The - Eine Fortsetzung von American Graffiti

(The Party is over…more American Graffiti)
USA, 1979
Regie: B.W.L. Norton
Darsteller: Paul Le Mat,
Cindy Williams,
Candy Clark
Kinostart: 11.01.1980

Patrick's Höllentrip

Australien, 1978
Regie: Richard Franklin
Darsteller: Susan Penhaligon,
Robert Thompson,
Robert Helpmann
Kinostart: 19.09.1980
Verleih: Kino AG

Plattfuß am Nil

(Piedone d'egitto)
Italien, 1979
Regie: Steno
Darsteller: Bud Spencer,
Enzo Cannavale,
Baldwyn Dakile
Kinostart: 19.06.1980
Verleih: Tobis

Preis fürs Überleben, Der

Deutschland, 1979
Regie: Hans Noever
Darsteller: Michel Piccoli,
Martin West,
Ben Dova
Kinostart: Februar 1980
Verleih: Impuls-Film Hans-
Joachim Flebbe
Co.

Puppenspieler, Der

(Le Guignolo)
Frankreich, 1979
Regie: Georges Lautner
Darsteller: Jean-P. Belmondo,
Michel Galabru,
Carla Romanelli
Kinostart: 25.07.1980
Verleih: Tobis

R

Radio On
England, 1979
Regie: Christopher Petit
Darsteller: David Beames,
Andrew Byatt,
Paul Hollywood
Kinostart: 04.07.1980

Reichtum ist keine Schande
(The Jerk)
USA, 1979
Regie: Carl Reiner
Darsteller: Steve Martin,
Roland Toper,
Umberto Gallone
Kinostart: 20.06.1980
Verleih: CIC

Reinheit des Herzens, Die
Deutschland, 1980
Regie: Robert van Ackeren
Darsteller: Herb Andress,
Isolde Barth,
Marie Colbin
Kinostart: 06.06.1980
Verleih: Filmverlag der Aut.

Rentnergang, Die
(Going in Style)
USA, 1980
Regie: Martin Brest
Darsteller: George Burns,
Art Carney,
Lee Strasberg
Kinostart: 10.10.1980
Verleih: Warner Bros.

Rikschamann, Der
(My Kung Fu 12 Kicks)
Hongkong, 1979
Regie: Tu Lu Po
Darsteller: Bruce Leung
Siu-Lung,
Ku Feng,
Lee Hoi-Sang
Kinostart: 25.01.1980
Verleih: United Artists

Rocky 2
USA, 1979
Regie: Sylvester Stallone
Darsteller: Sylvester Stallone,
Carl Weathers,
Talia Shire
Kinostart: 29.02.1980
Verleih: United Artists

Roller Boogie
USA, 1980
Regie: Mark L. Lester
Darsteller: Linda Blair,
Jim Bray,
Roger Perry
Kinostart: 13.06.1980
Verleih: Neue Constantin F.

Rose, The
USA, 1979
Regie: Myrk Rydell
Darsteller: Bette Midler,
Alan Bates,
Barry Primus
Kinostart: 08.02.1980

S

Sador
(Battle beyond the Stars)
USA, 1980
Regie: Jimmy T. Murakami
Darsteller: Richard Thomas,
Robert Vaughn,
John Saxon
Kinostart: 13.11.1980
Verleih: Orion Pictures Co.

Saint Jack
USA, 1979
Regie: Peter Bogdanovich
Darsteller: Ben Gazzara,
Denhom Elliott,
Peter Bogdanovich
Verleih: Concorde-Film

Schilten
Schweiz, 1979
Regie: Beat Kuert
Darsteller: Michael Maassen,
Gudrun Geier,
Rudolf Ruf

Schläger von Brooklyn, Die
(Defiance)
USA, 1978
Regie: John Flynn
Darsteller: Ben Gazzara,
Denholm Elliott,
Joss Ackland
Kinostart: 18.07.1980
Verleih: Neue Constantin

Schlafmütze, Die
(Béte mis discipline)
Frankreich, 1979
Regie: Claude Zidi
Darsteller: Jacques Villeret,
Kelvine Dumour,
Céleste Bollack
Kinostart: 23.05.1980
Verleih: Neue Constantin

Schnapsnase und Schlappohr
(Mad Mad Kung Fu)
Hongkong, 1979
Regie: Hon Meng Hwa,
Yu ChengChun
Darsteller: Cliff Lok,
Peter Chan Lung,
Lee Hoi-Sang
Verleih: Filmhansa

Schulmädchenreport - 13.Teil
Deutschland, 1980
Regie: Walter Boos
Darsteller: Katja Bienert,
Manuela Kohlhofer,
Sylvia Engelmann
Kinostart: 14.08.1980
Verleih: Neue Constantin

Schwarze Hengst, Der
(The Black Stallion)
USA, 1979
Regie: Carroll Ballard
Darsteller: Kelly Rene,
Mickey Rooney,
Teri Garr
Kinostart: 04.07.1980
Verleih: United Artists

Schwarze Loch, Das
(The Black Hole)
USA, 1979
Regie: Gary Nelson
Darsteller: Anthony Perkins,
Maximilian Schell,
Robert Forster
Kinostart: 18.09.1980
Verleih: 20th Century Fox

Seewölfe kommen, Die
(The Sea Wolves)
England, 1979
Regie: Andrew V. McLaglen
Darsteller: Gregory Peck,
Roger Moore,
David Niven
Kinostart: 21.08.1980
Verleih: Ascot

Sekte, Die
(Brigade Mondaine la Secte de Marrakech)
Frankreich, 1979
Regie: Eddy Matalon
Darsteller: Patrice Valota,
Robert Hoffmann,
Sady Rebbot
Verleih: Kora

S·H·E: Security Hazards Expert
USA, 1978
Regie: Robert Lewis
Darsteller: Cornelia Sharpe,
Omar Sharif
Fabio Testi
Kinostart: 23.02.1980
Verleih: Chronos-Film

Shining
(The Shining)
Regie: Stanley Kubrick
Darsteller: Jack Nicholson,
Shelly Duvall,
Danny Lloyd
Kinostart: 16.10.1980
Verleih: Warner Columbia

So weit das Auge reicht
Deutschland, 1980
Regie: Erwin Keusch
Darsteller: Jürgen Prochnow,
Bernd Tauber,
A. Reininghaus
Verleih: Prokino

Sonicman
(Supersonicman)
Spanien, 1978
Regie: J.P. Simon
Darsteller: Michael Coby,
Cameron Mitchell,
Richard Yesteran
Verleih: Scotia

Spetters
Niederlande, 1980
Regie: Paul Verhoeven
Darsteller: H. von Tongeren,

Renée Soutendijk,
Toon Agterberg
Kinostart: 02.10.1980
Verleih: Residenz

Sprengkommando Atlantik

(North Sea Hijack)
England, 1979
Regie: Andrew V. McLaglen
Darsteller: Roger Moore,
James Mason,
Anthony Perkins
Kinostart: 22.05.1980
Verleih: CIC

Supercop, Der

(Super Snooper)
Regie: Sergio Corbucci
Darsteller: Terence Hill,
Ernest Borgnine,
Joanne Dru
Kinostart: 18.09.1980
Verleih: Warner Columbia

Star Trek - Der Film

(Star Trek - The Motion Picture)
USA, 1979
Regie: Robert Wise
Darsteller: William Shatner,
Leonard Nimoy,
Walter Koenig
Kinostart: 27.03.1980
Verleih: CIC

Stau

(L'ingorgo - Una storia impossibile) Italien, 1978
Regie: Luigi Comencini
Darsteller: Annie Girardot,
Fernando Rey,
Miou-Miou
Kinostart: 29.08.1980
Verleih: Jugendfilm

Supersound und flotte Sprüche

(Can´t Stop the Music)
USA, 1980
Regie: Nancy Walker
Darsteller: Ray Simpson,
David Hodo,
Felipe Rose
Kinostart: 7. April 1980

Der grüne Herkules im Kampf für Gerechtigkeit

T

Tag, an dem die Welt unterging, Der

(The Day the World ended)
USA, 1979
Regie: James Goldstone
Darsteller: Paul Newman,
William Holden,
Ernest Borgnine
Kinostart: 12.09.1980
Verleih: Warner Columbia

Todeskommando Schweinebucht

(Cuba Crossing)
USA, 1979
Regie: Chuck Workman
Darsteller: Stuart Whitman,
Robert Vaughn,
Woody Strode
Kinostart: 23.02.1980
Verleih: Residenz Film

Theo gegen den Rest der Welt

Deutschland, 1979
Regie: Peter F. Bringmann
Darsteller: M. Müller-Western.,
Guido Gagliardi,
Claudia Demarmels
Kinostart: 25.09.1980
Verleih: Filmverlag der Aut.

Todeshand des gelben Adlers, Die

(Kung Fu Instructor)
Hongkong, 1979
Regie: Sun Chung
Darsteller: Ti Lung
Wong Ming Chuen,
Wong Yu
Kinostart: 04.04.1980

Todesschlag der Stahlfinger, Der

(The Magic Blade)
Hongkong, 1979
Regie: Chu Yan
Darsteller: Ti Lung,
Lo Lieh,
Ku Feng
Verleih: Residenz

Traumfrau, Die

(Ten)
USA, 1978
Regie: Blake Edwards
Darsteller: Dudley Moore,
Bo Derek,
Julie Andrews
Kinostart: 24.04.1980
Verleih: Warner Columbia

Traumhaus, Das

Deutschland, 1980
Regie: Ulrich Schamoni
Darsteller: Horst Frank,

Judy Winter,
Jochen Schroeder
Kinostart: 05.09.1980
Verleih: CIC

U

... und Gerechtigkeit für alle

(...and Justice for all)
USA, 1978
Regie: Norman Jewison
Darsteller: Al Pacino,
Jack Warden,
John Forsythe
Kinostart: 20.03.1980
Verleih: Warner Columbia

Unglaubliche Hulk, Der

(The Incredible Hulk)
USA, 1978
Regie: Kenneth Johnson
Darsteller: Bill Bixby,
Lou Ferrigno
Verleih: CIC

Unglaubliche Reise in einem verrückten Flugzeug, Die

(Airplane!)
USA, 1980
Regie: Jim Abrahams,
Jerry Zucker
Darsteller: Lloyd Bridges,
Peter Graaves,
Leslie Nielsen
Kinostart: 14.11.1980
Verleih: CIC

Unten am Fluß

(Watership Down)
USA, 1979
Regie: Martin Rosen
Darsteller: John Hurt
Richard Briers
John Bennett
Kinostart: 14.11.1980
Verleih: Filmverlag der Aut.

Unversöhnliche Erinnerungen

Deutschland, 1980
Regie: Klaus G. Volkenborn
Darsteller: Ludwig Stillger,
Henning Stümpell
Kinostart: 01.02.1980

Urban Cowboy

USA, 1980
Regie: James Bridges
Darsteller: John Travolta,
Debra Winger,
Scott Glenn
Kinostart: 11.09.1980
Verleih: CIC

V

Verdammt nochmal!...Wo bleibt die Zärtlichkeit?

(Et la tendresse..bordel!)
Frankreich, 1978
Regie: Patrick Schulmann
Darsteller: Jean Luc Bideau,
Marie-C. Conti,
Bernard Giraudeau
Kinostart: 28.02.1980

Verführung des Joe Tynan, Die

(The Seduction of Joe Tynan)
USA, 1979
Regie: Jerry Schatzberg
Darsteller: Alan Alda,
Meryl Streep,
Barbara Harris
Kinostart: 13.06.1980
Verleih: CIC

Vier irre Typen

(Breaking away)
USA, 1979
Regie: Peter Yates
Darsteller: Dennis Quaid,
Daniel Stern,
Dennis Christopher
Kinostart: 07.03.1980
Verleih: 20th Century Fox

W

Warum die Ufos unseren Salat klauen

Deutschland, 1979
Regie: Hansjürgen Pohland
Darsteller: Antonia Dauphin,
Gerd Duwner,
Almut Eggert
Kinostart: 18.04.1980
Verleih: Cinefrance

Warum sollte ich lügen?

(Why should I lie?) USA, 1980
Regie: Larry Peerce
Darsteller: Treat Williams,,
Lisa Eichhorn,
Gabriel Macht
Verleih: MGM

Wer hat Tante Ruth angezündet?

(Whoever slew Auntie Roo?)
England, 1972
Regie: Curtis Harrington
Darsteller: Shelley Winter,
Mark Lester,
Lionel Jeffreys
Kinostart: 08.02.1980
Verleih: Filmwelt

Willkommen, Mr. Chance

(Being there)
USA, 1979
Regie: Hal Ashby
Darsteller: Peter Sellers,
Shirley MacLaine,
Jack Warden
Kinostart: 19.09.1980
Verleih: Scotia

Willi-Busch-Report, Der

Deutschland, 1979
Regie: Niklaus Schilling
Darsteller: Tilo Prückner,
Korneliaa Boje,
Karin Frey
Kinostart: 25.04.1980
Verleih: Almi Cinema 5

Wut im Bauch

(Over the Edge)
UA, 1978
Regie: Jonathan Kaplan
Darsteller: Michael Kramer,
Pamela Ludwig,
Matt Dillon
Kinostart: 27.06.1980
Verleih: Filmverlag der Aut.

X

Xanadu

USA, 1980
Regie: Robert Greenwald
Darsteller: Olivia Newton-
John,
Gene Kelly,
Michael Beck
Kinostart: 19.10.1980
Verleih: CIC

Z

Zeig mir wie man´s macht

(El periscopio)
Italien, 1979
Regie: Jose Larraz
Darsteller: Laura Gemser,
Barbara Rey,
Milena Stanic
Kinostart: 28.08.1980
Verleih: Jugendfilm

Zombies unter Kannnibalen

(La regina dei Cannibali)
Italien, 1979
Regie: Marino Girolami
Darsteller: Ian McCulloch,
Sherry Buchanan,
Peter O'Neal,
Alexandra Delli Colli

Kinostart: 18.04.1980
Verleih: Alemannia/Arabella

Zwei Dreschflegel schlagen alles kurz und klein

(Against rascals with Kung Fu)
Hongkong, 1978
Regie: Kwan Ching-Liang
Darsteller: Simon Y. Siu-Tin,
Fong Ching,
Tao Man-Ming,
Jackie Chan,
Kinostart: 03.04.1980
Verleih: A.B. Filmverleih

Zwei Kamele auf einem Pferd

(C´est pas moi, c´est lui)
Frankreich, 1979
Regie: Pierre Richard
Darsteller: Pierre Ricchard,
Aldo Maccione,
Franca Valeri
Kinostart: 28.03.1980
Verleih: Tobis

Zwei Schlitzohren in der Knochenmühle

(The fearless Hyena)
Hongkong, 1979
Regie: Jackie Chan
Darsteller: Jackie Chan,
James Tien,
Yen Shi-Kwan

Pierre Richard · Aldo Maccione

Kinostart: 21.03.1980
Verleih: A.B. Filmverleih

Zweite Kapitel, Das

(Chapter Two)
USA, 1979
Regie: Robert Moore
Darsteller: James Caan,
Marskaa Mason,
Joseph Bologna
Kinostart: 21.10.1980